革命老区 全国革命老区县发展史丛书

全国革命老区县发展史丛书·广东卷

韶关市浈江区革命老区发展史

韶关市浈江区革命老区发展史编委会　编

SPM 南方出版传媒 广东人民出版社
·广州·

图书在版编目（CIP）数据

韶关市浈江区革命老区发展史／韶关市浈江区革命老区发展史编委会编. —广州：广东人民出版社，2020. 12
（全国革命老区县发展史丛书·广东卷）
ISBN 978-7-218-14614-0

Ⅰ. ①韶…　Ⅱ. ①韶…　Ⅲ. ①区（城市）—地方史—韶关　Ⅳ. ①K296. 54

中国版本图书馆 CIP 数据核字（2020）第 229077 号

SHAOGUAN SHI ZHENJIANG QU GEMING LAOQU FAZHANSHI
韶关市浈江区革命老区发展史
韶关市浈江区革命老区发展史编委会　编

出 版 人：肖风华

责任编辑：胡艺超
责任校对：窦兵兵
装帧设计：张力平等
责任技编：吴彦斌　周星奎

出版发行：广东人民出版社
地　　址：广州市海珠区新港西路 204 号 2 号楼（邮政编码：510300）
电　　话：（020）85716809（总编室）
传　　真：（020）85716872
网　　址：http://www.gdpph.com
印　　刷：广州市浩诚印刷有限公司
开　　本：715mm×995mm　1/16
印　　张：19.375　　插　页：16　　字　　数：290 千
版　　次：2020 年 12 月第 1 版
印　　次：2020 年 12 月第 1 次印刷
定　　价：68.00 元

如发现印装质量问题，影响阅读，请与出版社（020－85716808）联系调换。
售书热线：（020）85716826

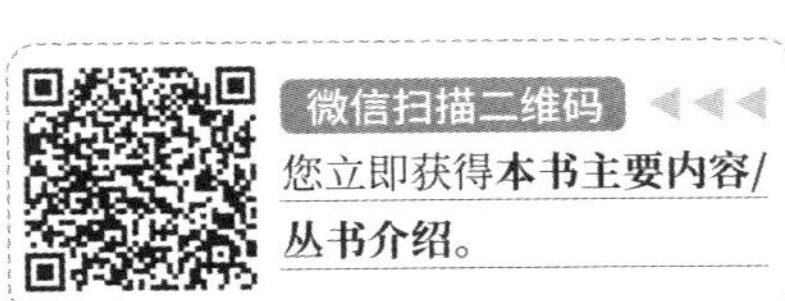

广东省编纂《革命老区县发展史》丛书
指导小组

办公室

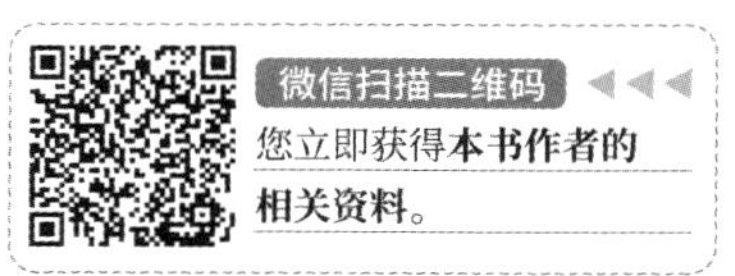

韶关市《革命老区发展史》
编纂指导小组

组　长：梁　聪（韶关市老区建设促进会第一副会长）
副组长：李国华（韶关市老区建设促进会副会长）
成　员：黄志才（韶关市老区建设促进会副会长）
　　　　张定均（韶关市老区建设促进会副会长）
　　　　梁观福（韶关市史志办公室原副主任）

韶关市浈江区革命老区发展史
编纂委员会

编纂委员会

2017. 9—2018. 6

主　　　任：刘清生

执 行 主 任：曾清兰

常务副主任：庄　强

副　主　任：谢林茂　钟　真　宋宇林
　　　　　　何艳霞　余石怡　马少芳

成　　　员：蔡信然　李红保　邓新慧　叶丽芬　余　华
　　　　　　宋柏均　李　颖　谭绍文　许云锋

2018. 6—2019. 12

主　　　任：刘祥锋

副　主　任：曾清兰

执行副主任：罗永东　谢林茂　钟　真
　　　　　　宋宇林　何艳霞

顾　　　问：余石怡　马少芳

成　　　员：蔡信然　李红保　吴小林　叶丽芬　曹志文
　　　　　　余　华　宋柏均　李　颖　谭绍文

2019.12—

主　　任：陈来安

副 主 任：曾清兰

执行副主任：罗永东　谢林茂　钟　真　宋宇林

顾　　问：余石怡　马少芳

成　　员：蔡信然　何先胜　吴小林　叶丽芬　曹志文

余　华　陈　玲　谭绍文

《韶关市浈江区革命老区发展史》编辑部

名誉主编：余石怡

名誉副主编：马少芳

主　　编：谭绍文

副 主 编：谢海涵

成　　员：吕焕刚　邓家兴　潘　莉　谭景毅　曾万利

黄哲锋　罗伟德　刘姣妹　王丽平

《韶关市浈江区革命老区发展史》编审委员会

主　　任：罗永东

名誉主任：余石怡

名誉副主任：马少芳

执行主任：谭绍文

执行副主任：谢海涵

成员单位：区委办、区政府办、区委组织部、区委宣传部、区文新局、区统计局、区档案局（史志办）、区扶贫办、新韶镇、乐园镇、十里亭镇、犁市镇、花坪镇、东河街道办、车站街道办、风采街道办、曲仁办、田螺冲办在举国欢庆新中国成立70周年前夕，中国老区建设促进会王健会长请我为《全国革命老区县发展史》丛书作序，作为一名在老区战斗过并得到老区人民生死相助的老兵，回首往事，心潮澎湃，感慨万千，深感义不容辞，欣然应允。

中国革命老区，是以毛泽东为代表的中国共产党人在领导人民推翻帝国主义、封建主义和官僚资本主义三座大山，争取民族独立和人民解放伟大斗争中建立的革命根据地，在这片红色的土地上，诞生了无数可歌可泣的革命英雄儿女，为后人树起了一座不朽的丰碑，她是新中国的摇篮，是党和军队的根。

在艰苦卓绝的战争年代，老区人民把自己的命运与中华民族的命运紧紧地联系在一起，与中国共产党和人民军队的命运紧紧地联系在一起，他们生死相依，患难与共。我曾亲历过战争年代，并得到过老区红哥红嫂的救助，切身感受到发生在身边的一幕幕撼天动地的革命故事，在那极其艰难的条件下，老区人民倾其所有、破家支前，不怕艰难困苦，不怕流血牺牲。“最后一碗米送去做军粮，最后一尺布送去做军装，最后一件老棉袄盖在担架上，最后一个亲骨肉送去上战场”，这是当时伟大的老区人民为建立新中国做出巨大牺牲的真实写照，它将永远镌刻在中国共产党、中国人民解放军、中华人民共和国的历史丰碑上。他们的光辉业绩永载史册，他们的革命精神必将影响一代又一代的革命新人，造就一代又一代的民族脊梁。

在社会主义革命和建设时期，革命老区和老区人民响应党的号召，面对落后的面貌、脆弱的经济、恶劣的生态环境，他们本色不变，精神不丢，自力更生，艰苦奋斗，干一行爱一行。始终坚持“革命理想高于天”，自觉做共产主义远大理想的坚定信仰者和忠实实践者，勇于向恶劣的自然环境和贫穷落后宣战，他们在各条战线上为国建功立业，用平凡的双手创造了一个又一个不平凡的奇迹，彰显了老区人的崇高精神和人格力量。

在改革开放的伟大进程中，老区人民解放思想，勇于创新，发奋图强，攻坚克难，老区的经济社会建设取得了辉煌成就。特别是在改变中国的面貌、中华民族的面貌、中国人民的面貌、中国共产党的面貌的伟大实践中发挥了至关重要的作用。老区人民既是改革开放的参与者，也是改革开放的推动者。

艰苦练意志，危难见精神。老区人民在近百年的革命战争、社会主义建设和改革开放的伟大实践中，孕育形成了伟大的老区精神：爱党信党、坚定不移的理想信念；舍生忘死、无私奉献的博大胸怀；不屈不挠、敢于胜利的英雄气概；自强不息、艰苦奋斗的顽强斗志；求真务实、开拓创新的科学态度；鱼水情深、生死相依的光荣传统。这是党和人民宝贵的精神财富、丰厚的政治资源，是凝心聚力、振奋民族精神的重要法宝，也是社会主义核心价值观的重要内容。

中国老区建设促进会怀着强烈的政治责任感和历史使命感，组织全国各地老促会人员克服困难，尽心竭力编纂《全国革命老区县发展史》丛书，记录老区的光辉历史和辉煌成就，传承红色基因，弘扬老区精神，是功在当代、利及千秋的一件大事。手捧这部丛书的部分书稿，读着书中的故事，倍感亲切，深感这部丛书具有资政、育人、存史的社会功能，有着重要的时代和历史价值。它是不忘初心、牢记使命的源头活水，是赞颂共产党、讴歌老区人民的一部精品力作，是弘扬老区精神、传承红色记忆的丰厚载体，是一项继承优秀传统文化、弘扬革命文化、发展社会主义先进文化，坚定“四个自信”的宏大文化工程。它必将成为一种文化品牌，为各界人士了解老区宣传老区支持老区提供一部有价值的研究史料。希望读者朋友们能从中了解并牢记这些为党和民族的利益不断奉献的老区人民，从中得到教益，汲取人生奋斗的精神动力。

新时代赋予新使命，新起点开启新征程。让我们更加紧密地团结在以习近平同志为核心的党中央周围，坚持以习近平新时代中国特色社会主义思想为指导，增强“四个意识”，坚定“四个自信”，做到“两个维护”，弘扬老区精神，铭记苦难辉煌。为实现“两个一百年”奋斗目标，实现中华民族伟大复兴的中国梦作出新的更大的贡献！

迟浩田

2019 年 4 月 11 日

2017 年 6 月，中国老区建设促进会组织全国各地老促会启动编纂《全国革命老区县发展史》丛书，按照“建立中国共产党、成立中华人民共和国、推进改革开放和中国特色社会主义事业”三大里程碑的历史脉络，系统书写革命老区百年历史，深入挖掘革命老区红色文化资源，这对于充实丰富中国革命史籍宝库、在新时代传承红色基因、弘扬革命精神、强固根本，对于激励人们在新的历史条件下夺取中国特色社会主义伟大胜利，实现中华民族伟大复兴的中国梦具有重要意义。

丛书编纂以习近平新时代中国特色社会主义思想为指导，以《中国共产党历史》《中国共产党的九十年》等重要文献为基本依据，以党的领导为核心，以老区人民为主体，以老区发展为主线，体现历史进程特征，突出时代发展特色，坚持辩证唯物主义和历史唯物主义相统一、历史真实性与内容可读性相统一的原则，书写革命老区从站起来、富起来到强起来的光辉革命史、不懈奋斗史、辉煌成就史，把老区人民的伟大贡献、伟大创造、伟大成就、伟大精神充分展示出来，形成一部具有厚重历史特征和鲜明时代特色的精品力作。这是一部培根铸魂、守正创新，既为历史立言，又为时代服务，字里行间流淌着红色血脉、催生着革命激情的传世之作。丛书的编纂出版将成为讴歌党讴歌人民讴歌时代、传播红色文化、为革命老区和老区人民树碑立传的重要载体。

丛书按照编年体与纪事本末体相结合、以编年体为主的编写体例确定框架结构；运用时经事纬、点面结合的方式记述史实；坚持人事结合、以事带人的原则处理人与事的关系；采取夹叙夹议、叙论结合以叙为主的方法展开内容。做到了史料与史论、历史与现实、政治与学术统一，文献性、学术性、知识性相兼容。

为编纂好《全国革命老区县发展史》丛书，打造红色文化品牌，中国老区建设促进会认真组织积极协调，提出政治立场鲜明、史料真实准确、思想论述深刻、历史维度厚重、时代特色突出、编写体例规范、篇目布局合理、审读把关严格、出版制作精良的编纂出版总要求，力求达到革命史籍精品的精神高度、思想深度、知识广度、语言力度，增强丛书的权威性和社会影响力。各省（区、市）、市（州、盟）、县（市、区、旗）老促会的同志，以强烈的使命感、责任感和紧迫感，勇于担当，积极作为，认真实施，组织由老促会成员、专家学者等参加的十余万人编纂队伍。编纂工作主体责任在县，省、市组织协调、有力指导、审读把关。各方面人员以高度负责的精神和科学严谨的态度，满腔热情地投入工作，为丛书编纂出版做出了重要贡献。丛书编纂工作还得到了党和国家有关部委、地方各级党委政府及有关部门的大力支持和积极参与，社会各界也给予了热情帮助。中共中央政治局原委员、中央军委原副主席、原国务委员兼国防部长迟浩田上将，对老区人民怀有深厚感情，对革命老区建设发展十分关注，欣然为《全国革命老区县发展史》丛书作总序。

丛书由总册和1599部分册（每个革命老区县编纂1部分册）组成，共1600册。鉴于丛书所记述的史实内容多、时间跨度长和编纂时间紧，不妥之处，敬请批评指正。

中国老区建设促进会

峥嵘岁月

1922年5月9日，孙中山偕夫人宋庆龄抵达韶州火车站（今韶关东站，浈江区车站街道办境内）督师北伐（韶关市博物馆供图）

1924年9月20日，孙中山亲临韶关南教场（今韶关市区中山公园，浈江区风采街道办境内）检阅北伐军（韶关市浈江区史志办公室供图）

大革命时期，曲江县农会、中共曲江县支部、中共北江地委、中共北江特委成立时旧址——曲江下后街宏仁善堂（今浈江区风采街道办境内）（韶关市浈江区史志办公室供图）

1927年6月15日，北江农民自卫军抵达武昌，驻武昌徐家棚车站旧址（韶关市浈江区史志办公室供图）

1927年7月29日，北江农民自卫军乘船到达江西九江时登岸的怡和码头（韶关市浈江区史志办公室供图）

1927年12月，朱德在韶关闻知广州起义失败后，率南昌起义军余部1000多人移驻曲江犁铺头。图为犁铺头码头旧址（今浈江区犁市镇犁市社区境内）（韶关市浈江区史志办公室供图）

朱德率南昌起义军余部在曲江犁铺头驻地及练兵场旧址（今浈江区犁市镇犁市村境内）（韶关市浈江区史志办公室供图）

1927年12月28日，朱德率南昌起义军余部驻曲江犁铺头（今浈江区犁市镇犁市社区境内）期间，曲江重阳农军举行西水暴动，朱德派部队支援农军。图为举行农军暴动的重阳清水塘村（韶关市浈江区史志办公室供图）

朱德派部队支援曲江重阳西水暴动。图为农军在清水塘村的炮楼旧址（韶关市浈江区史志办公室供图）

1938年，日本侵略军空袭曲江县城（今韶关市浈江区风采街道办、东河街道办境内）（韶关市浈江区史志办公室供图）

韶关城区军民赶往被炸现场救助

1938年7月23日，日军飞机轰炸曲江城区关帝楼（今浈江区风采街道办西堤中路），制造了“关帝楼惨案”。图为关帝楼被炸毁（左图）及炸死的居民（右下图）（韶关市浈江区史志办公室供图）

1938年，广州沦陷后，曲江成为战时省会，许多文化界人士从各省各地以及香港云集曲江，各种文化团体纷纷成立，曲江成了粤北抗战文化的中心。图为曾在粤北开展文化宣传活动的部分文化界人士合影（韶关市浈江区史志办公室供图）

1941年底，太平洋战争爆发后，为抢救滞留在香港的大批文化界人士，中共广东省委按照中共中央南方局书记周恩来的指示，开展了大营救工作。图为被抢救的部分文化界人士抵达韶关后合影（韶关市浈江区史志办公室供图）

粤北解放区民众组成担架队，支援南下大军作战（韶关市浈江区史志办公室供图）

北江农民展开支前活动，向前线送粮食，支援南下人民解放军作战（韶关市浈江区史志办公室供图）

華商報

南下大軍攻勢展開

連克曲江樂昌仁化

湘境攻衡陽進迫耒陽

閩西南解放漳浦詔安等城

《华商报》报道南下大军连克曲江、乐昌、仁化消息（韶关市浈江区史志办公室供图）

解放軍進入曲江

陳賡部攻大坑口威脅英德

衡陽廣州間電訊昨晨中斷

浙東大軍登陸舟山島

《华商报》报道南下大军解放曲江（韶关市浈江区史志办公室供图）

城区新貌

韶阳楼（韶关市浈江区史志办公室供图）

风采楼（韶关市浈江区史志办公室供图）

北伐战争纪念馆（韶关市浈江区史志办公室供图）

韶关市中山公园（韶关市浈江区史志办公室供图）

犁市当铺（朱德率南昌起义部队莒命活动旧址）（韶关市浈江区史志办公室供图）

中共广东省委粤北省委机关韶关五里亭旧址及历史陈列馆（韶关市浈江区史志办公室供图）

百年东街（韶关市浈江区史志办公室供图）

百年东街斌庐（韶关市浈江区史志办公室供图）

革命烈士叶发青故居（韶关市浈江区史志办公室供图）

百年东街全景图（韶关市浈江区史志办公室供图）

浈江区产业园区新貌（韶关市浈江区史志办公室供图）

韶关鑫金汇财富中心（韶关市浈江区史志办公室供图）

浈江区碧桂园（韶关市浈江区史志办公室供图）

浈江区曲仁和田螺冲矿棚户区改造安置新区（韶关市浈江区史志办公室供图）

浈江、武江在韶关市区汇成北江交汇处（韶关市浈江区史志办公室供图）

浈江区东山樱花公园（韶关市浈江区史志办公室供图）

交通网络

路桥纵横交错的浈江区东河片区（韶关市浈江区史志办公室供图）

和谐号高速列车从浈江区犁市镇疾驰而过（韶关市浈江区史志办公室供图）

韶关东站（火车站）（韶关市浈江区史志办公室供图）

和谐号列车在京九线（浈江段）上穿行（韶关市浈江区史志办公室供图）

浈江区境高速公路网（韶关市浈江区史志办公室供图）

浈江区启明路道路白改黑工程（韶关市浈江区史志办公室供图）

经济发展

浈江产业园广东磊蒙重型机械制造有限公司生产车间（韶关市浈江区史志办公室供图）

浈江产业园韶关市磊信机械制造有限公司研发的立体停车设备（韶关市浈江区史志办公室供图）

浈江产业园韶关市中机重工锻压有限公司生产车间一角（韶关市浈江区史志办公室供图）

浈江产业园韶关比亚迪实业有限公司电动叉车生产车间（韶关市浈江区史志办公室供图）

浈江产业园韶关市嘉诺点火系统有限公司车间流水线（韶关市浈江区史志办公室供图）

浈江产业园韶关市技美机械有限公司生产的机械臂（韶关市浈江区史志办公室供图）

浈江产业园韶关市创力机械有限公司生产车间（韶关市浈江区史志办公室供图）

国电粤华韶关（浈江）煤矸石综合利用发电项目（韶关市浈江区史志办公室供图）

浈江区十里亭农贸市场（韶关市浈江区史志办公室供图）

韶关风度名城大润发商场（韶关市浈江区史志办公室供图）

精准扶贫

浈江区扶贫办为犁市镇梅塘村贫困户提供生产资料（韶关市浈江区史志办公室供图）

韶关市乳香元乳业有限公司奶牛饲养基地（韶关市浈江区史志办公室供图）

花坪镇石屋村扶贫项目黑山羊养殖基地（韶关市浈江区史志办公室供图）

花坪镇奎塘村养鸭基地（韶关市浈江区史志办公室供图）

花坪镇梅花猪养殖基地（韶关市浈江区史志办公室供图）

花坪镇石屋村爬山鸡养殖基地（韶关市浈江区史志办公室供图）

花坪镇花坪村食用菌种植基地（韶关市浈江区史志办公室供图）

犁市镇溪头村源野绿专业合作社生产的糟菜、犁铺头花生油、美香粘大米（韶关市浈江区史志办公室供图）

新韶镇东山村贫困户种植的大棚无公害蔬菜（韶关市浈江区史志办公室供图）

新韶镇陈江村扶贫项目千亩优质稻基地（韶关市浈江区史志办公室供图）

美丽乡村

革命老区村——新韶镇东联村委翻溪桥村（韶关市浈江区史志办公室供图）

革命老区村——新韶镇东联村委石安村（韶关市浈江区史志办公室供图）

新韶镇府管村委会（韶关市浈江区史志办公室供图）

犁市镇五四村委下村（韶关市浈江区史志办公室供图）

花坪镇花坪村委乌石冲村（韶关市浈江区史志办公室供图）

新韶镇莲花村卫生站（韶关市浈江区史志办公室供图）

新韶镇东联小学（韶关市浈江区史志办公室供图）

省级非物质文化遗产名录——舞春牛（韶关市浈江区史志办公室供图）

犁市镇流传已久的端午节划龙舟习俗（韶关市浈江区史志办公室供图）

《韶关市浈江区革命老区发展史》编审委员会成员合影（韶关市浈江区史志办公室供图）

目录 contents

前言

韶关市浈江区是一片具有光荣革命历史和优良革命传统的红色土地。从五四运动开始，浈江境内工农运动逐渐活跃。香港海员大罢工和省港大罢工，鼓舞和坚定了穷苦人民的革命斗志和勇气，促进了浈江境内的工人运动和农民运动的开展。1924 年 9 月，区境翻溪桥、腊石坝村在中国共产党的支持、鼓励下，率先成立农民协会。此后，浈江人民在共产党的带领下勇敢地投入工农运动、学生运动和妇女解放运动，支援北伐战争，开展土地革命，在艰难的革命斗争岁月中受到国民党右派的残酷迫害。抗日战争时期，浈江人民积极投入抗日救亡运动，纷纷加入抗日武装队伍，同入侵的日军作战。解放战争时期，浈江人民自觉参加护校、护厂斗争，保护财产、设施和档案资料，筹集物资支援人民解放军，为韶关的解放及恢复生产作出了积极贡献。

革命战争年代，浈江老区人民为党和国家作出了巨大牺牲和贡献，因此加快老区发展是共产党人义不容辞的历史责任。建区以来，区委、区政府积极扶持革命老区建设，充分发挥老区建设促进会的桥梁和促进作用，制定老区发展措施，广泛动员社会力量开展各类帮扶活动，引领老区人民改善生产生活条件，为老区建设与发展奠定了坚实的基础。党的十八大以来，浈江区委、区政府以“因地制宜、求实创新”的科学态度，采取“公司＋基地

+农户”的产业扶贫方式促进老区经济发展；实施精准扶贫，帮助老区困难户通过创业和多种形式就业，实现长久、可持续的脱贫致富。至2018年底，浈江革命老区的基础设施和经济建设发生了翻天覆地的变化，并朝着全面建成小康社会的目标迈进。

《韶关市浈江区革命老区发展史》是一幅波澜壮阔的历史画卷。这幅画卷，生动地展现着中国共产党引领浈江人民自力更生、艰苦奋斗、奋发图强、重整山河的壮举；闪耀着近百年来浈江人民在党的指引下追求真理、开拓进取，改造旧世界、建设新社会，全面建小康、走进新时代所创造的辉煌成就。该书真实展现了浈江人民在中国共产党领导下进行革命斗争、社会主义建设、改革开放的历史实践，热情讴歌了在党的正确路线、方针、政策指引下浈江经济和社会事业发展所取得的光辉业绩。内容丰富厚重，史料翔实可靠，叙述客观严谨，评论简明扼要，蕴含着大量的历史信息和积极向上的人文精神，是革命传统教育、理想信念教育和区情教育的生动教材；是培养热爱党、热爱社会主义、热爱祖国、热爱人民和热爱劳动的一代新人的精神食粮；是立足当今，在党的十九大精神指引下，深入学习贯彻习近平新时代中国特色社会主义思想，继续推进浈江区革命老区建设和发展的宝贵借鉴。

《韶关市浈江区革命老区发展史》的出版发行，为我们及子孙后代铭记党的历史，不忘老区贡献，发扬党的光荣传统，宣传革命老区，促进老区脱贫攻坚，全面建成小康社会，开启社会主义现代化建设新征程，具有重大的现实意义和深远的历史意义，可喜可贺！

《韶关市浈江区革命老区发展史》编委会

2019年12月

1

第一章

行政区域及革命老区概况

第一节 浈江区基本情况

一、历史沿革及区划

春秋时期，浈江区境为百越之地，战国时期属楚国，秦朝时期属南海郡，赵佗立南越国后属南越国。

西汉元鼎六年（公元前111年）汉武帝平定南越后，在区境莲花山下（今韶关东站一带）设置曲江县治，属桂阳郡辖。三国吴甘露元年（公元265年），在桂阳郡南部分设始兴郡，郡治设在区境莲花山下的曲江县治内，曲江县改属荆州始兴郡。西晋武帝太康中期，始兴郡移属广州，曲江县治从莲花山迁往安聂邑（今武江西岸），区境随曲江县改属广州始兴郡。西晋永嘉元年（307年）分荆州地置湘州，区境随曲江县改属湘州始兴郡。东晋成帝咸和三年（328年）废湘州，复称荆州始兴郡，郡治和曲江县治迁往东南十里官滩（今浈江区南郊）。南朝梁承圣（552—555年）中置东衡州，曲江县治再迁西河。隋开皇十年（590年），废始兴郡，改为东衡州，不久又改为韶州。韶州府和曲江县治回迁莲花山。开皇十一年（591年），废韶州，区境随曲江县并入广州。隋大业年间（605—618年）将州改为郡，郡、县治所仍在区境的莲花山下。唐武德元年（618年），县治再迁西河。唐贞观元年（627年）改东衡州为韶州，州治和曲江县治迁回莲花山。后梁乾化元年（911年），州、县治所迁往中洲（今浈江城区，俗称“小岛”）。此后，州、县治所同设中洲。五代十国时期，区境随曲江县先后属梁韶州、南汉韶州。北宋初期属岭南东道韶州。元朝以行省为地方最高行政区，下设道（省派出机构）、路、县三级，区境随曲江县属海北广东道韶州路。元至顺元年（1330 年）属江西行省广东道韶州路。明洪武元年（1368 年）改韶州路为韶州府，区境随曲江县仍属韶州府。清初仍称广东布政司，后称广东省，省下设道（省的派出机构）、府、县。区境随曲江县属广东省南韶连道韶州府。

1912 年，废道、府。区境随曲江县属广东省。1914 年复设道，区境随曲江县改属广东省南韶连道（后改为岭南道）。1920 年复废道，不久设北区善后督办，性质与道同。此后屡设屡废，1925 年设北江行政区，1926 年又废行政区。1928 年设北江善后委员会，1932 年改为北江绥靖区。1936 年改设第二行政督察区，性质与善后委员会、行政区、绥靖区同，均为省派出机构。1939 年 2 月，广东省政府迁到韶州（今浈江城区，下同）。1940 年改称北江行政区，1941 年复称第二行政督察区，区境仍随曲江县属之。1943 年 11 月，在曲江县城（今浈江城区，下同）置韶关市政府，为省直辖市，区境随曲江县属韶关市。1944 年 7 月，省政府迁往连县。1945 年 1 月，韶关被日军占领，韶关市政府的建制自行解体。1947 年再次调整全省政区，区境随曲江县改属第三专署行政督察区。

1949 年 10 月 7 日，中国人民解放军挥师南下进驻曲江县城，于 10 日解放曲江县全境，同日宣告成立曲江县人民政府。14 日，曲江县政府设立城关区（亦称“曲江县一区”），区境属曲江县城关区。11 月 25 日成立韶关市人民政府后，区境改属韶关市辖。1950 年 5 月撤销韶关市后，区境回归曲江县，组建曲江县韶关镇。1951 年 6 月恢复韶关市建制后，区境又从曲江县划出归韶关市辖。

1975 年 11 月，中共韶关市委、市革命委员会进行郊区和街道体制调整，将北区、中区、南区 3 个街道革命委员会合并为北江区革命委员会，东河区、南郊区 2 个街道革命委员会合并为浈江区革命委员会。1978 年 10 月，浈江区革命委员会更名为浈江区公所，北江区革命委员会更名为北江区公所。1981 年 10 月，韶关市撤销浈江、北江、武江区公所，成立东区、西区，后改称浈江区、武江区。北江区公所地域划归浈江区。

1984 年 6 月，经广东省人民政府批准，设立韶关市浈江区为县级市辖区；同年 7 月，经广东省人民政府批准，北江区地域从浈江区划出设立县级市辖区。浈江区升格为县级区后，分别置南郊、东郊、新韶 3 个农村办事处和东河、车站 2 个办事处，辖 13 个乡、65 个自然村和 16 个社区，区境面积 140 平方千米；北江区设为县级区后，分别置十里亭、南门、和平、太平 4 个办事处，辖 6 个乡、31 个自然村和 30 个社区，辖区总面积 58 平方千米。

1987 年 1 月，经广东省人民政府批准，撤销北江区十里亭办事处，设立十里亭镇建制，下辖 6 个村民委员会。是年 2 月，经广东省人民政府批准，浈江区撤销新韶、南郊、东郊 3 个农村办事处，设新韶、南郊两个乡建制，下辖 19 个村民委员会。1988 年 8 月，经广东省人民政府批准，浈江区将东河办事处、车站办事处改称为东河街道办事处和车站街道办事处，下辖 24 个居民委员会。北江区的太平、和平、南门三个办事处，由于管辖的区域面积小，人口少，设街道办事处条件不具备而没有设立。1989 年 6 月，浈江区实施乡派设管理区办事处建制，将原村民委员会改为管理区办事处，原村民小组改为村民委员会；改制后下辖 2 个乡，20 个管理区。是年 11 月，北江区十里亭镇 5 个村民委员会改置为管理区（金凤坪村为镇政府所在地未改），原村民小组改为村民委员会。

1993 年 11 月，浈江区新韶、南郊两个乡改为镇建制，新韶乡改称为新韶镇，南郊乡改称为乐园镇。1997 年 7 月新设韶东、启明北路、豆芽井、七四三矿 4 个居民委员会，1998 年 4 月增设犁头咀居民委员会。是年 11 月，浈江、北江两区农村管理区改为村民委员会，原村民委员会改为村民小组。

2004 年 4 月，按省政府属地化管理规定，原曲仁矿务局田螺冲矿成立田螺冲办事处划归浈江区管理，下设长山、三角窝、两面山、大塘山 4 个居民区；原曲仁矿务局总部设立曲仁办事处划归北江区管理，下设富仁、花坪、云顶、格顶、茶山、丝茅坪、和平、八一 8 个居民区。

同年 5 月，经国务院批准，撤销韶关市北江区，将原北江区行政区域和原曲江县犁市、花坪 2 个镇划归浈江区管辖，并将南门、和平、太平三个办事处改称为街道办事处。调整后的浈江区下辖新韶、乐园、十里亭、犁市、花坪 5 个镇和东河、车站、南门、和平、太平 5 个街道办事处，以及曲仁、田螺冲 2 个办事处，共 45 个行政村、344 个自然村、52 个社区居委会。2009 年 8 月，浈江区调整行政区域划分，将和平、南门、太平 3 个街道办事处合并为风采街道办事处。至 2018 年底，浈江区辖新韶、乐园、十里亭、犁市、花坪 5 个镇和东河、车站、风采 3 个街道办事处及曲仁、田螺冲 2 个办事处，共 48 个行政村、46 个社区、11 个居民区，总面积 572. 11 平方千米。全区户籍人口 322964 人，其中城镇人口 258822 人，乡村人口 64142 人。年末常住人口 41. 11 万人，其中城镇常住人口 35. 05 万人，城镇人口比重 85. 26% 。

二、地理位置与气候环境

浈江区位于广东省韶关市东北部，浈江、武江下游，北江上游。地理坐标北纬 24°27′08″～25°08′，东经 113°06′22″～113°59′57″，东与仁化县大桥镇、曲江区枫湾和大塘镇接壤，西与乳源瑶族自治县桂头镇、武江区重阳镇毗邻，南与曲江区马坝、白土镇相连，北与乐昌市长来镇、仁化县董塘镇相邻。

地质构造属华南褶皱带部分，火成岩分布广泛，地层发育基本齐全。土壤有红壤、黄壤、红色石灰土、紫色土、水稻土、潮沙泥土、石窟土 7 个土类，其中，红壤面积占自然土壤面积 50% 以上，自然土壤占全区面积 80.6%，土壤质地较好，心地层普遍深厚，表土疏松，酸性反应，有机质与氮素含量居多。

地貌以山地、丘陵、盆地为主，地势周高中低。东、南面多中低海拔山脉；北部多海拔 300 米以上高丘陵；中部丘陵、盆地海拔多在 200 米以下。区境最高山峰是花坪镇石屋村的帽岭，海拔 518.8 米；中心地带（市区）处于韶关盆地，最低海拔 55 米。

境内属中亚热带季风性气候区，有明显湿热和干冷大陆性气候。全年盛行南北气流，冷暖交替明显，光热充足，雨量充沛，湿度较大，年平均气温 20.8°C，年平均日照时数 1738 小时，农业生产可以一年三熟。区内气候受季风及大气环流影响，年均降雨量 1397.2 毫米，总体气候特征表现为冬短夏长，春秋交替快，四季分明，有暴雨、干旱、低温冷冻、冰雹等灾害性天气，对农业生产有较大影响。

三、自然资源及优势特点

浈江区依山傍水，环境优美，河流分布密集，水资源丰富，境内有浈江、武江、北江、黄浪水、大塘水、大富河、坳背水、白虎坳水、皇冈水 9 条主要江河。浈江又称浈水、东水，发源于江西省信丰县石溪湾，经南雄、始兴、曲江 3 个县（市、区），在东郊湾头村流经浈江区境后与武江汇合。武江又称溱水、泷水、虎溪，发源于湖南省临武县三峰岭，流经坪石、乐昌、桂头，于区属犁市镇上朗村进入区境后，在市区小岛南与浈江汇合。浈江、武江汇合成北江流经区境车站街道办事处、乐园镇，年平均流量290立方米/秒，年径流量92.3亿立方米，径流模数43.3升/秒·平方千米，每期流深1364.6毫米。2018年，全区产水量（河川径流量）为28.6亿立方米（包括地表、地下径流），可满足全区人民生产生活用水需要。

地理条件优越，矿产资源丰富。主要矿产有煤、铁、锡、锑、钨、萤石、稀土、冶金等，其中煤、铁、锡、锑、钨、萤石在广东省占有重要位置，储藏量在1.5亿吨以上（主要分布在浈江东部和北部山地、丘陵地带）。除此之外，区境还有燃料、化工、非金属、建筑材料等矿产，同时有大量的森林资源。2018年，全区面积572.11平方千米，其中耕地面积为7891.58公顷；园地304.9公顷；林地30959.42公顷；城镇（村）及工矿用地6658.12公顷，交通设施用地1084.76公顷，水域及水利设施用地4557.78公顷，其他用地905.5公顷。森林覆盖率57.78%，林木绿化率58.62%，活立木总蓄积量2275241立方米。全年降雨量1595.4毫米，全年平均气温20.6℃，全年日照时数1563.1小时。大中型水库3座，蓄水量4520万立方米。小型水库65座，蓄水量1400万立方米。

浈江区因境内浈江河而得名，是韶关的老中心城区，地理、经济条件优越，水陆交通便捷，是中原与广东南来北往的要冲。京广高铁、京广铁路、韶赣铁路途经区境，韶关东站（韶关火车站）和汽车客运总站坐落境内中心地段；区境的曲江大桥、东河大桥、北江大桥、百旺大桥、五里亭大桥、黄金村大桥和京广铁路大桥等10多座大桥贯通东西南北；过境的京港澳高速、广乐高速、韶赣高速以及国道G106线、国道G323线、省道S246线、省道S248线等组成连接省内外公路网络。区内交通网络四通八达，每个乡村均通公路。区内金融机构齐备，中国银行、中国工商银行、中国农业银行、中国建设银行、交通银行、城市商业银行、邮政储蓄银行、农村信用合作联社、保险公司均在区境开设分支机构。区内有较好的基础设施和投资环境，吸引众多海内外客商来区投资，促进了全区经济的稳定发展。

浈江区历史文化悠久，风景优美，名胜古迹众多，中原文化和岭南文化在此交汇，并与当地自然环境和社会经济生活融为一体，积淀众多旅游景点和历史文物。至2018年底，全区有旅游景点20多处、历史文物及遗址230处，主要包括韶关国家森林公园、帽峰公园、中山公园、百年东街、韶阳楼、风采楼、犁市当铺（朱德率南昌起义部队革命活动旧址）、中共广东省委粤北省委机关五里亭旧址、北伐战争纪念馆、斌庐、革命烈士叶发青故居、韶州府学宫、大鉴寺、太傅庙、余靖风采堂、韶关天主教堂、韶关基督教堂、东山樱花公园、韶关市茶花森林公园等等。

第二节 革命老区基本情况

一、革命老区历史简介

浈江区较早开展了工农运动，锻炼和培养了大批革命人才。1919 年 6 月 11 日，浈江区境商界发起抵制日货的运动。1920 年 8 月 19 日，浈江境内粤汉铁路韶关段工人举行罢工，表示不愿意为桂系军阀运送军队和物资，支援粤军讨桂。1921 年 4 月，浈江境内船工参加北江小渡轮航运工人为要求增加工资举行的联合罢工。1924 年 3 月，浈江境内成立北江船业工会。9 月 28 日，浈江境内率先成立翻溪桥、腊石坝村 2 个农民协会。① 此后，翻溪桥、腊石坝村级农会，犹如星星之火迅速蔓延整个粤北大地，成为北江地区农民运动的一面旗帜。1925 年 1 月，区境的柴船、盐船工人相继加入中华海员工业联合会北江第二分部。3 月，粤汉铁路工人为要求增加工资、发给工作服等，举行罢工并取得了胜利。6 月，韶关（今浈江城区，下同）各界召开援助省港大罢工大会，并在会后进行了游行。11 月 20 日，曲江县第一次农民代表大会在韶关下后街宏仁善堂（今浈江区建国路小学内，下同）召开。同年冬，区境成立曲江一区农民武装中队，此后成立曲江县农民

① 韶关市史志办公室：《中国共产党北江地方史（1919—1949）》，中共党史出版社 2007 年版，第 20 页。

自卫队。1926 年 1 月，广东省农会北江办事处在韶关成立。同年夏，成立广东省海员工会韶州分会。11 月，浈江境内创办南韶连讲习所，主要任务是培养农运、农军之政治干部，学员经学习，绝大多数成为北江农运和当地武装斗争的骨干力量。12 月，中共北江地委和省农会北江办事处在韶关开办北江农军学校，重点培养农民武装力量。

大革命期间，浈江境内的工人运动、农民运动、妇女解放运动和学生运动紧密结合一起，并在中国共产党的领导下开展斗争，培养和锻炼了大批革命力量。1927 年四一二反革命政变后，浈江境内南韶连讲习所学员和北江农军学校学员及工农运动积极分子，组成农民自卫军约 400 人，编入北江工农自卫军序列，北上武汉讨蒋。南昌起义后，区境的农军战士分别回到家乡，由于革命处于低潮，只得隐蔽进行活动。同年 12 月，浈江境内中共组织得到朱德等人的帮助和鼓励后热情高涨，继续领导各地的革命活动。

（一）北伐军三次集结韶关，促进了浈江境内的工农运动。1922 年 5 月 6 日，孙中山把北伐大本营设在原韶州镇台署（今浈江区建国路韶关军分区大院内）。[①] 1923 年 8 月，谭平山等人到浈江境内及周边各地进行宣传慰问和战地调查，宣传孙中山的革命主张，同时也传播了马克思主义。此后，侯凤墀、韦启瑞、丘鉴志等一批共产党人和共青团员，先后到达浈江境内担任农民运动特派员，参加改组、建立国民党县党部，指导工人运动的开展。1924 年，孙中山决定再次在韶举师北伐。并于 9 月 13 日将大本营设在韶关火车站粤汉铁路公司养路处一幢两层的楼房（今浈江区车站街道办境内）。9 月 20 日，孙中山电令彭湃率广东工农军

① 韶关市史志办公室：《中国共产党北江地方史（1919—1949）》，中共党史出版社 2007 年版，第 62 页。

从广州来韶州进行军训，以备维护后方，并负责后方宣传工作，同行有谭平山、阮啸仙、罗绮园等中共党员。中国共产党积极推动第三次北伐，1926年5月20日中共广东区委组建的叶挺独立团受命为北伐先锋，挥师北上。国民革命军经过浈江时，在党组织的发动下，人民群众踊跃捐钱捐物赞助北伐，大批工人、农民、学生参加了支前工作，“协助北伐运输，随军效力者不下万人”。[①]

（二）建立党团组织，对浈江人民革命斗争起到较好的领导作用。1925年7月，共产主义青年团曲江特别支部在县城（今浈江区境内）建立。同年12月，经刘胜侣、侯凤墀帮助和考察，接受梁展如、欧日章、叶凤章加入中国共产党，并按党章规定，在韶关下后街宏仁善堂县农会办事处成立中共曲江县支部（特支性质）。[②] 1926年3月，叶凤章在浈江东水地区发展叶凤标、叶发青、叶凤阳、刘福等21名同志为共产党员，成立中共翻溪桥支部。此后，城厢逐渐发展有中共党员，12月在浈江境内城区成立中共北江地方执行委员会（简称“中共北江地委”），同月成立中共韶城支部。1927年2月，浈江境内先后建立起5个党支部，党员80多人，外地党员40余人，经上级批准，11月，在浈江境内的下后街宏仁善堂成立中国共产党曲江县委员会。浈江境内党团组织的建立，对领导粤北地区的革命斗争起到了关键作用。1927年至1931年，浈江境内党组织遭到国民党右派的多次破坏。1933年夏，党组织撤离城区，只保留打入敌人内部的少量党员，多数骨干被迫转移外地或分散隐蔽，直到1938年才逐步恢复。

---

① 韶关市曲江区史志办公室：《中国共产党曲江县地方史》（第一卷），中共党史出版社2007年版，第32页。

② 韶关市史志办公室：《中国共产党北江地方史（1919—1949）》，中共党史出版社2007年版，第55页。

（三）朱德部队驻扎浈江，对促进工农运动起到较好作用。1927 年 12 月 12 日，朱德率南昌起义军余部从仁化进入韶关，准备南下支援广州起义。14 日接到广州起义失败的消息后，朱德率部离开韶关，转驻曲江犁铺头（今浈江区犁市镇）。朱德在韶关期间，曾带工作人员及警卫人员住在东河坝刘福家里，并秘密会见叶凤章、刘福、叶发青等人。朱德率部队进驻犁铺头后，为了适应革命形势发展的需要，决定利用与范石生合作的有利时机，对部队进行一次较为正规的训练。朱德根据多年积累的军事知识和实战经验，以及南昌起义以来军队作战的经验教训及其特点，亲自编写《步兵操典》和《阵中勤务》两部军事教材，供部队训练使用。部队在犁铺头军训期间，朱德亲自给官兵授课、讲解、示范，并按中共中央的指示精神，组织官兵深入附近乡村发动群众，帮助恢复农会，发展农军。朱德部队在韶关活动期间，正是粤北地区农民暴动阶段，朱德部队积极支援农民武装斗争，两次派兵支援西水农民暴动，还帮助曲江秘密建立苏维埃政权。① 朱德在浈江期间，激发了广大人民群众的革命热情，燃起了浈江人民革命斗争的烈火，促进了浈江境内及周边的工农运动。朱德在犁铺头（犁市当铺）接见了毛泽东特使何长工，为朱毛部队会师井冈山开创革命新纪元奠定了重要基础。后因情况有变，朱德率部队离开浈江犁铺头，并在湖南宜章发动了著名的“湘南起义”。

（四）开展工农武装斗争，对捍卫民众利益起到重要作用。大革命时期，浈江境内活跃着一支经过实际斗争磨炼的农民武装。在中共地方组织的领导下，浈江境内农军勇敢顽强地坚持游击斗争，狠狠打击了韶关境内的反动势力。

---

① 韶关市革命老区根据地建设委员会办公室：《粤北老革命根据地人民革命斗争简况（1959 年 1 月 4 日）》，第二章，第 5 页。

1927年冬，北上的农军分别回到了家乡。曲江工农领袖梁展如、欧日章、叶凤章等人重新取得了联系。根据分工，叶凤章、刘福等继续负责东水地区的农运工作。此后，浈江境内农民武装在中共北江特委的领导下，成立广东工农革命军北路第六独立团。同年秋，叶凤章率东水农军到乌石鹅鼻洞与南水农军会合，组建曲江县第四区农军大队，继续开展工农武装斗争。

（五）中共粤北省委在浈江积极开展抗日救亡宣传活动。1941年春，中共粤北省委转入韶关五里亭韶州师范农场，下辖东江、西江、北江地区的党组织及赣南特委。[①] 这期间，国民党顽固派千方百计破坏共产党组织。中共粤北省委领导各级党组织，坚决贯彻执行中共中央“隐蔽精干，长期埋伏，积蓄力量，以待时机”的方针，采取紧急措施进行应对：为保根基将有条件能确保安全的党员留下，将已暴露和可能暴露的党员迅速调离；改变抗日救亡运动的方式，把大张旗鼓的游行示威活动改为小集会、读书会、座谈会、歌咏会等，并领导中山大学师生开展抗日救亡宣传活动。在保存革命力量的基础上，大力开展统一战线工作，加强与国民党内部和社会开明人士联系，宣传抗日形势，加强爱国主义教育；领导工农组织和青年、妇女工作，增强党领导下的抗日武装力量，坚决揭露敌伪的阴谋；领导文学院、法学院、师范学院等文教团体，组织歌咏团、剧团宣传党的正确主张，组织抗日救亡文艺宣传队到基层开展抗日救亡运动。在开展抗日救亡活动中，中共粤北省委积极采取各项措施，彻底打破了国民党扬言要“一网打尽”共产党的阴谋，各级党组织更加稳固。1941年，中共南方工作委员会在梅县大埔召开共同应对反共逆流的会

---

① 韶关市史志办公室：《中国共产党北江地方史（1919—1949）》，中共党史出版社2007年版，第294页。

议时，一致认为粤北是南方五省在反共逆流中贯彻执行中央方针最好的地方。但在1942年，国民党顽固派进一步加大了打击共产党的力量，中共粤北省委遭受严重破坏，广东的党组织因此遭受严重损失。

（六）积极开展抗日救亡运动，组织民众对敌进行武装斗争。1938年2月，中共党员黄克西、黄克东兄弟根据党组织指示精神，利用开书店的机会，结识一批进步青年，并组织读书会，办群力书社，成立曲江青年战时服务团。[①] 1939年春，广东省新生活运动促进会妇女工作委员会（简称“省妇委会”）在战时省会韶关成立，由广东省政府主席李汉魂夫人吴菊芳任主任。中共广东省委派出区梦觉等一批妇女党员帮助筹建和开展工作。同年3月，广东青年抗日先锋队（简称“抗先”）迁到韶关，成为领导全省青年运动的中心。此后，抗先在中共广东省委直接领导下，迅速建立各县、各乡抗先分队或支队。同年秋，浈江境内党组织兴办印刷合作社，不仅解决了《新华南》杂志的印刷问题，同时掩护了一批地下党同志，还为曲江党组织提供了大量活动经费，解决了抗战时期的一些军需民用资金。此外，党组织领导的粤北抗战文化阵地还有《北江日报》《抗先通讯》《晨报》《新妇女》《新军》等杂志，同时有第四（七）战区长官部编纂部、第四战区政治部政工大队等文艺队伍。

抗日战争期间，在中共粤北省委、北江特委和曲江县委（曲江工委）的领导下，浈江境内的青年群社战时工作队、《新华南》杂志社、工业合作社、省妇委、仲元中学、韶州师范学校、广东省立女子师范学校、曲江中学、第七战区编纂委员会分别建立中

---

① 中共曲江县委组织部、中共曲江县委党史研究室、曲江县档案馆：《中国共产党广东省曲江县组织史资料（1925—1987）》，1992年，第25页。

共支部，并组织群众开展抗日救亡运动。

（七）部分共产党员在城区工作，为革命的胜利作出较大贡献。抗日战争胜利后，国民党顽固派进一步“清理”共产党组织，浈江境内部分中共党员跟随部队上山打游击，部分党员隐蔽在城区工作，并有少量党员进入机关、社团，活动在国民党曲江县当局的中上层，掩护地下党的秘密活动，开展统战工作，有力地支持了部队的武装斗争。在此期间，中共粤北地下党组织在浈江境内设有东河坝交通站、五四书店交通站和罗有信金铺联络站。其中：东河坝交通站由地下党员梁维平（女）、陈先信夫妇负责，主要负责中共五岭地委的领导往返香港与香港分局联系。此外，中共南方工作委员会在韶关风度中路设立五四书店交通站，并在风度路罗有信金铺设立联络站。从广州或香港调来的干部要到五岭游击区去，或者外地进游击区的青年学生到达韶关后，先把写好约定符号和会面地点的信送到交通站或联络站，由交通站或联络站人员把信交上级领导，再由地下党交通员按约好的地点前去接头或带青年学生进入游击区。

解放战争期间，浈江境内地下党交通员多次护送地下党领导和部队首长进出游击区，护送大批青年进游击区参军，护送大批枪支、弹药、药品和日用品，转送文件、情报，为部队人员来往，保证部队所需物资的安全输送起到了较大作用。

（八）团结各阶层民主进步人士，对解放韶关起到重要作用。解放战争时期，浈江境内中共组织发扬团结友爱的光荣传统，团结老朋友，结交新朋友，争取中间人士，组织领导党的统战工作。从社会上层到乡镇和社区基层，团结了一大批爱国民主人士、地方开明绅士，以及同情支持共产党的国民党军政人员，对保护韶关的重要物资和重要的基础设施、生产设施起到了重要作用。1949 年 9 月，浈江城区的民主人士、知识分子和工商人员，在地下党员的领导下，自觉参加护校、护厂斗争。保护学校财产、设施和档案资料，筹集粮油、食品、棉布、百货等物资支援解放军，对尽快恢复生产及各项社会事业起到了较大作用。

（九）发动群众做好准备，对顺利解放韶关起到一定作用。1949 年 4 月，中共曲江工委书记赵学光从马坝演山回到韶关，主要部署韶关市区迎接解放的准备工作，并在韶关市区仁爱路 48 号二楼召开秘密会议。会上，赵学光分析了韶关的形势，对迎接解放韶关需做的各项准备工作（收集情报，开展护桥、护厂、护校以及做好统战对象工作）进行了分工。这期间，为了保护好曲江大桥，防止国民党逃跑时炸毁大桥，浈江境内中共组织把保护大桥作为重点工作事项。1949 年 9 月 21 日，中共五岭地委书记张华参加华南分局和野战军领导联席会议回韶后，即把调查韶关方面敌情和地形的任务交给了曲江县委。中共曲江县委接受这个任务后，一方面指示浈江境内地下党员张洪、冼颂柏等人利用关系进行调查，另一方面动员地方民主人士利用关系了解国民党内部情况。在此期间，地下党员罗宽，为了调查清楚韶关东西河码头位置、河段水深以及桥梁状况，几次租用小艇，假作学游泳，在东西河实地观察、测试，回家绘成草图。10 月 6 日，解放军第四兵团第十五军、第十三军、第十四军各一部，从东南、正北、西南方向包围韶关，负责主攻任务的第十五军四十五师沿着始兴通往韶关的公路急速推进。入夜后，在大桥慈菇岭和黄浪水等地歼灭小股敌人。7 日凌晨 1 时，第四十五师先头部队第一三四团抵达东河坝，在地下党员和民众的配合下，迅速扑灭了曲江桥上的大火，首先进入韶城；第十三军三十八师也从北门接着入城，南北两路大军在风度中路会合。10 月 7 日凌晨，韶关宣告解放。

二、已评定的革命老区概况

浈江区地处韶关市中心，马克思主义在境内传播较早。大革命时期和战争年代，浈江人民在共产党的带领下勇敢地投入工农运动、妇女运动和学生运动，支援北伐战争，参加工农武装，帮助和支持朱德部队、粤北省委及基层党组织的工作，并在革命活动中惨遭国民党右派的打击和摧残。

中华人民共和国成立后，中国共产党及人民政府关心和重视革命老区建设。1957 年，广东省根据中央文件精神进行了第一次革命老区评划工作，1989—1990 年又进行了第二次补充评划工作。但在第二次补充评划工作时，由于浈江、北江区成立时间不长，历史资料不足，只评划东联村委、府管村委和莲花村委三个行政村的部分自然村为革命老区村，[①] 总面积 1500 万平方米，占全区面积的 2.9%，总人口 1151 人，占全区总人口的 0.35%。

其中，东联村位于新韶镇东部，由 5 个自然村组成，主要姓氏有叶、黄、杨、丘等。中华人民共和国成立前，浈江籍早期中共党员叶凤章、叶发青等人于 1924 年 9 月组织起韶关早期的村级农民协会——翻溪桥农会。中华人民共和国成立后，翻溪桥、洋村 2 个自然村被评划为革命老区村。

莲花村位于新韶镇的东部，由 4 个自然村组成，主要姓氏有杨、邓、钟、邱、姜等。中华人民共和国成立前，早期中共党员叶凤章等人在该村的杨屋、邓屋村组织农民协会，开展农民运动。中华人民共和国成立后，杨屋、邓屋 2 个自然村被评划为革命老

① 韶关市老区建设领导小组办公室、韶关市老区建设促进会：《广东省韶关市革命老区镇村名录》，第 418 页。

区村。

府管村位于新韶镇东部，由9个自然村组成，主要姓氏有陈、黄、刘、付、廖等。中华人民共和国成立前，早期中共党员叶凤章、陈异峰等人在该村的塔桥、细陈屋村组织农民协会，开展农民运动。中华人民共和国成立后，塔桥、细陈屋2个自然村被评划为革命老区村。

韶关市浈江区革命老区村基本情况表

行政村名	总农业人口（人）	老区村庄人口（人）	老区人口占全村总农业人口（%）	总村民小组	老区村庄	老区小组占比（%）	老区村庄名	老区村庄人口（人）
东联村	814	385	47.3	5	2	40	洋村	110
							翻溪桥	275
莲花村	935	340	36.4	5	2	40	杨屋	225
							邓屋	115
府管村	2073	426	18.5	10	2	20	塔桥	328
							细陈屋	98
合计	3822	1110	29	20	6	30		1151

注：表中数据截至2017年12月底。

三、未参与评划的革命老区情况

韶关市浈江区是国民革命军三次集结地，是南昌起义军休整驻地和红七军经过之地，也是中共粤北省委、北江特委、北江地委、曲江县委的机关所在地。大革命时期至解放战争时期，浈江人民积极投身革命洪流之中，在中国共产党的领导下，成立工会、农会，开展工农运动，组织工农武装，支援北伐战争，开展抗日活动，进行武装斗争，为推翻专制统治，解放全中国作出了较大贡献。

随着党史工作的不断深入和发掘，越来越多的史料证明，浈江区内仍有一些地方和乡村符合革命老区评划条件。但因过去没有大规模收集历史资料，在申报革命老区的时候史实证明不足，部分地方和乡村没有参与革命老区的评划工作，代表性的村庄有：

（一）十里亭镇腊石村。1924 年 9 月 28 日，浈江境内率先成立翻溪桥、腊石坝村 2 个农民协会。此后，村级农会犹如星星之火迅速蔓延整个粤北大地，成为北江地区农民运动的一面旗帜。

（二）新韶镇东联石安村。东联石安村是从翻溪桥村分出来的。1924 年 9 月翻溪桥农会成立，实际上就包括石安村人。大革命时期和土地革命时期，该村进步人士叶发青经叶凤章介绍加入中国共产党，积极投身农运当中，宣传农运的好处，在石安村组织建立农民协会，动员受苦农民加入农会组织，并组织农民开展减租减息、反对地主豪绅的斗争。叶发青因对共产主义事业有坚强的信念，以及在实际斗争中的出色表现，于 1927 年担任曲江县委委员，并于 1928 年 4 月间依据中共中央选举六大代表的指示，在中共广东省委扩大会议上被选为赴莫斯科出席党的第六次代表大会广东唯一的农民代表。

（三）新韶镇府管大陈屋村。1925 年春，曲江县东厢火管村（今浈江区新韶镇府管村委大陈屋村）村民陈异峰，受翻溪桥农民运动的影响，积极投身农运当中，宣传农运的好处，组织火管村及周边村庄成立农民协会，动员受苦农民加入农会，并组织农民开展减租减息、反对地主豪绅的斗争。1926 年曲江县农会改组后，陈异峰当选为县农会执行委员会委员。此后，陈异峰经叶凤章介绍加入中国共产党，参与和组织火管党支部，领导火管村及周边村的农民运动，带领农民协会成员开展打土豪、分田地、分粮食等活动，并组织农民进行了武装斗争。

（四）东河街道东河坝。1925 年春，东河坝农会在刘福等人的发动和叶凤章的协助下成立，会员有 700 多人，选举刘福为执行委员。刘福在组织东河坝农会的过程中得到了锻炼和考验，他办事非常认真，一丝不苟，深得会员们的信任和拥护。1927 年 12 月朱德等人驻犁铺头期间，来到东河坝十二横巷 24 号的中共党员刘福家中，召集市内和近郊的党员、农运骨干叶凤章、叶发青、刘福等人开会，听取了叶凤章有关曲江和城厢的农民运动及目前党组织的情况汇报后，鼓励叶凤章、刘福等人不要被一时的白色恐怖所吓倒，依靠工农群众组织起来再干，并帮助党组织秘密建立了曲江县苏维埃政权。

（五）犁市镇犁市村。1927 年 12 月 12 日，朱德率南昌起义军一个团 1000 多人从仁化进入韶关，准备南下支援广州起义。接到广州起义失败的消息后，朱德率部于 14 日离开韶关城区，转驻犁铺头休整。朱德部队驻犁铺头期间，曾多次帮助地方党组织，开展打土豪、分田地活动，并派部队帮助欧日章领导的农民武装斗争——西水暴动。朱德部队在浈江犁铺头期间，正是粤北地区农民暴动阶段，朱德率部对农民武装斗争的大力支援，大大激发了广大人民群众的革命热情，燃起了浈江人民革命斗争的烈火。同时，朱德部队在犁铺头期间，地方党组织也多次与朱德、陈毅秘密联系，并得到广大人民群众的支持和帮助，有的为部队提供宿营地和办公场所，有的为部队带路、送信。

大革命时期，犁市镇犁市村群众支持和帮助朱德部队的时间虽然不长，但为革命保留了火种，为后来的湘南暴动、井冈山革命根据地的建立和扩大打下了基础。

（六）犁市镇下园王屋村。辛亥革命时期，该村的革命志士王发林被委任为广东省粤北区南雄、韶州、连州三府民团总长，负责领导北江各县招安工作，并推动加强组训民兵，扩充革命势力。民主革命时期，孙中山认为必须有自己的武装。王发林是当时的军事人才，经擢选派往江西南昌主持讲武堂工作，孙中山常去学堂视察。受革命志士王发林的影响，犁市下园王屋村人较早接受革命思想教育，并有部分仁人志士参加革命活动。

（七）乐园镇教场村。中华人民共和国成立前，乐园镇人民积极支援北伐战争，并在共产党的发动和领导下，参加农民协会，开展武装斗争，团结起来参加革命活动。其中，该镇的教场村，北伐战争时曾在该村设立练兵场，孙中山亲临督师北伐，该村的邓志才曾带领国民革命军第四军十师蔡廷锴团营部全体官兵参加北伐战争。

在翻溪桥、腊石坝农会的影响下，以上七个村庄的穷苦农民群众建立了农民协会，进行了打土豪、分田地、分粮食等运动，而且都坚持了近两年时间。

（八）十里亭镇五里亭村。1940 年 12 月，根据中共中央和南方局的指示，中共粤北省委在韶关的五里亭农场（今浈江区十里亭镇五里亭村）成立。在此期间，十里亭镇五里亭村穷苦农民积极支持党的工作，不但在物资上帮助省委机关人员，还为省委机关站岗放哨、通风报信。

中共粤北省委驻五里亭村期间，坚决贯彻执行中共中央“隐蔽精干，长期埋伏，积蓄力量，以待时机”的方针，要求各级党组织改变抗日救亡运动的方式，发挥抗日民族统一战线的特殊作用，采取紧急措施开展工作，彻底打破了国民党扬言要“一网打尽”共产党的阴谋，粤北省委及各级党组织更加稳固。

（九）花坪镇花坪村。1945 年 1 月，日军侵占曲江以南及周边乡村，并在马坝、乌石的叶屋山、清风亭、虎榜山、大坑口等地构筑据点，控制水陆交通线，培植汉奸武装，到处奸淫烧杀，无恶不作，激起了广大群众的民族义愤，他们强烈要求武装起来打击日军，锄奸保乡。花坪人民和各乡村人民一样，不愿家乡被蹂躏，纷纷拿起武器跟日本侵略者英勇地战斗，积极参加共产党领导的曲江联乡抗日自卫委员会的武装队伍。同年 6 月，日军 30 多人到花坪龟塘洞推里村“扫荡”，该村抗日自卫队早有准备，严阵以待，分别占据卜虎山、天星咀和屋背山，组成三个方向的交叉火力。日军进村后，村自卫队长一枪击毙日军机枪手。此后，各村赶来支援的 100 多名群众人人手持戈矛剑戟、锄头棍棒，大声呐喊助威，声震山谷。推里村自卫队抬出一杆台炮，装满火药、铁砂，向日军猛轰一炮，山鸣谷应，吓得日军魂飞魄散，急忙撤兵。这场战斗持续 2 个多小时，毙敌 1 人，伤敌 2 人，民众无一伤亡。同年 7 月，“花坪维持会”有两名汉奸到西牛潭的推里村敲诈勒索，并指名要该村两个姑娘，村民怒不可遏。抗日自卫队决定智歼汉奸，派了四五个人假意热情接待，迎进屋内，端茶送烟，趁两汉奸双手接茶一刹那，站在其身后的队员以迅雷不及掩耳之势将其抱住，几人一齐上前动手，一顿拳脚，当场使汉奸毙命。另有两名汉奸在花坪镇长地头许屋村也被自卫队抓获，打死其中 1 名，缴获手枪 1 支。

以上各村的历史情况在《中国共产党曲江县地方史》《广东革命历史文件汇集》《中国共产党北江地方史（1919—1949）》中有记载，符合革命老区、根据地游击区的划定条件，但在评划工作中，由于历史资料认定不清等原因，没有参与评划。

第三节 老区建设概述与展望

一、革命老区建设概述

老区人民为党和国家作出了巨大牺牲和贡献，加快老区发展是各级党委、政府义不容辞的责任。浈江建区后，区委、区政府积极扶持革命老区建设，充分发挥区老区建设促进会（简称“区老促会”）的桥梁和促进作用，制定老区发展措施，广泛动员社会力量开展各类帮扶活动，改善贫困群众生产生活条件，引领老区人民奔康致富。

加强革命老区建设的领导。2005 年 2 月，浈江区成立区老促会，全力做好老区建设促进工作。2009 年 3 月 6 日，区委、区政府作出《切实加强革命老区建设工作领导的决定》。[①] 一是各级党政领导要高度重视老区建设工作，把加强老区建设工作摆在重要议事日程，实行党政“一把手”负责制。浈江区成立加快革命老区建设工作领导小组，由区委副书记任组长，分管农业的副区长任副组长，区政府办公室主任、区老促会理事长及区城乡建设局、农业局、扶贫办、水利局、卫生局等各相关部门主要负责人为成员。领导小组下设办公室，与区扶贫办合署办公，负责处理日常

① 中共韶关市浈江区委办公室：韶浈发〔2009〕2 号，2009 年 3 月 6 日。

工作。二是强化有关部门支持老区建设的职能，区农业局、城乡建设局、发改局、财政局、林业局、水利局、国土资源局、劳动保障局、民政局、文化局、卫生局、教育局、科技局等部门，要围绕各自的工作目标，按照职能分工，切实帮助贫困老区解决实际困难。三是积极动员社会力量支持老区建设，开发老区资源，搞活老区经济，鼓励民营企业家到老区投资办厂办实业，带动老区农民致富。采取各种方式，扶持老区贫困村、贫困户改善生产生活条件。四是进一步加大对老区的宣传力度。宣传部门要大力宣传老区光荣的革命历史，让全社会认识老区、了解老区、关心支持老区。新闻单位要加大对老区的宣传报道力度，宣传老区在社会主义新农村建设中的新人新事、新风尚、新面貌，弘扬革命老区自力更生、艰苦奋斗精神和解放思想、坚持改革、开拓创新精神，并重视反映老区人民的心声。

从 2013 年起，区委、区政府贯彻落实党的十八大精神，把老区发展摆上重要日程，加强领导，健全机构，形成以区委主管、有关部门和当地镇政府参与的工作机制，为老区人民奔康致富提供组织保障。加强老区镇、村领导班子建设，做好党员干部驻村任职和选聘优秀大学生到村任职工作，建立健全老区建设联席会议制度，充分发挥老促会、扶贫开发协会等组织的作用。加大老区建设扶持力度，落实和拓展国家、省市推动革命老区建设、产业调整振兴、发展区域经济、扶持小微企业等一系列政策措施，并动员社会力量支持老区建设。

弘扬革命老区精神。革命战争年代，浈江区境的共产党人和革命群众，为了民族的独立和人民的解放，在艰苦的革命斗争实践中，形成了“以人为本、一心为民，团结奋斗、自强不息，艰苦奋斗、不怕牺牲，因地制宜、求实创新，无私奉献、敢于胜利”的革命老区精神。

浈江建区以来，区委、区政府大力弘扬“团结奋斗、自强不息”的老区精神，以帮扶人民群众改善生产生活条件作为首要任务，进行定点对口扶贫，帮助人民群众改善生产生活条件；弘扬“无私奉献、敢于胜利”的老区精神，深入乡村走家串户了解和掌握情况，实施扶贫“双到”改变贫穷落后面貌；弘扬“因地制宜、求实创新”的老区精神，采取“公司＋基地＋农户”的产业扶贫方式支持老区人民发展经济，带领和帮助老区人民用自己的双手去摆脱贫困；弘扬“以人为本、一心为民”的老区精神，落实扶贫政策，惠及老区人民，实施精准扶贫，帮助老区人民摆脱贫困；弘扬“自力更生、艰苦奋斗”的老区精神，通过优化城区功能，培育集群工商，引导农民产业转型，促进人口向城镇集中，有效推动区域经济和城镇化发展，并带动城郊老区建设快速发展。

提出老区建设意见和建议。2009 年 2 月 16 日，区老促会为贯彻落实党中央和省、市的有关精神，结合实际提出贯彻落实中共韶关市委、韶关市人民政府《关于进一步加强革命老区建设工作的实施建议》：一是充分认识加强革命老区建设的重要性，切实增强扶持老区建设的责任感和紧迫感；二是以“三个代表”和“科学发展观”为指导思想，提出加大对革命老区发展扶持力度的目标任务；三是加强对革命老区建设工作的领导，各级党委、政府实行党政“一把手”负责制，为加快老区建设和发展作出新的贡献。

3 月 6 日，区委、区政府按照党中央、国务院和省、市的文件精神，制定《关于浈江区进一步加快革命老区建设工作的实施意见》。1. 全面贯彻落实市委、市政府《关于推进承接产业转移和劳动力转移工作的实施意见》，进一步加快老区劳动力技能培训和就业转移步伐。2. 加快老区基础设施建设，帮助老区群众解决生产生活上的突出问题。结合粤北现代农业示范园区的实施，加快革命老区山水田林路的综合治理，提高农业综合生产能力，促进革命老区可持续发展。按照目标任务，加快解决老区群众饮水安全问题，实现村道硬底化，做到老区新型农村合作医疗参合率100%，并继续优先做好革命烈属、伤残军人、复退军人的优抚工作和“五保”人员的供养工作。3. 按照《粤北现代农业示范园区2009—2011年工作实施方案》要求，在东联加快推进粤港农产品加工物流中心项目建设。4. 扶持老区发展现代特色农业，重点扶持革命老区发展农业龙头企业和各种农业专业合作组织，带动老区农户发展优质、特色禽畜和莲花香芋等农产品。5. 加大扶持资金投入，积极争取上级资金重点扶持老区的生产生活基础设施建设和劳动力就业培训。各业务部门每年的资金安排计划要以同等优先为原则，向老区倾斜。6. 促进老区社会事业全面发展，组织人员到老区开展文化下乡、科技下乡、医疗下乡等活动；落实国家教育政策，巩固和提高老区义务教育水平；加强公共卫生设施建设，完善医疗配套设施。7. 扶持老区精神文明建设，指导和支持老区开展创建文明村、卫生村、文明户、卫生户活动；认真做好革命烈士纪念建筑物、革命活动旧址、革命历史文物的保护维修工作，充分发挥其爱国主义教育功能。

2015年9月29日，区老促会提出《关于“十三五”规划纳入老区建设项目的建议》。1. 老区交通建设。一是村道建设。据调查，老区村有10个自然村村道未铺水泥路面，共16.3千米。其中，东联村2个自然村约4千米，府管村2个自然村约4千米，莲花村6个自然村约8.3千米。建议在“十三五”期间，实现老区自然村“村村通水泥路”的目标，不留空白，形成区、镇、村交通网络。二是修建便民桥。东联村189公路口到新屋村的桥梁年久失修。为方便村民耕作、出行和运输，防止老人儿童涉水意外的发生，建议对该桥梁进行维修加固。2. 农田水利设施建设。

据调查，东联村九鱼塘水库排水渠约8千米，莲花村钟屋上山塘到火烧坝水渠约8千米，府管村农田灌溉大水渠约8千米、小水渠约3千米，堵塞严重，需要重新修缮。东联村九鱼塘水库、老虎冲鱼塘分别需要修建1个陂头。3. 解决饮水安全问题。其中，府管村2160人、莲花村的邱屋和江屋两个自然村约500人的饮水问题需要解决，建议采取接自来水管网解决。4. 加强老区文化教育卫生事业。一是在整合教育资源过程中大多数山区小学撤并，刚入学的孩子年龄小、上学路途远，住宿花费大，生活难自理，增加了学生家长人力、经济负担，建议莲花村复办小学。二是东联、府管和莲花村的文化设施需要完善。5. 做好老区搬迁工作。东联村的洋村附近兴修公路破坏了排水系统，造成该村每逢下雨天就会被水浸。为了保障老区群众的正常生活，建议尽快落实整村搬迁计划。6. 做好革命遗址、纪念碑等的修缮和新建工作。一是在东联村建一座革命烈士（中小型）纪念碑，并对叶发青先烈故居进行保护；二是为叶凤章修建革命烈士墓；三是为陈异峰烈士建一座（中小型）纪念碑。建议有关部门对叶凤章、叶发青、刘福、陈异峰等先烈的革命事迹进行发掘整理、建档立案，以便缅怀先烈、教育后代。

扶助革命老区经济社会发展。浈江建区后，区委、区政府积极扶持革命老区建设，制定老区发展措施，广泛动员社会力量开展各类帮扶活动，改善贫困群众生产生活条件，引领老区人民脱贫奔康，为革命老区建设与发展奠定了坚实基础并取得新的成就。

1997年，区委、区政府将帮扶老区人民改善生产生活条件作为首要任务，开始进行定点对口扶贫，并完善主要领导负总责、分管领导具体抓、驻村干部定点对口帮扶的工作机制。针对各村实际情况，区委、区政府统一进行科学规划和示范带动，从产业发展、文化教育等方面，深入开展智力帮扶、信息帮扶、思想意识帮扶。各党政机关坚持“领导挂点、部门包村、干部帮户”的基本要求，定点实施对口帮扶项目。其中，区农业局、水利局、城乡建设局等部门着力推进老区农田水利和房屋及道路、桥梁等基础设施建设；科技管理部门、科学技术协会深入乡村开设蔬菜种植和畜牧养殖的技术培训，帮助老区农民普遍掌握1～2门实用技术；教育局和侨联等部门联系香港希望之友教育基金会和社会各界人士捐资53万元，筹建府管小学，并从扶贫项目设计论证、建设与经营发展到资金投入等方面，对老区贫困乡村实施对口帮扶。在对口扶贫过程中，老区党员干部发扬“团结奋斗、自强不息”的顽强精神，带领群众实施“奔康工程”，经济收入不断提高。

2009年，浈江区启动开展第一轮扶贫开发“规划到户、责任到人”工作。在第一、第二轮扶贫“双到”工作中，区四套班子领导身体力行，带头到老区挂点，深入乡村召开座谈会，走家串户了解情况，与老区干部群众一道寻求脱贫致富之路；建立帮助、指导老区村“两委”班子提升“发展农村经济、建设和谐村庄、实现自我发展”能力的工作机制。各帮扶工作组按照“因地制宜、一村一策”和“一户一法、分类指导”的帮扶思路，制定扶贫计划，确保扶贫措施切实可行、行之有效。广大党员干部发扬老区人民“拼搏进取、敢于胜利”的革命精神，引导和带领老区群众千方百计发展经济，社会事业得到较快发展。一是投入资金7491.89万元，用于老区修建道路，建设饮水工程、幸福安居工程、平安村居工程、乡村“清洁美”工程，完善文化设施，安装太阳能路灯，帮扶项目达184个。[①] 二是落实中央扶持老区专项

---

① 浈江区扶贫工作领导小组：《浈江区扶贫“双到”纪实》，编者序言。

资金30万元，用于东联、莲花、府管等村的公路维修、文化建设、路灯建设。三是根据老区的地理优势发展特色项目，着力打造产业扶贫龙头企业，逐步形成一批有一定规模的产业村、产业链。四是建立多层次、多形式、多专业的农民培训基地，引导老区农民参加实用技术培训，帮助有意愿参加劳动力转移就业培训的农民学到一技之长，找到一份收入稳定的工作。

2013年起，区委、区政府采取“公司+基地+农户”的产业扶贫方式帮助老区发展经济，要求各镇和规模农业企业本着“因地制宜、求实创新”的科学态度，带领并帮助老区人民用自己的双手去摆脱贫困。其中：新韶镇培育莲花香芋科学示范基地、府管特色蔬菜基地等，同时扶持一批种植有机蔬菜一体化的现代农业示范企业。在推动产业扶贫进程中，区委、区政府充分发挥老区资源优势，帮助老区农民调整种养结构，重点扶持老区发展农业龙头企业和各种农民专业合作组织，带动老区贫困农户发展种菜、养猪、养鱼、种植香芋等优质、特色农业。积极扶持农业龙头企业发展，大力推广“公司+基地+农户”发展生产的模式，如莲花村成立了赖家香芋专业合作社，辐射带动老区群众发展种养业，增加收入。在产业布局、项目引进和资金扶持等方面向老区倾斜，帮助老区发展资源型工业、民营企业。依托老区城郊优势，加大招商引资力度，引进外资，利用民资，在老区建起水产品市场、牛奶厂、高尔夫球场等企业，有效带动当地农民增加收入。

2016年，区委、区政府制定《浈江区新时期精准扶贫就业扶贫“以奖代补”操作细则》和《浈江区精准扶贫小额贷款实施方案》。在实施精准扶贫工作中，区政府借助华南农产品交易中心的产业平台、经营平台、商户渠道平台，开辟“农户+平台+市场”的联合扶贫新模式，帮助老区困难户通过创业、多种形式就业，实现长久、可持续的脱贫致富。区老促会与关工委联合举办农村创业青年培训班，邀请农业专家给老区创业青年讲授实用养猪技术、肉鸡饲养技术、蓝莓种植技术、果桑—桑葚种植技术、火龙果栽培技术等课程。在近郊的老区建设中，浈江区通过优化城区功能，培育集群工商，引导农民产业转型，促进人口向城镇集中，有效推动城镇化快速发展。其中，新韶镇东联村委的部分老区乡村逐步融入到城市建设之中。至 2017 年，城郊的翻溪桥、洋村等革命老区，基础设施和经济建设发生了翻天覆地的变化，原来的旧村落已经不复存在，展现在人们眼前的是一栋栋楼房、一个个新农村。随着城镇化发展，老区人民纷纷过上了小康生活。

落实革命老区征地返还工作。随着城镇化的发展，浈江近郊的革命老区大部分土地已被征收。按政策应返还的生产发展经济用地，因各种原因迟迟没有落实，农民失去了赖以生存的土地，严重影响到老区经济发展和人民生活水平的提高。

2015 年开始，区委、区政府高度重视征地返还工作，指定一名副区长专门负责。区老促会主动配合，深入革命老区村调查研究，逐村进行摸底，并积极做好返还生产发展经济用地的规划。在调查摸底过程中，区老促会发现不少问题，特别是革命老区府管村，集体经济收入年均 6 万元左右，已接近市划的贫困村底线。在区老促会的指导帮助下，府管村把历年来征用的城市建设用地和应返还的生产发展经济用地进行梳理，按省、市政府的政策规定写成书面报告，由区老促会分别送给区、市有关部门，并跟踪有关部门回复情况。同时将府管村的征地返还工作报告呈报给韶关市委、市政府主要领导，引起了市领导的重视，指示有关部门“尽快抓紧落实”，并将处理意见给区老促会回函告知。在市委、市政府领导的关怀下，老区生产发展经济用地的返还工作逐步进行。到 2016 年，市政府共返还老区经济发展用地 790 亩，其中府管村290亩、东联村300亩、莲花村200亩。土地返还后，府管村委用40亩土地招商兴建物流基地站，建成后年收入60万元；用250亩地置换鑫金汇店铺5000平方米，年收入380万元，两项加起来年收入可增加440万元。东联村委将返还的300亩土地，建成一个面积90亩的果蔬批发市场，并规划用210亩土地建一个大型的农贸综合批发市场。莲花村委将返还的200亩土地，全部置换鑫金汇店铺8000平方米，年收入增加330万元。[①]

2017年，浈江区进一步落实三个老区村的城市建设征地返还经济用地的历史遗留问题，其中，莲花村新增返还40亩。通过城市建设征地返还经济用地，革命老区的经济快速发展，其中，府管村集体经济从年收入6万元，增长到40万元，老区人民生活水平得到进一步提高。

二、老区建设发展展望

展望未来，浈江区认真贯彻落实党的十九大精神，践行社会主义核心价值观，按照党的群众路线教育实践活动的要求深入老区，研究老区新情况、新问题，尽心竭力为老区办实事、解难题、促发展。

加强红色文化的宣传教育。一是继续利用“广东老区网”这个平台，积极发送老区新闻。利用好网络传播的优势和特点，搭建起省内外宣传革命老区的平台，成为社会各界了解广东老区和老促会的重要窗口。二是扩大老区通讯员队伍。要求与老区建设发展有直接关联的农业局、林业局、水利局、卫计局、教育局等部门，从业务部门的角度撰写老区建设的成果与需要解决的问题，

---

① 浈江区老促会：《浈江区促进老区人民奔康致富专题调研情况汇报》，2017年5月2日。

为老区发展鼓劲和呼吁。三是充分利用公共场所设立的宣传专栏，加大老区宣传力度。通过宣传部门牵头，动员区老促会、党史办、扶贫办、精神文明办公室等有关单位，分期、分题组织稿件（每两个月一期），向市民宣传老区建设发展的新闻。四是在学校增加当地革命斗争历史的教育。采用声情并茂讲故事的形式，给在校学生宣传当地的革命斗争历史和历史贡献，使年青一代真正了解中国共产党、中华人民共和国有今天的发展和国际威望，是老一辈无产阶级革命家和无数革命先烈付出巨大牺牲和代价取得的。五是加强革命传统教育。利用红色革命遗址和红色文化研究成果，以清明节、建党节、建军节、烈士纪念日、国庆节等重大节庆为契机，开展红色文化进社区、进农村、进学校、进机关、进企业、进党校等，开展“缅怀革命先烈、重温入党誓词”等主题教育实践活动。教育广大党员、干部继承和发扬不怕牺牲、甘于奉献的革命精神，不断增强热爱浈江、建设浈江的自豪感和自信心。

落实老区建设的意见和建议。一是按照《浈江区进一步加快革命老区建设工作的实施意见》要求，继续加大基础设施建设的扶持力度。老区还有部分自然村需要完善公路硬底化建设，建议尽早完成。对部分农田水利设施落后乡村，加大资金扶持进行修缮。二是进一步扶持老区经济发展。制定优惠政策，加大招商力度，引资金、引项目、引企业来老区发展，引导和带动老区人民致富，促进老区经济发展。三是为探索一条老区经济发展的路子，建议结合城镇化建设，在东联搞一个试点，倾斜政策，理顺用地问题，推动产业升级，使老区真正实现城乡一体化，从而促进革命老区走上跨越式发展道路。四是继续加大解决老区村饮用水问题的力度，特别是莲花村，要从长期战略的眼光找准找好彻底解决用水问题的方法。五是继续推进革命遗址修复工作。列出 1 ~ 2 个重点项目，提出切实可行的修复方案和项目主体工程预算资金，并对项目资金来源提出具体要求，争取省、市老促会的资金支持。

充分发挥老促会的促进作用。一是充分发挥区老促会的促进作用。2005年起，区老促会的同志，不辞辛劳，为老区发展四处奔波，以实际行动为革命老区建设作出了贡献。倡议各位老领导、老同志发挥余热，联系区域实际，突出重点，集中精力，攻坚克难，为老区的建设发展取得新突破而继续努力。在精准帮扶方面，充分利用各级老促会的政治优势、组织优势、动员优势，调动各类企业、社会组织和个人，通过开展定点帮扶、资金援助、产业帮扶等方式，积极参与扶贫济困活动，实现社会帮扶资源和精准扶贫有效对接，确保更多扶贫资金和项目落地，使困难群众共享改革发展成果。积极创新精准扶贫模式，因地制宜、因村施策、因户施法，帮助贫困群众谋划实施产业项目，找准致富路子，并在人才、技术、销售等方面帮助解决实际问题。继续争取革命老区专项资金，重点解决好道路、住房、饮水安全等民生问题，为贫困群众办一批实事、好事。积极募集社会扶贫资金，帮助解决好贫困群众看病就医、子女上学等问题，使老区群众实实在在感受到党和政府的温暖。二是加强乡镇促进工作。建议成立镇老促会，并理顺工作关系，将镇老促会会长吸纳为区老促会理事。建议镇党委加强对镇老促会的领导，强化镇老促会的职能。区老促会年初对区老促会工作及镇老促会的工作总体上进行统一部署安排，各镇老促会结合自身实际拟订工作计划，并按计划实施。区老促会根据镇老促会工作重点，有针对性地开展调研。通过调研了解镇老促会年度工作完成情况，抓好区、镇两级老促会互动工作。区老促会着力抓互动工作，抓好上下左右协调，搞好服务，解决问题。

完善老区发展长效机制。一是发展战略机制。按照“同等条件，老区优先”的原则，积极编制扶持老区建设发展战略规划，并对重点老区优先调研、优先布局、优先进行。根据《韶关英烈》《中国共产党曲江县地方史》等史料，将革命战争时期建立的政权组织所在地、重要领导人出生地、牺牲地及重大事件发生地的村庄纳入老区村建设，力争全区重点老区村项目建设全覆盖。二是年度计划机制。根据区委、区政府“老区优先”的指导思想，本着“项目安排就多不就少、资金额度就大不就小、时间安排就早不就晚”的原则，编制扶持老区建设计划。同时开辟专项基金，募集社会资金，用于烈士旧居建设和爱国主义教育基地建设。三是长效扶贫机制。加大对革命老区的教育投入，保障其基本教育资源供给，切实提高其自我发展能力。着力改善革命老区贫困人口的健康状况，重点考虑革命老区群众的医疗保障问题。四是监督管理机制。区老促会定期对老区建设的情况进行检查，对老区建设成绩显著的镇、村给予奖励，对老区建设滞后的镇、村进行通报批评。区纪检监察等部门加强对老区建设资金、项目落实情况进行监督检查，确保规划的顺利实施。五是表彰激励机制。坚持每年召开一次区直部门扶持老区建设情况通报会，召开1～2次老区建设工作会议，总结工作，肯定成绩，对扶持老区建设的先进单位和先进个人进行表彰，激励各单位、各部门在老区建设上争先创优，并推动长效机制有效发展。

第二章

工农运动与土地革命

第一节 革命风云的兴起

一、共产党人在浈江的早期活动

1923年6月，中国共产党第三次全国代表大会正式决定同孙中山领导的国民党合作，建立革命统一战线。是年秋，共产党员谭平山、杨殷、刘尔崧、侯桂平等受孙中山委派，代表北伐大本营宣传委员会到北江韶关等地进行宣传慰问，召开群众大会广泛宣传革命思想，宣传民主自由。8月2日，谭平山等人到达韶关后，首先在韶关城的南门、新东门两个地方发表演讲，宣传孙中山的革命主张。他们的演讲，得到了韶关城绅商学界的热烈欢迎，前往听演讲的多达1000多人。8月6日，谭平山等会同韶城绅商学界600多人在风度街（今浈江区风度路）举行民众大会，再次宣讲孙中山的革命主张和民主自由思想，动员群众拥护孙中山。谭平山等人的这次宣传活动，稳定了浈江人民饱受战乱之苦的情绪，为共产党人在浈江境内活动打下了良好的基础。

1924年1月，中国国民党第一次代表大会在广州召开，确定了联俄、联共、扶助农工三大政策。国共合作正式形成。9月，孙中山在韶关主持北伐时，广东工团军、农民自卫军，由共产党员谭平山、罗绮园、阮啸仙等率领，应孙中山的电召，开赴韶关训练。在韶关城乡的工人、农民中广泛地进行了组织宣传活动。

从1925年起，共产党员和共青团员丘鉴志、侯凤墀、刘胜侣、韦启瑞等，由国民党中央农民部任命为农民运动特派员先后派到北江地区开展农民运动，或由国民党中央组织部派来北江参加建立和改组各县国民党党部的工作，或派到北江指导工人运动，建立和领导各行业工会。他们在开展农民、工人、青年、妇女运动和进行国民党党务工作的同时，逐步发展和建立起浈江地区的共产主义青年团和共产党的组织。

共产党人在浈江境内的早期活动，对于促进区域革命运动的兴起和蓬勃发展，起到了重要作用，打下了坚实的思想基础。

二、浈江境内中共基层组织

1924 年 6 月，粤北地区在广州读书的进步学生发起成立南韶连旅省同学会，创办于民国初年的南韶连会馆也就成为北江进步青年集聚的地方，他们经常在这里探讨救国救民的真理，宣传进步思想和马克思主义理论。

同年 12 月，社会主义青年团广东区委决定，将共产党出版的革命刊物《向导》（自第 81 期起）和《中国青年》（自第 51 期起）扩大发行到北江一部分中小学校，浈江区的韶州中学、韶州第一高小、韶州第二高小在列其中①。宣传救国救民的真理，促进了浈江区群众的觉醒，为浈江各地工农运动的发展和共产党、共产主义青年团组织的建立，初步奠定了基础。

1925 年 7 月，在韶关成立了共青团曲江特别支部，共青团广州地委工农委员会指派农民运动特派员侯凤墀主持共青团曲江特别支部工作，这是北江地区最早建立的共青团组织。10 月下旬，共青团广东区代表大会召开后，按照新团章改组了全省各地团的

---

① 中央档案馆、广东省档案馆：《广东革命历史文件汇集》，甲 1，第 513—518 页。

组织。改组后，共青团曲江特别支部有团员7人[①]，由徐金良任书记，通讯地址在韶关城下后街宏仁善堂。12月上旬，经刘胜侣、侯凤墀的考察，接受梁展如、欧日章、叶凤章参加中国共产党，在韶城下后街宏仁善堂成立了中共曲江县支部（特支性质），书记梁展如，由中共广东区委直接领导。中共曲江县支部是北江地区较早建立的一个党支部。

中共曲江县支部成立后，梁展如、欧日章、叶凤章等人在当地组织农军、领导农民开展减租减息运动，同时注意考察培养在农运中涌现出来的积极分子，发展党员，建立起基层党支部。

1926年1月，广东省农民协会北江办事处成立，随即在办事处内成立中共支部，支部书记丘鉴志。同年2月，曲江特支通讯地址改在韶关城罗纱巷19号省农会北江办事处。同年3月，叶凤章在浈江东水地区发展了叶凤标、叶发青、叶凤阳、刘福等21名同志加入中国共产党，成立了中共翻溪桥支部，书记叶凤章，组织委员叶发青，宣传委员叶凤标。此后，城厢等地也发展有中共党员。同月，曲江特支改选，王造时（王度慈）任书记，时有团员25人[②]，隶属共青团广东区委领导。这时在浈江的共青团组织，实际上是党团混合的组织，这是由于党团员不多而采取的特殊组织形式。

继曲江共青团组织成立后，韶关一批经过进步思想熏陶的有志青年，积极投身革命，志愿加入中国共产党。当农民运动如火

---

① 中共韶关市委组织部、中共韶关市委党史研究室、韶关市档案局（馆）：《中国共产党广东省韶关市（地区）组织史资料（1925年~1987年）》，1996年，第7页。

② 中共韶关市委组织部、中共韶关市委党史研究室、韶关市档案局（馆）：《中国共产党广东省韶关市（地区）组织史资料（1925年~1987年）》，1996年，第7页。

如荼地开展起来的时候，共产党员刘胜侣、侯凤墀以国民党中央农民部特派员的身份到曲江指导农民运动。刘胜侣、侯凤墀等深入南水、东水、西水等地，积极引导梁展如、欧日章、叶凤章等农民运动积极分子，认识共产党和马克思主义，启发他们寻找救国救民的真理。这为曲江建立党组织创造了有利条件。

同年 5 月，广东省第二次农民代表大会召开后，丘鉴志调离北江，遂改选了支部，由卓庆坚任支部书记。支部成立之初，由中共广东区委直接领导，中共北江地委成立后归地委领导。12 月成立北江农军学校，并在该校成立中共支部，负责人是朱云卿，归中共北江地委领导。是年冬，因设在韶关的海员、铁路等工会中已发展有共产党员，为便于领导，故在韶关城区成立中共韶城支部，归北江地委领导。

1927 年四一五反革命政变后，由于革命形势逆转，在浈江境内活动的党团组织一度解体。1932 年 3 月，中共广东省委派潘洪波为北江巡视员，检查指导曲江县委工作。潘洪波到北江后，经过整顿，健全了县区级党组织。时曲江县委下辖西水、乌石、英德三个区委和犁市（今属浈江区）、城口两个特别支部，共有党员 90 多名①。曲江犁市富国煤矿等处，1929 年以来即有湘南疏散来的中共党员建立的党组织。1932 年春经潘洪波整顿后，成立中共犁市特别支部，下有 3 个分支部，党员共 11 名②。

中国共产党在浈江境内建立基层组织，为统一和加强党对工农运动的领导提供了组织上的保证，并在革命斗争中发挥了坚强

① 韶关市申苏（老区）办公室编：《韶关革命斗争纪事（1923—1949）》，中国电影出版社 2015 年版，第 80 页。

② 中共韶关市委组织部、中共韶关市委党史研究室、韶关市档案局（馆）：《中国共产党广东省韶关市（地区）组织史资料（1925 年 ~ 1987 年》，1996 年，第 34 页。

的领导核心作用。

三、中共北江地委、北江特委和曲江县委

大革命时期和土地革命时期，浈江境内城区设立有中共北江地委、北江特委和曲江县委，负责领导和指挥北江地区及曲江境内的革命斗争。北江特委遭受敌人破坏后，中共曲江县委曾代管周边地区党组织的工作。

中共北江地委。随着北江各县党组织的建立，以及农民、工人、青年、妇女等群众运动的发展，为了加强党的领导，1926年冬，中共广东区委决定成立中共北江地方执行委员会，地委书记卓庆坚，组织委员侯凤墀，宣传委员甄博亚，委员陈秩常、蔡如平、朱云卿。地委机关设在韶关，主要负责领导英德以北广东各县的党组织。1927年四一五反革命政变后，中共北江地委委员随北江工农自卫军北上武汉，后又参加了南昌起义。南昌起义军南下时，在瑞金壬田与国民党钱大钧部激战，中共北江地委书记、北江工农军教导员卓庆坚在战斗中光荣牺牲。

中共北江特委。1927年12月，中共广东省委认为北江有农民运动基础；撤退到花县的广州起义武装和驻扎在犁铺头的朱德部队是农民暴动的助力；军阀之间的战争使之无力顾及北江，因此确定北江为全省暴动的中心地区之一。12月20日，中共广东省委为有利于领导北江各县的农暴工作，决定暂时成立中共北江特委，叶文龙为书记，朱德为领导北江农暴运动北江特委的暂时委员之一，参与了北江特委制定《北江暴动工作大纲》。由于叶文龙到清远即被捕牺牲，省委又指定卢克平为书记。

1928年1月中旬，为加强对北江暴动的领导，中共北江特委正式成立，特委机关设在韶关，张善铭任特委书记，委员有张善铭、刘一声、赵自选、卢克平、王果强等。北江特委下属花县、

清远、曲江、英德、南雄、仁化县委和乐昌坪石支部。3月下旬，北江各县暴动先后失败或受挫，桂系军阀势力已经控制北江地区，北江革命转入低潮。中共广东省委决定加强对东江等地的领导，将张善铭、赵自选、刘一声等北江特委主要成员调离北江，卢克平又去了香港，北江特委实际上解体。

同年7月，中共中央指示广东省委："应特别注意北江工作及南雄暴动之复起，使与赣南、湘南相联系，而形成粤赣湘边区的割据。"① 到9月，由于湘赣边区等地武装割据局面的形成和发展，广东北江的地位日益显得重要。中共广东省委决定恢复北江特委，负责人彭天维。10月下旬，省委决定加强北江特委的领导，派杨石魂任特委书记。11月，由于杨石魂在省委第二次扩大会议上当选为省委常委，省委认为"应努力建立健全特委的组织与指导"，决定另派得力干部加强北江特委。改组后由文和任特委书记，常务委员有文和、庞子谦、陈魁亚，省委北江巡视员吕品，后为黄甦。

1929年1月中旬，曲江附城常备队在黄岗村（今浈江区十里亭镇黄岗村）抓捕了共产党员古亚发、李子秋、朱兆先等3人。1月23日，因叛徒出卖，中共北江特委被破坏，省委巡视员吕品，特委书记文和，共青团省委常委、北江特委常委庞子谦，北江特委执委谭天、卢瑞球及黄英等6人被捕，于1月31日被杀害于韶关，是为"北江特委事件"。2月15日，中共广东省委发出《追悼北江死难同志并告北江同志书》。

事件发生后，中共广东省委虽然指定陈魁亚、罗国杰负责恢

① 中共韶关市委组织部、中共韶关市委党史研究室、韶关市档案局（馆）：《中国共产党广东省韶关市（地区）组织史资料（1925年~1987年）》，1996年，第25页。

复北江特委，机关设在韶关，但不健全。到3月下旬，省委认为，空洞设立一个特委实在没必要，决定把特委暂时撤销，着重加强各县的力量。同年10月底，中共广东省委派黄甦到北江，负责中共北江党组织工作。11月14日，省委北江巡视员李一鸣到达韶关，接替黄甦负责北江工作，并恢复北江特委。1930年秋，省委派彭叙到北江主持特委工作。

1931年1月6日，原省委北江巡视员兼北江特委书记李一鸣在广州被捕后叛变，广东省警察局侦缉大队随即到达韶关，与曲江县保安大队、警卫大队到龙归、马坝、西河坝、东河坝等处搜捕共产党员和革命干部，共捕去17人，致使曲江乌石、马坝党组织解体，是为“北江特委二次事件”。此后，中共广东省委另派黎凤翔主持北江工作，同时派来的还有王佐才。3月3日，由于王佐才被捕后叛变，致使黎凤翔在韶关被捕杀害，特委机关再次被破坏。

中共曲江县委。到1927年2月，曲江县内先后建立起5个中共党支部，全县党员人数80多人（其中约50人属今浈江区的城区及东厢），外地党员40余人[①]，成立中共曲江县委的条件已经成熟，经上级批准，在韶关城下后街宏仁善堂成立了中共曲江县委，梁展如（一说刘胜侣）任县委书记，委员有刘胜侣、卢克平等人。

大革命失败后，中共曲江县委的党团员按照中共广东区委的指示，大都随广东北江工农自卫军北上湖南、湖北，其余的均停止了活动。斗争虽然失败，革命尚在进行。中共中央八七会议后，各地暴动风起云涌，各级党组织纷纷恢复。

---

① 韶关市曲江区史志办公室：《中国共产党曲江县地方史》（第一卷），中共党史出版社2007年版，第48页。

1927年8月20日，中共广东省委成立，由张太雷任书记。省委传达贯彻了中共中央八七会议精神，为配合正向广东进军的南昌起义部队夺取广东，实现湘鄂粤赣四省秋收暴动计划，决定在全省各地发动工农暴动。此后，北江各县即开始恢复发展中共组织，开展活动。南昌起义部队在东江失败后，其中一些原籍北江和曾在北江工作过的同志，也由省委陆续派回北江，中共广东省委派周其鉴担任北江巡视员，与地下党的同志共同恢复和健全了一些县的党组织。同年11月，北上的党团员陆续回到韶关，按中共广东省委指示，曲江县各级党组织进行了整顿，并重新成立中共曲江县委。书记先由省委指定负责人，12月由梁展如继任[①]，委员有欧日章、石妹（叶发青）等。县委机关设在韶关，由省委直辖。

1928年1月，中共广东省委认为曲江县委书记梁展如领导西水暴动不力，指示北江特委（1928年1月正式成立）对曲江县委立即进行改组，但当时无适当人选。同月中旬，中共北江特委决定暂时撤销曲江县委，设立中共西水区委，由北江特委直接领导。同年2月，经省委同意，又恢复了中共曲江县委，由王果强任县委书记，委员有欧日章、卢克平、刘福、石妹、蔡根、张美顺等。县委机关设在洋村（今浈江区新韶镇东联村委下辖的自然村），归属北江特委领导。同年四五月间，王果强调到广州市任西区委书记，由于组织关系由王果强、卢克平、石妹各掌握一部分，卢克平因工作调走，石妹出席中共六大，西水一带的党员又大都随欧日章上山打游击，浈江境内的党组织大多数解体或与县委失去

① 韶关市曲江区史志办公室：《中国共产党曲江县地方史》（第一卷），中共党史出版社2007年版，第72页。

联系，新县委只能掌握两三个党支部[①]。5—7 月，中共曲江县委委员有刘福、蔡根、张美顺等。7 月中旬再次调整后，县委委员有刘福、欧日章等。此时的中共曲江县委机关设在韶关城区及一区洋村等地。

同年 8 月，中共广东省委决定把在广州市委工作的陈之调到曲江县委工作，并重建中共曲江县委。由陈之、曾发先后任县委书记，委员有欧日章、刘福、石妹、蔡根、张美顺、黄道文，县委机关设在韶关城区及一区洋村，先由省委直辖。同年冬，北江特委恢复后，中共曲江县委回归北江特委管辖。其间，浈江境内党组织普遍得到恢复发展。

1929 年 3 月，中共北江特委撤销后，省委决定：曲江县委应与北江各县密切联系，并适当地给予工作上的指示。此时，中共曲江县委实际上起了中心县委的作用[②]。3 月 23 日，中共广东省委委员、曲江县委常委欧日章在战斗中牺牲。同年夏，省委又派一夫（叶锡康）为曲江县委负责人，负责韶关城区的工作，同时派黄甦为北江巡视员，负责指导北江工作。10 月 13 日，由于共青团北江特派员陈策被捕后叛变，致曲江县委机关被破坏，一夫被捕。此后，中共曲江县委曾短暂解体，但不久即恢复。1930 年 5 月上旬，中共广东省委指示曲江、英德县委：曲江、韶关必须在城市抓住铁路、篷船、码头、油业工人的斗争，在农村抓住二、四区农民抗租抗税的斗争，推动一、六区的斗争，发展游击战争以汇合韶关工人的斗争，组织地方暴动。根据省委的工作布置，

---

① 韶关市曲江区史志办公室：《中国共产党曲江县地方史》（第一卷），中共党史出版社 2007 年版，第 72 页。

② 韶关市申苏申老区办公室编：《韶关革命历史文献资料汇编》上册，花城出版社 2016 年版，第 489—490 页。

中共曲江县委领导韶关米机工人开展要求增加工资，码头工人反对工头剥削的斗争。这一时期，中共曲江县委机关设在韶关城区。

1931 年夏，时北江地区只有曲江的乌石、马坝和英德的东乡还有党的组织。北江地区的中共组织指导机关改为曲江县委（亦称曲江工委、北江工委），彭叙又派回北江工作，担任曲江县委书记。同年 8 月底，英德鱼湾暴动失败后，中共两广省委对曲江县委进行改组，吸收工人邓强参加县委工作。

1932 年 5 月，彭叙在韶关被捕牺牲后，中共两广省委指定邓强主持县委工作，因为邓强难以胜任，县委工作实际上处于停顿状态。同年八九月间，中共两广省委派马锦到曲江，组建中共曲江县工作委员会（简称“曲江工委”），机关设在韶关，直接归属中共两广工委领导。同年 12 月，中共两广工委遭受严重破坏，省委书记潘洪波被捕后叛变，并供出北江各级党组织的负责人。此后，浈江境内党组织再度受到破坏，与广东临时省委失去联系，在断绝了经费来源和上级指导的情况下，于 1933 年夏解体。

1934 年三四月间，中共香港工委派交通员欧子祥回到北江，找到原曲江县委组织部部长邓强，指定邓强负责恢复北江党的组织。但邓强回北江后只联系上个别党员。8 月 9 日，邓强再去香港，于同月 12 日被捕，浈江境内党组织再次遭受破坏。

这一时期，浈江境内党组织的建立和发展，为统一和加强党对工农运动的组织和领导，提供了组织上的保证。浈江人民积极参与工农运动、支援北伐、开展武装斗争，有力地推动了粤北地区革命斗争的发展。

第二节 浈江人民的革命活动

一、大革命时期的工农运动

（一）工人运动的兴起及发展。辛亥革命后，随着外国资本主义企业的增加和民族工业的发展，浈江境内工人阶级队伍不断发展壮大。为谋求生存，解除奴隶牛马般的痛苦，争取自己的权利和地位，工人阶级团结起来站在革命的同一战线，逐渐产生了推翻压迫的工人运动。

1919 年，受北京五四爱国运动的直接影响，曲江县城的韶州工人参加了“罢工、罢课、罢市”行动。6 月 11 日，韶州商界发起抵制日货的运动，规定“凡各店旧存日货，一律自行收束，勿再发卖”。1920 年 8 月 19 日，粤汉铁路韶关段工人举行罢工，表示不愿意为桂系军阀运送军队及物资，并支援粤军讨桂。1921 年 4 月，浈江境内船工参加北江小渡轮航运工人为要求增加工资举行的联合罢工。初始的工人运动规模不大且比较分散，一般是个别行业或企业工人，对直接剥削他们的个别资本家进行斗争。

1921 年 8 月，为统一全国工人运动，中国共产党在上海成立了中国劳动组合书记部。随后，中共广东支部在广州成立中国劳动组合书记部广东分部，由谭平山兼任主任，并加强了党对工人运动的领导。考虑到国民党势力控制的广东，废除了北京政府刑律中罢工治罪的条文，有利于工人运动的开展，中共广东支部和中国劳动组合书记部广东分部为推动广东工人运动，逐步向工人开展宣传教育工作，组建新工会，改造、扩大原有工会，并发动和支持工人的罢工斗争。

1922 年初，香港爆发了著名的香港海员大罢工，历时 56 天，最后以香港海员的胜利而告结束。1925 年 6 月又爆发了规模最大、影响最深、持续时间最长，历时 16 个月的省港大罢工。罢工锻炼了工人阶级，使其积累了斗争经验。

广东和香港罢工运动对浈江境内的工人运动产生了巨大影响，鼓舞和坚定了浈江人民的斗志和勇气。为了与本地区蓬勃发展的农民运动相呼应，浈江工人运动和妇女解放运动也随之展开。

1924 年 3 月，北江船业工会成立，选举邓仲瑜为工会会长，这是浈江境内的第一个工会组织，也是粤北地区建立较早的一个工会组织。同年 9 月，韶关铁路工人大力支持孙中山在韶关誓师北伐，协助北伐军搭建营房，初步显示了工人阶级的组织力量和革命的积极性，浈江境内工人运动转向高潮。

1925 年 1 月 1 日，在广州召开海员工会会员大会，成立了以盐船工人为主的中华海员工业联合会广州第一分部。随后，林伟民领导广州和北江的民船工人发起要求加工资、改善待遇，反对无偿征调和勒索的斗争，并取得胜利。同月，中华海员工业联合会北江第二分部也宣告成立，浈江境内柴船、盐船工人相继加入。3 月，粤汉铁路工人为要求增加工资、发给工作服等，举行罢工并取得了胜利。在此期间，共产党员李甫以国民党粤汉铁路特别支部韶关办事处主任的身份，到韶关组织开展铁路工人运动。6 月，韶关各界召开援助省港大罢工大会，大会由屈子健主持，李汉潘报告省港大罢工经过，浈江工人代表和各界代表在会上发了言，会后进行了游行。

粤汉铁路工人罢工胜利后，原有互不同属的工程、工厂、司机、车务、木匠等5个工会组成统一的粤汉铁路临时总工会。各工会于同年8月选出代表陆枝、潘兆銮、李连、梁公炽、黄庸、张久等15人为执行委员，并选陆枝为主任、潘兆銮为秘书，粤汉铁路总工会正式成立。北江粤汉铁路各站均属于粤汉铁路总工会，浈江境内成立了粤汉铁路总工会韶州分会。同时，粤汉铁路总工会韶州分会还组建了有30余人的铁路工人纠察中队，张久任中队长。纠察队的任务主要是为保护工会，进行值班、巡逻、放哨。为了更好地加强粤汉铁路工人运动的工作，中共广东区委还派出共产党员甄博亚任韶关铁路工会理事，开办职工业余学校和工人子弟学校。此外，梁公炽、戚锦等共产党员亦参与组织和领导粤汉铁路的工人运动。

1926年夏，海员工会韶州分会在浈江境内成立。成立之初，由广州海员工会选派宣传干事何振武（共产党员，后改名何潮）任该工会主任。同年秋，何振武调离北江，由共产党员周材接任主任，委员有冯火旺、冯火胜等，办公地址设在今浈江区东堤路风采楼以南岸上，会员人数从开始的100多人增加到800多人。海员工会韶州分会成立后，分别组织船员举行过对盐局罢屯、罢运的斗争，并在榨油工人和碾米工人的支持下，坚持罢工一个星期，迫使盐商答应了工人提出的条件。

1927年2月7日，韶州各界为纪念京汉铁路工人大罢工，在韶城南郊广场召开工农联合大会，增进了工农的团结，促进了革命势力的发展。

（二）农会组织的建立和发展。1923年10月，社会主义青年团广东区第一次代表大会决定："以粤汉、广三、广九铁路及其附近地区为重点开展国民运动和农民运动，在东、西、北江及韩江等地区建立地方团组织以加强对农民运动的领导。”① 此后，有谭平山、彭湃、罗绮园、阮啸仙、丘鉴志、刘胜侣、侯凤墀等一大批革命同志到包括今浈江在内的曲江地区进行革命活动。在他们的组织、发动和领导下，浈江境内农民协会逐步建立起来。

1924 年 1 月，第一次国共合作的实现，为广东农民运动的发展创造了有利条件。同年 9 月，正值孙中山在韶关督师北伐，电召以彭湃为团长的广东农民自卫军（由广州农讲所第二期学员组成）和施卜任团长的广东工团军从广州开赴韶关，进行军事训练和担任北伐后方宣传工作。他们于 9 月 21 日到达曲江县城，遵照孙中山努力做好宣传工作的指示，翌日组成宣传队，到城厢宣传发动群众支持、赞助孙中山北伐，开展工农运动。每到一处先将该村户口生活状况作详细之调查，然后说明组织农民协会及农军之利益。浈江东水地区的农民经启发教育后，逐渐觉醒，纷纷要求组织起来。在彭湃、阮啸仙等人的支持鼓励下，东厢翻溪桥村的叶国棠、叶凤章及腊石坝村的黄希盘等人发动群众，率先组织起翻溪桥、腊石坝村 2 个农民协会（即犁头会，简称“农会”），叶国棠、叶凤章和黄希盘分别被选为村农会的执行委员。这是浈江区最早组织起来的村级农会。

9 月 29 日，翻溪桥、腊石坝两村农会的全体会员高举犁头大旗，参加了在韶州南教场（今韶关市区中山公园）召开的有各阶层共 26 个团体 3000 余人出席的赞助孙中山北伐的大会。大会发表了《韶州各界赞助孙中山北伐大会宣言》。孙中山在会上作了题为“北伐之原因”的长篇演说，表扬了韶州各界人民赞助北伐的革命精神。会后，进行了盛大的游行。这次大会，经《上海民

---

① 中共广东省委党史研究委员会，中共广东省委党史资料征集委员会编：《中共广东党史大事记》，中共党史出版社 1993 年版，第 31 页。

国日报》《广州民国日报》报道，产生了很大的政治影响。由于孙中山的大力支持，浈江的工农运动得以迅猛发展。翻溪桥、腊石坝村农会的建立，使各界仁人志士刮目相看，前往参观学习者络绎不绝，带动了浈江各地农会的建立。浈江的工农运动犹如星星之火迅速蔓延整个粤北大地，成为北江地区农民运动的一面旗帜。

为了进一步发展农民运动，翻溪桥农会骨干叶凤章、叶发青、叶凤端、叶凤标、叶凤阳等人在当地的莲花、府管、下陂、陈江各乡村，采取办夜校、教唱《农会歌》等形式，大力宣传“民众居已不安、食亦不饱的根源在于军阀卖国，列强侵入，挽救自己，就要团结起来，抵抗列强，打倒军阀”的道理，组织农民，成立村、乡农会，扩大农会的影响，而且还派出积极分子先后到大塘、重阳、马坝等地协助指导组织农会的工作。至 1924 年冬，曲江东水（今属浈江区）和乌石鹅鼻洞、重阳暖水村等一大批村、乡农会纷纷成立，共有会员 2000 多人。1925 年春，成立了曲江县农民协会筹备委员会，委员有叶凤标等人。同年六七月间，丘鉴志调来主持曲江的农会工作，广东省农民协会又派农民运动特派员侯凤墀、刘胜侣等人，到曲江（韶关）协助丘鉴志组织农会。

到 1925 年秋，曲江县已成立 7 个区农会，14 个乡农会，农会会员达到 11320 人①。曲江各区乡农会的成立，为县农会的成立打下了基础。9 月 18 日，曲江县农民协会筹备处联合韶关工农兵商学各团体共万余人，在韶州南教场召开追悼廖仲恺先生大会。国民党中央农民部、妇女部和省农民协会亦派代表出席大会。大会通过工农兵商学大联合，打倒帝国主义，肃清一切反革命派的

---

① 韶关市曲江区史志办公室：《中国共产党曲江县地方史》（第一卷），中共党史出版社 2007 年版，第 14 页。

决议案。

11 月 20 日，曲江县农民协会成立暨第一次代表大会在韶州下后街宏仁善堂内召开，到会代表 112 人。由于曲江是北江地区第一个成立县级农民协会的县，中共广东区委和省农会对这次代表大会的召开给予高度重视，正值彭湃率广州农讲所第五期学员 111 人来韶训练，即委派彭湃为代表并率领这届学员参加大会，各区农会代表百余人在火车站列队欢迎。省妇协代表杨洁贞和湖北省党部代表蔡以忱也参加了大会。会议由国民党中央农民部特派员刘胜侣主持，彭湃代表省农会向大会授犁头旗和印章并致贺词，同时发表了热情洋溢的讲话。他对曲江农运工作所取得的成绩和经验给予了充分肯定，并希望继续努力，巩固现有的成果，发展大好形势。彭湃还亲自指导成立了曲江县农民协会执行委员会。大会选举王士宾、叶国棠为常务委员，梁展如、欧日章、叶凤章、廖文楷、王良珍、陈异峰、杨称先、欧万民、黄希盘、欧者坚、廖式瑜、罗名声、蒋兆甫、叶子芳、叶凤端等 15 人为执行委员或候补执行委员。县农会办公地址在宏仁善堂内。

会后，农讲所的学员前往城厢和附近农村去宣传，调查农民的生活状况和农民运动的情况。彭湃等人在欧日章、侯凤墀陪同下，到重阳暖水村进行调查。

浈江境内农民运动开展的初期，地主豪绅的政治势力比较强大。由于加入农会的人鱼龙混杂，以致农会的领导权被地主分子叶国棠等人篡夺，使得农运工作一度出现畸形发展。为了争夺农会的领导权，农民和地主之间展开了激烈的斗争。

1926 年 1 月，广东省农民协会执委会决定全省七县、市成立农协办事处，北江办事处设在韶州罗纱巷 19 号（在今韶关市浈江区和平路）。农协办事处负责领导曲江、乐昌、仁化、乳源、翁源、英德、南雄、始兴、阳山、连县、连山等 11 县的农民运动，主任丘鉴志，书记丰启瑞（1 月调西江，由卓庆坚继任），委员侯凤墀。办事处内同时成立中共支部，丘鉴志任书记。

同年 5 月，广东省第二次农民代表大会召开前，时任曲江县农民协会常务委员的叶国棠等人以非法手段推选地主豪绅为出席大会代表，制造了非法代表事件。曲江已赴会的 4 名地主豪绅代表，被大会拘留审查，并令曲江县农民协会另选代表出席大会。但叶国棠等人回县后，在群众中造谣煽动，企图分裂曲江县农会。7 月，省农民协会派常务委员蔡如平、周其鉴、彭湃到曲江，改组了曲江县农民协会。改组后，由梁展如、欧日章、杨称先、叶凤章任常务委员。此时，县农会领导权才正式掌握在共产党员梁展如、欧日章、叶凤章手里。

为了培训北江农军骨干，提高农军素质，在中共广东区委的指示下，根据广东省农民协会的决定，省农会北江办事处和中共北江地委于 1926 年冬筹办北江农军学校，并于是年 12 月 9 日在韶关正式开学。这是全国较早的一所专门培训农军干部的学校，共办了两期，每期招生 100 名左右，蔡如平任主任，后为朱云卿。

1927 年 2 月 7 日，韶州各界召开纪念“二七”四周年大会，会上发出《纪念“二七”殉难烈士宣言》。同时，曲江县农会、省农会北江办事处、北江农军学校也发出《为“二七”四周年纪念日告各界同胞》的信，强调只有工农群众才能担负国民革命的责任；只有被压迫的民众团结起来，才能肃清一切反革命势力，实现全中国被压迫民众的解放。

同月，南韶连政治讲习所在韶关正式开学。这是一所培训农军政治干部的讲习所，以南韶连警备司令部名义主办，实际是由中共北江地委领导的军事学校。国民革命军第二军教导师师长陈嘉佑任理事长，聘请教导师司令部秘书长刘小山（中共党员）为主任。中共北江地委、广东省农会北江办事处、省农会特派员、省妇运会等干部到所讲课。时任第二军党代表的李富春支持办学，曾来讲过几次课。学员大都是底层进步知识分子，至1927年4月讲习所结束，共培训200多名干部学员，充实了北江各县农运政治干部队伍力量。四一五反革命政变后，学员大部分编入北江工农自卫军，北上武汉，后参加南昌起义。同年4月21日，浈江境内的农军学校迁往南雄，后来编入北江工农自卫军，北上武汉。7月开赴南昌，参加了南昌起义。

在浈江城区举办的北江农军学校、南韶连政治讲习所，为粤北地区工农运动培养了大批骨干分子，壮大了革命队伍。学员加入北江工农自卫军后参加了南昌起义，是起义队伍中唯一的地方武装。

（三）妇女解放运动和青年学生运动。在工农运动发展的同时，浈江境内的妇女解放运动和青年学生运动也相继开展起来。1924年，全国各地许多妇女团体和广大妇女积极参加了国民会议活动。同年9月，韶州师范、韶州开明中学和曲江第二中学的女师生，在阮啸仙等共产党员和广州农民运动讲习所第二届学员的宣传鼓励下，参加了韶州各界赞助北伐的大会。这是浈江妇女第一次有组织参加的政治活动。

1925年3月，各地妇女团体选派代表参加在北京召开的国民会议促成会全国代表大会。3月29日，正式成立全国各界妇女联合会，号召“全国学校的、工厂的、田间的、商店的以及家庭的姐妹们团结起来”，去争取妇女在各方面的“平等权利和地位”。同年5月，广东省妇女解放协会成立。在此之前，共产党员谭平山、高恬波、蔡畅先后到北江进行活动，并在浈江境内宣传反帝反封建、男女平等、妇女解放的革命道理，具体指导妇女解放运动，推动和帮助了浈江境内各界成立妇女解放协会。同年11月，广东省妇女协会派代表杨洁贞到韶州组织分会。11月26日，广东省妇女解放协会韶州分会成立，袁恩珍为分会主任。分会共有84名会员，学生与农村妇女约各占半数[①]。办公地址设在韶关市区下后街宏仁善堂内，与县农会一起办公。广东省妇女解放协会韶州分会成立后，除派出干部指导基层妇女组织工作外，还到各乡村发展妇女解放协会，入会的妇女越来越多。在开展斗争的过程中，妇女解放协会注意培养骨干，发展女党员。

1926年3月，由曲江共青团组织号召广东省妇女解放协会韶州分会、曲江第一高小学校举行纪念“三八”妇女节活动，参与活动的妇女有数百人，以学生居多。同年7月，浈江境内进步妇女在党组织的领导下积极参与国民革命军誓师北伐的支前工作。北伐军所到之处，都受到了热烈的欢迎，妇女们为部队送茶送水，并对北伐军家属给予照顾和帮助。10月10日，在韶关庆祝北伐胜利的大会上，广东省妇女解放协会韶州分会发出《庆祝北伐胜利大会敬告民众书》，呼吁各界民众再接再厉，共同努力，争取革命的最后胜利。与此同时，各地妇女解放协会带领妇女参加废租、废债、抗租抗粮的斗争，与农会会员一起收缴豪绅地主的契约，捆绑衙门里派来干扰的官差游乡，对那些敢于反抗和破坏的豪绅地主给予坚决的打击。10月16日，广东省妇女解放协会韶州分会召开大会，进行改组选举。到会会员约七百人，国民党中央妇女部、广东省妇女解放协会均派代表到会，大会选出执行委员5人，候补执行委员3人。其口号是：反帝、反封建，争取男女平等，婚姻自主，反对封建的买卖婚姻，反对虐待童养媳。妇女解放协会的威信和力量得到不断提高和壮大。同年冬，国民党中央妇女部部长何香凝及广东省妇女解放协会负责人区梦觉派省

① 韶关市曲江区史志办公室：《中国共产党曲江县地方史》（第一卷），中共党史出版社2007年版，第21页。

妇协干部谢沐英、梁慕哲来韶关妇协工作，并担任了南韶连政治讲习所培训员。讲习所第二期学员100多人中，有女学员7人，其中郑乃珍（韶州人）、鲁志敏（犁市铁路工人代表）来自今浈江区①。

广东省妇女解放协会韶州分会的成立，大大地促进了妇女的思想解放。深受政权、神权、族权、夫权四条绳索束缚和压迫的妇女，要求解放的愿望极为强烈，大胆地向封建势力作斗争。在农军攻打反动势力的时候，妇女们积极做好后勤工作，运送弹药、送茶送饭，抢救伤病员，在战斗中起了很大的作用。在曲江县农会召开的“二五”减租减息千人动员大会上，浈江境内的翻溪桥妇协主席苏州妹和省妇协干事梁慕哲分别在大会上讲了话，她们号召广大妇女团结起来，积极参加减租减息运动，同民众一道，为推翻压在中国人民头上的三座大山而奋斗②。

大革命期间，浈江境内的工人运动、农民运动、妇女解放运动和学生运动紧密结合一起，并在党的领导下开展斗争，标志着浈江境内群众运动进入了新的阶段。

二、革命群众支援北伐战争

为推翻北洋军阀在中国的黑暗统治，1922—1926年，先后进行了三次北伐战争。其中1922年和1924年的两次北伐为孙中山领导，1926年的北伐由国共合作一起领导。韶关作为北伐出师之地，浈江人民对北伐战争的有力支持，也载入史册。

---

①　韶关市曲江区史志办公室：《中国共产党曲江县地方史》（第一卷），中共党史出版社2007年版，第22页。

②　韶关市曲江区史志办公室：《中国共产党曲江县地方史》（第一卷），中共党史出版社2007年版，第23页。

1921 年 4 月中旬，孙中山在广西梧州召开军事会议，决定“出师江西，悉命诸军集中韶州”“大本营设于韶州”，于是各路北伐大军顺西江而下，在三水转向清远，再开赴韶关、南雄、仁化一带集结。

1922 年 5 月 6 日，孙中山亲临韶关，设北伐大本营于原韶州镇台署（今浈江区建国路韶关军分区大院内）。此后，各方北伐军队纷纷开赴韶关集中，候令出发。云集韶城的军队之多前所未有，韶城各公共会所，都被军队驻满。商民给予了大力支持，商店民居也多有暂借小驻。甚至有商店在门口书写：“本店欢迎北伐军暂驻”字样，也有商店铺面一半提供给军队暂驻，一半继续营业，且对军队甚为优待。

5 月 9 日，在韶州南教场举行誓师，下令北伐。当北伐军攻克赣州进逼吉安时，陈炯明于 6 月 16 日在广州发动兵变，炮轰总统府，孙中山被迫离开总统府，登上军舰。陈炯明部叛军进攻韶关，留守大本营的胡汉民率众于 17 日退往南雄。6 月 19 日，孙中山电令李烈钧等“回师靖难”。20 日，陈炯明部翁式亮进入韶关，赶筑工事，阻拦北伐军南下。7 月 2 日，北伐军回师广东，计划三面围攻韶关。北面朱培德滇军取道乐昌，首先打响，7 月 9 日至 10 日夺取韶城北郊的皇岗山、帽子峰，直逼韶州城，但激战 10 余天，未能突破防线，双方陷于僵持状态。东面许崇智粤军取道仁化，出曲江周田，双方主力沿公路两侧对峙，战况激烈。7 月 28 日，参加北伐的原陈炯明部陈修爵、谢毅两团倒戈，致使疲惫不堪、补给困难的北伐军全线崩溃，退往江西。第一次北伐最终失利。

1924 年 1 月，中国国民党第一次全国代表大会实现了对国民党的改组，正式形成国共合作，确定了国民革命政纲，成为波澜壮阔的大革命的起点。9 月，北方第二次直奉战争前奏的江浙战争爆发，再次出现了有利于北伐的形势。孙中山决定再次北伐。9月5日，孙中山发表《讨贼宣言》和《大元帅出师对粤宣言》，号召广东人民扫除军阀，实现民治，同时宣告北伐的目的不仅在推翻军阀，尤其在推翻军阀赖以生存的帝国主义，明确树立了北伐反帝的革命旗帜。

为支持北伐，粤汉铁路自9月7日起暂停客票，专门运送联军赴韶。孙中山为免除北伐军占驻韶州商店民房，出发前即令粤汉铁路总理陈兴汉在韶州城外多搭营棚以供驻军。陈兴汉接电后，马上组织韶关铁路工人，首先腾出韶关火车站养路处的房子作为北伐军大本营。接着又组织车辆和工人搬运竹木等物，协助北伐军在火车站附近的山上搭建营房数十座。在北伐军陆续抵韶时，又组织车辆和工人加班加点，为北伐军运送物资和军队。

9月12日，广州大元帅府移大本营于韶关火车站粤汉铁路公司养路处一栋两层的洋楼，孙中山亲临韶关，受到韶州各界的热烈欢迎，当时曲江县长赵传典亲率曲江绅、商、学、工各界数十人，前往火车站列队欢迎，受到孙中山的嘉奖。

9月20日，孙中山在韶关举行誓师典礼，北伐军出师北上。21日，应孙中山电召，广东工团军、农团军由谭平山、罗绮园、阮啸仙等人率领抵达韶关。孙中山亲往致训词，并要求谭平山对工团军、农团军施以军事、政治训练，就地开展宣传工作。

9月29日，孙中山在韶关南教场召开韶州各界赞助北伐大会，包括工团军、农团军、黄埔军校，以及省立第三师范学校师生、韶关民众3000余人参加大会。大会由谭平山主持，孙中山发表题为“北伐之原因”的讲话，会议发布《韶州各界赞助孙中山北伐宣言》，大会结束后举行了巡行。曲江最早成立的两个农会东厢翻溪桥农会、腊石坝村农会参会标志着北江农民开始走上社会政治舞台。农民自卫军、南韶连民团纷纷向孙中山请缨，愿追随孙中山前驱杀敌。孙中山深为嘉许，表扬了韶关民众的革命精神，但以北伐军已有数万之众，足以摧敌，搁置其参加北伐的请求，鼓励各地农军民团巩固后方，加强训练，扩充队伍，作为北伐军之强有力的后盾。

10 月 8 日，孙中山为欢迎苏联巡洋舰沃罗夫斯基号抵达广州，在韶关写下贺词，赞扬苏联。他说，苏舰来华访问“定使两国邦交愈加亲睦，彼此互相提挈，力排障碍，共跻大同”。表达了联俄的信心与决心。9 日，沃罗夫斯基号的全体将校官兵为谒见孙中山，特地乘广韶铁路专列来韶。孙中山派北伐军总司令谭延闿、军政部学生及大本营护卫队数百人到火车站迎接。10 日，驻韶各军集会庆祝武昌起义 13 周年，孙中山前往参加并在会上发表演说，指出这次北伐是重新筹备革命，完成过去斗争未了之功，勉励各军将领尽速出师。会后，北伐军举行了阅兵典礼，来韶的苏舰全体官兵应邀出席观礼，并列队请孙中山检阅。

1924 年北伐期间，孙中山在韶督师一个多月，除亲自指挥北伐外，还践行联俄、联共、扶助农工的革命政策，对浈江工农运动的发展产生了积极的影响。但这次北伐再次受挫，给广东革命政权留下了深刻的教训。要取得北伐的胜利，必须统一广东革命根据地，彻底肃清妨碍北伐的反动地方军阀，创建一支革命军队。随着国民革命军的改编、广东革命根据地的巩固，重新组织北伐的条件逐渐成熟。

1926 年 5 月，在中国共产党的积极推动下，广州国民政府顺应人民意愿，决定出师北伐。5 月 20 日，叶挺独立团作为先锋，从广州乘火车到达韶关，然后从韶关徒步，经乐昌、九峰、坪石一线北上。7 月 26 日，以“左派”面目出现的国民革命军总司令蒋介石北上赴韶，住在原韶州镇台署，在韶关停留两天做准备。11 月 16 日，广州国民政府迁往武汉，宋庆龄、宋子文、陈友仁等政府要员随迁，经过粤北并受到各地政府和民众的热烈欢迎。沿途各地的农民，尤其是曲江、始兴、南雄三个县的农民，担负了运输等服务工作，一直把这批人送到江西为止。

北伐军经过韶关时，在共产党组织的发动下，人民群众踊跃捐助钱粮衣物赞助北伐，大批工人、农民、学生参加了支前工作，“协助北伐运输，随军效力者不下万人”，仅曲江就有 3000 多人①。时值盛夏，他们冒着酷暑，忍饥挨渴，风餐露宿，挑着重担跋涉于崎岖山路，日夜兼程，其艰苦情形可想而知，不少人因劳累致病、致伤，甚至牺牲了生命。1926 年 9 月 19 日《战士》周报报道：广东曲江等地的工人、农民、学生，“其参战之力猛烈，已可概见”。②

北伐期间，工农群众运动促进了战争的胜利；同时，北伐战争的胜利有力地鼓舞和推动了工农运动的进一步发展。1926 年 5 月，叶挺独立团从韶关挺进湖南不久，在党组织的领导下，韶关群众迅速掀起了反帝浪潮。5 月 30 日，韶关各界群众举行纪念五卅惨案周年大会，声讨帝国主义的罪行，到会军民 2 万余人。会后游行，群情激昂，沿途高呼“废除不平等条约”“打倒帝国主义”等口号。12 月 25 日，韶州各界召开反对帝国主义文化侵略大会，揭露和控诉帝国主义利用基督教和传教士进行文化侵略的罪行，并声援因阅读革命书刊而被勒令离校的师生。这些都是浈江人民对北伐军反帝反封建反军阀斗争的有力声援。

当北伐胜利的捷报传到韶关时，中共北江地委于 1927 年元旦在韶城召开各界庆祝北伐胜利大会。韶州各界 100 多个团体共数

---

① 中共广东省委党史研究室：《中国共产党广东地方史》（第一卷），广东人民出版社 1999 年版，第 196 页。

② 《北伐论丛》，广东人民出版社 1997 年版，第 124 页。

万人参加了庆祝大会。大会发表的《韶州各界赞助孙中山北伐宣言》，充分肯定了北伐军取得的胜利，同时又提醒人们，在胜利时还要警惕帝国主义和军阀硬的进攻和软的阴谋；吸取辛亥革命因没有民众基础而失败的教训，注意发展民众组织，打倒土豪劣绅、贪官污吏，铲除封建势力，打破反革命堡垒，巩固下层革命基础；拥护第二次军事行动，争取早日废除不平等条约，完成国民革命。

这次北伐出师10个月，从广州打到武汉、南京、上海，革命洪流从珠江流域推进到长江流域，席卷了半个中国，沉重地打击了帝国主义及其走狗封建军阀的统治。北伐军能在战争中取得节节胜利，其主要原因是有工农群众的大力支持，共产党人的先锋作用和苏联的无私援助。[①] 在这次北伐期间，浈江人民在共产党的领导下，开展了各种形式的援助北伐军活动，组织农军，积极协助围剿土匪、肃清匪患、维持治安、随军服务等，巩固北伐后方，为北伐战争的节节胜利作出了不可磨灭的贡献。

三、工农武装开展革命斗争

1925 年 11 月成立曲江县农民协会后，为了更好地开展农运工作，县农会决定建立农民武装，其任务主要是打击土豪劣绅掌握的反动民团，更好地开展减租减息，废除人民深受其害的苛捐杂税等活动，切实维护群众利益，保卫农民运动的胜利成果。

（一）成立曲江农民自卫军。1925 年冬，县农会开始组建曲江农民自卫军。自卫军按县设大队、区设中队、乡设小队的建制进行组建。浈江境内成立一区中队，中队长王良珍、刘福（后）。

① 李义彬、李新主编：《中国革命史纲》，中央广播电视大学出版社1988 年版，第 206 页。

全县农民自卫军武装达1000余人。在此基础上，县农会决定，由各区抽调共300余人成立曲江县农民自卫大队，大队长由欧日章担任，副大队长由叶凤章担任。同时挑选农运积极分子分别到广州农民运动讲习所、北江农军学校及其他各类学校、学习班学习政治和军事技能。

1926年5月，广东省第二次农民代表大会根据广东革命政府宣言，认定第一次全省农民代表大会颁布的《农民自卫与民团问题议决案》有效，从此，农民自卫军便成为公开合法的组织。

同年7月，曲江县农民协会进行了改组，劝退或开除了混进农会的地主豪绅及民团土匪。此后，这些地主豪绅为了自身利益，勾结土匪和民团，盘踞险要地带，经常勒索搜刮农民，破坏农民运动。他们强行从北江河抢劫大量竹木，在乌石街边挖筑3条深沟，埋下竹尖，装上围栏作为屏障，留3个栅门出入，配置机枪，由众匪把守。还在仁昌楼、当铺楼、狮子岭制高点设立据点，借以控制铁路、公路和水路。外围工事扩至李家山和火车站，时常拦截北江河上来往船只，袭击火车越货，为非作歹，导致了粤汉铁路和北江河道不能正常运行，并严重阻碍农民运动的开展。浈江境内农军按照中共北江地委和县农会的指示，组织人员日夜站岗放哨，多次打退了土匪的勒索和偷袭，遏制了土匪的嚣张气焰，有效保卫了当地群众生命财产的安全。

在此期间，区境农民自卫军不断扩大队伍并加紧训练，同时还充实了一大批经过严格训练的骨干，战斗力得到较大的提高。他们经过大革命洪流的实际斗争得到了锻炼，成为农民运动的中坚力量，对发展浈江农民运动、壮大农军组织和保卫农民利益起到了重要作用。

1927年4月12日，蒋介石在上海发动反革命政变，用血腥镇压手段对工人群众和共产党员进行大屠杀，公开背叛革命。4

月 15 日，国民党右派在广东发动反共政变，反动军警在广州包围了省港罢工委员会和苏联顾问住宅，解除黄埔军校和工人纠察队武装，抓捕共产党员和革命群众，并秘密枪杀共产党人。这标志着以国共两党合作为基础的革命统一战线在广东已经破裂，国民革命失败。中国共产党在广东所领导的革命斗争进入了土地革命战争时期，即第二次国内革命战争时期。

四一二反革命政变后，中共广东区委已预见到广州国民党右派必然走向反共，即布置各地区党组织准备发动全省总暴动以反击敌人，并指定各路指挥暴动的负责人。罗绮园、周其鉴被指定为北路指挥。4 月 16 日，北江农会、海员工会及陈嘉佑教导师在韶关宣布脱离广东省政府，收缴第五军驻韶部队枪械，扣留中央银行分行 50 万元，另组织广东农军总指挥部、南韶连政务处、党权运动大同盟等机关。后称“北江独立事件”。

4 月 22 日，韶州召开军民联欢大会。有五十多个团体到会，数万人参加。南韶连警备司令陈嘉佑主持大会并讲话，他说：“当此左右派短锋相接的时候，民众必须看清楚谁是真正的革命者，我们教导师是站在民众利益方面的，是与人民合作的，要求民众极力拥护我们教导师，去铲除一切革命的障碍物。”会上通过决议，坚决拥护武汉国民党中央和国民政府，以及国民党二届三中全会有关决议案。

4 月下旬，罗绮园、周其鉴到达韶关，设立广东省农民自卫军总指挥部，先后调集曲江、清远、英德、乐昌、仁化等县的农民自卫军，北江农军学校和南韶连政治讲习所学员，以及铁路工人纠察队共约 1200 人于韶关，组成由罗绮园任总指挥、周其鉴任副总指挥、朱云卿任参谋长的广东北江工农自卫军。广东北江工农自卫军成立后，由江农军被编在第一大队，欧日章任总指挥部参谋，梁展如任军需长，叶凤章任第一大队副大队长，浈江境内农军和北江地区的工农军战士集中韶关，分别住在宝灵寺（今浈江区熏风路）和中德中学，整装待命。

5 月 1 日，中共北江地委和工农自卫军总指挥部，在韶关宝灵寺召开誓师大会，支持陈嘉佑的讨蒋行动。各路工农自卫军云集宝灵寺。中共广东区委委员、北江工农自卫军总指挥罗绮园发表讲话，他说："国民党左右派已分裂，右派是资产阶级……左派仍拥护'三大'政策，我们要靠拢左派。目前教导师即要北上，我们为了保存革命实力，也决定随该师北上。大家要服从命令，遵守纪律，准备将来打回广东。"全场响起了"打倒蒋介石""打回广东来"等震撼山河的口号。

大会结束后，区境农军与各县工农军举起犁头红旗，吹起军号，浩浩荡荡踏上了北上征途。当天在桂头宿营，2 日到乐昌。当即和已先期到达的由宋华带领的仁化县农军 100 多人及乐昌农军一起，编入北上队伍。北江工农自卫军在乐昌停留一天后继续北上，4 日宿营于九峰，5 日抵唐村，6 日越过天险蔚岭关，进入湘境，到良田，8 日到郴州。郴州群众举行欢迎大会，会场上挂着欢迎"广东工农军来扩播革命种子"的巨幅标语。14 日到达耒阳，随军北上的北江农军学校学员和南韶连政治讲习所学员编入工农自卫军，工农自卫军改为十三军补充团，对外仍然沿用广东工农自卫军的名称。

此时，当地疾病流行，工农自卫军缺医少药，困难较大。5 月 17 日，湖北夏斗寅叛变，国民革命军对他发动进攻，长沙至武汉交通中断，粮食缺乏。为了弄清继续北上的沿途情况和解决粮食和药品缺乏的困难，工农自卫军总部派欧日章陪同罗绮园前往长沙与湖南省农会联络。恰遇 21 日长沙发生"马日事变"，反动军阀许克祥部围攻长沙工会、农会，逮捕及杀害共产党员和革命群众。工农自卫指挥部立即开会，分析形势，研究对策。为了取得与湖南革命组织的联系，工农自卫军总部又派朱云卿和湖南籍的教官曾文思去长沙，当时在衡阳、耒阳的民团，气焰嚣张，逮捕工农首领，工农自卫军与他们打了几仗，挫其锋芒。不久，陈嘉佑从长沙来电报说：形势紧张，去不了武汉。于是工农自卫军总部开会商议：一是正式改编为陈嘉佑部队；二是回去上山打游击。经过讨论，多数人主张回去打游击。6 月 3 日，工农自卫军离开耒阳到永兴县十八都驻扎。

6 月 8 日，陈嘉佑部派团党代表韩毓涛到十八都工农自卫军总部，说已与第三十五军军长何健谈妥，可以通过长沙，但不能举工农自卫军的旗，要用第十三军补充团的番号，工农自卫军同意了。准备出发时，原属曲江、仁化的部分农军要求回师粤北，以打击向农民反攻倒算的土豪劣绅。于是，队伍分成两路：一路南返，一路北上。原属曲江、仁化的部分农军由梁展如、叶凤章和仁化的蔡卓文率领部分农军南返。东水农军大部分南返，但邓其森、蔡标、温玉成、刘祝清、曾海棠、廖文楷、卢家茂等人参加了南昌起义。

继续北上的曲江农军约 200 人，6 月 11 日到达衡阳，13 日由衡阳乘船到株洲，14 日乘火车通过长沙，15 日到达武昌。广东北江工农自卫军到达武昌时，得到国民党中央农民部和社会各界的欢迎。大街路口挂满彩旗和欢迎标语。“欢迎粤北工农武装来鄂”“支持革命、反对叛变”等标语耀眼夺目。《汉口民国日报》先后以《粤北武装同志来汉》《慰劳广东工农军》《粤武装农工来鄂》等醒目标题和大篇幅，在显要位置报道了北江工农自卫军转战到湖北的事迹。

七一五反革命政变后，北江工农自卫军离开武汉，于 7 月 30 日到达南昌，编入第二十四师教导团第一营，归属叶挺领导，参加了南昌起义。其后南下广东，在潮汕地区失败后，部分工农自卫军战士返回浈江，组织群众，积蓄力量，等待时机。

（二）坚持武装革命斗争。1927 年 6 月中旬，南返农军约 200 人，在梁展如、叶凤章、蔡卓文率领下，在永兴县鲤鱼塘与地主武装打了一仗后，折回仁化，于 6 月 23 日攻占仁化县城，冲进监狱，将 80 余名受害群众全部释放，并公审惩处了仁化县长陈仲章。打下仁化后，曲江农军继续南返，突然遭到从韶关去仁化增援的数倍之敌的伏击，农军仓促应战，严重受挫，叶凤章中弹负伤，死里逃生回到家里养伤。梁展如率余部辗转仁化澌溪山、湖南桂阳等地坚持活动。不久，他们也陆续回到韶关。

大革命失败后，革命力量遭到极大的摧残。浈江境内的地主豪绅，疯狂向农民进攻，解散农民协会，北上农军的家属遭受迫害，并妄图抓捕叶凤章等农军骨干，少量未暴露的共产党员被迫转入地下活动。

12 月 20 日，为贯彻中共中央八七会议确定的土地革命和武装反抗国民党反动派的总方针，中共广东省委非常重视北江地区的农民起义。是年冬，浈江境内的三位农运领导人梁展如、欧日章、叶凤章重新取得了联系。根据分工，叶凤章、刘福仍继续负责东水方面的农运工作。此时，朱德、陈毅率领的南昌起义军余部驻扎浈江犁铺头。有天晚上，朱德来到东河坝刘福家里，秘密会见了叶凤章、刘福、邓其森、叶发青、叶凤标等人，东水农会、农军领导人受到了极大的鼓舞。朱德在韶关期间，还帮助浈江境内党组织秘密建立了曲江县苏维埃政府。

1928 年 1 月上旬，中共广东省委把北江列为全省的武装起义中心地区之一，决定成立中共北江特委，先后派叶文龙、赵自选、张善铭、阮啸仙等得力干部，加强对北江特委和重点县委的领导。特委机关设在曲江县城韶关。同月 15 日、16 日，中共北江特委先后制订和发出了《关于各县暴动工作纲领》《关于目前形势与党的任务给各县委的指示》。北江特委认为："北江的政治环境，比任何地方都好。……所以目前的北江局面，非常有利于农民群众的暴动。""省委根据以上情形，决定在北江号召群众开展大规模的暴动，深入土地革命，做成像海陆丰一样的割据局面。"

此后，中共北江特委发动所属各县，尽最大努力发动和组织当地农民群众举行暴动，开展武装斗争。在此形势下，浈江境内活跃着一支经过实际斗争磨炼而精干的农民武装——东水农军。

东水是浈江境内农民运动的策源地，党的地方组织建立比较早，农民革命热情较高。在党组织的领导下，东水农军勇敢顽强地坚持游击斗争，狠狠打击了韶关境内的国民党反动势力。

同年2月，中共曲江县委恢复，机关设在东水洋村。根据上级党的指示，东水方面一度恢复了一区委（后撤销），同时对党的基层组织进行了恢复和整顿。刘福、叶发青两位同志还进入了中共曲江县委，刘福任常委，叶发青为委员。同年8月，参加中共六大的叶发青从苏联回到曲江后，积极协助县委做好工作，开展革命活动。在此期间，东水地区组织起一支精干的农民自卫武装，并根据斗争实际，以在城镇和铁路沿线进行游击战，破坏敌人的交通运输为重点，继续与敌开展斗争，维护农民的利益。

对此，叶国棠一伙恨之入骨，公开勾结国民党桂系军阀王应瑜，于1928年秋，先后两次派兵"围剿"翻溪桥、洋村、石安等村，妄图活捉叶凤章、叶发青等人，一举扑灭东水的革命星火。翻溪桥村被毁，石安、洋村房屋被烧，财物也被洗劫一空。同时杀害了叶凤章的叔父，并将死者沉河灭尸，手段极为残忍。此后，国民党军阀经常派兵搜查村庄，抓捕共产党人及农军战士，叶凤章等农军骨干及其家属有家而不能归。

为了保存有生力量，叶凤章率领东水地区共产党员和农军骨干撤离东厢，转移到曲南的乌石与梁展如的南水农军会合，统编为曲江县第四区农军大队，梁展如任大队长、叶凤章任副大队长，继续在曲江、乳源、仁化及浈江周边地区开展游击活动。

同年冬，曲江县农军召开骨干会议，乌石的反动绅士田松春、梁绍仁获悉后，便和马坝的反动地主张毓秋（曲江县参议）勾结报告王应瑜，王应瑜立即派兵前往，突然包围了鹅鼻洞，农军的主要领导和骨干被困在梁展如家一间房子里。双方展开激烈的战斗，农军当即打死敌一排长和 10 多个士兵。但是，敌人过于强大，情况万分危急，梁展如、叶凤章果断决定突围。敌人的火力十分猛烈，用机枪封锁住大门，农军不顾一切往外冲，伤亡很大，叶凤章的堂弟叶凤州、侄子叶建荣等人当场牺牲。叶凤章右肩胛中弹，身负重伤，冒着枪林弹雨突出重围。突围后，梁、叶两人分头行动。叶凤章伤势过重，行动艰难，他怕拖累队伍，命令战友们快走。跟随叶凤章的林永福、刘达富见他脸色铁青，流血不止，又无药救治，心里十分难过。叶凤章坚定地对他们说："你们快走吧！不用管我，死并不可怕，你们一定要找到梁展如，跟着党走，继续干下去……"

送走战友后，叶凤章忍受着剧烈的伤痛，独自一人来到南华圳背他姑母叶亚兰家里，为了不连累亲友，他在柴垛里过了一夜。第二天，叶凤章姑母一家将他转移到南华铁路北大窝细坑里，搭一简易草棚让他居住养伤。由于伤势过重，缺医少药，不幸牺牲，时年 42 岁。此后，浈江区境的革命力量严重受挫，共产党人和农军骨干只能隐蔽在群众之中坚持革命活动。

在国民党新军阀的统治下，中国社会的各种矛盾不仅依然存在，而且进一步激化，新的革命高潮不可避免。浈江人民在中共地方组织的领导下，重振农会和农军威力，坚持武装斗争，在强大凶恶的反动势力联合进攻面前，英勇顽强，不怕牺牲，抛头颅、洒热血，视死如归，前仆后继，为党的伟大事业、为广大穷苦人民翻身解放不屈不挠地斗争。他们这种无私无畏的战斗精神和共产主义的崇高品德，将永远受到后人的敬仰和赞颂。

第三节 朱德率南昌起义军驻扎浈江

一、朱德率起义军转战粤北

1927 年 8 月 1 日，中国共产党在江西南昌发动武装起义，向国民党反动政府打响武装斗争第一枪。南昌起义后，起义军全部南下，目的是去广东汕头。到达广东后，起义军分成两路：主力进至汕头、揭阳地区；另一部分留守广东大埔三河坝，由朱德指挥。

在三河坝战役中，敌人 3 个师 10 个团多次渡河攻击，朱德率起义军顽强抗击，伤亡较大。9 月 30 日，朱德部队撤出三河坝，往潮汕与大部队靠拢。行至饶平县茂芝，先后遇见潮汕撤出的部分人员及在揭阳、汤坑失败跑回的零散人员，才知道大部队在潮汕失败，起义军领导人已分头撤离。

10 月 7 日，朱德在饶平县茂芝的全德学校，召开有陈毅、周士第等 20 多人参加的“茂芝会议”。会后在转战湘南途中，适时进行天心圩整顿、大庾整编、上堡整训。为稳定军心，保存革命队伍谋求发展，起义军长途行军，经饶平、平和、大埔、永定、武平、信丰到达南康、大庾地区。由于连续行军作战，部队减员很大，加上一些战士意志不坚对革命产生动摇，陆续离开了部队，到达信丰一带时只剩七八百人。

11 月上旬，部队离开大庾县境，来到了湘、粤、赣三省交界处崇义县以西的上堡、文英、古亭地区。当时，驻在湘南的国民党第十六军同中共有着统一战线关系，军长范石生派在军内工作的共产党员韦拔萃送信到江西崇义县上堡，希望与朱德合作。范石生与朱德是云南陆军讲武堂的同学，一起参加过辛亥革命，同蒋介石有深刻的矛盾，想与朱德联合反蒋。范石生部有共产党组织。南昌起义后，起义军南下途中，周恩来就给朱德写了组织介绍信，以备可能同范石生部联系时使用。因此，朱德立即给范石生写去一信，范石生回信请朱德到湖南汝城县同其部第四十七师师长曾曰唯谈判，协商合作事宜。朱德在谈判中，坚持原建制不变，保证组织上独立，政治上自由，军事上自主的原则，与范石生达成合作。

范石生信守协议，履行条件。给朱德一个团的编制，任命朱德为第十六军总参议、第四十七师副师长兼第一四〇团团长，化名王楷。随即给朱德部配发子弹10万发，每月发给军饷1万元和必要的军需用品。此时，朱德部队已恢复到1200余人，严重的给养困难得到解决，全团将士军容面貌焕然一新。

朱德率部在汝城活动时，接到中共广东省委的指示：支援广州起义，并率部向粤北仁化进发。在朱德接到中共广东省委指示的同时，范石生为向粤北扩张，要求把部队移防粤北。这为朱德部队进发仁化提供了有利的条件。12月10日，朱德率部调防到达仁化董塘。当晚，朱德召开各乡农干会议，并在会上号召农民组织起来，恢复农会，开展武装斗争。随后，朱德部向农军赠送了一批枪支弹药，大大鼓舞了农民的斗志。11日，朱德通过中共曲江县委与中共广东省委取得联系，省委传来两点指示：一是迅速率部南下，参加广州起义；二是参加北江农暴工作。

12月12日，朱德率部离开仁化董塘向韶关集结，拟南下参加广州起义。到达韶关后，广州起义失败的消息随即传来。在此情况下，朱德、陈毅经商议，将部队暂时驻扎在韶关西河天主教堂，部分部队驻扎在东河坝墨江会馆附近。

在驻扎韶关期间，朱德得知东河坝附近一带是曲江县农民运动的策源地，依然有中共地方组织在秘密进行革命活动，即带随从乔装打扮到东河坝乡村，找到一个名叫刘福的家里。刘福是当地早期的中共党员和农民运动的积极分子，曾是1926年朱云卿主办的北江农军学校工作人员和北江农军司务长，1927年冬负责东水农民运动。朱德向刘福介绍自己的身份和来意。刘福也向朱德介绍了目前当地党组织和农民运动的情况，随即又叫人通知叶凤章、叶发青、邓其森、孙靖等人到他家开会。会上，朱德向大家详细分析了南昌起义后的革命形势，勉励大家不要因暂时的失败而悲观，只要扎扎实实地组织群众，恢复党和农会组织，继续开展武装斗争，革命不仅有希望而且一定会取得成功。此外，朱德还通过他们了解到中共曲江县委重建和北江农暴委员会计划在北江准备进行武装暴动的一些情况。

二、朱德率起义军进驻浈江犁铺头

朱德部队虽然得到范石生的同意驻扎在曲江县城附近，但不时也受到范部一些人的监视。朱德考虑到部队与范部同驻一地不方便，并紧靠城区，目标太大，不利于外出活动。于是，决定率部移往韶关北30余里的犁铺头（今韶关市浈江区犁市镇）隐匿下来，伺机待动。朱德和大部分部队驻扎在犁铺头李达材当铺，一部分部队驻扎在犁铺头附近的狮塘村。

部队进驻后，在犁铺头进行了新式练兵运动。朱德根据多年积累的军事知识和实战经验，以及南昌起义以来的作战经验教训及其特点，亲自编写了《步兵操典》和《阵中勤务》两部军事教材，供部队训练使用。主要是为了适应客观要求，怎样从打大仗转变为打小仗，也就是打游击战的问题，以及把一线式战斗队形改为人字战斗队形等。

军事训练以教导队作试点，朱德亲自给官兵授课、讲解，亲自示范，要求十分严格。军训中，朱德提出了“有把握的仗就打，没有把握的仗就不打，不打就‘游’”的开展游击战的军事原则。在战术训练中，他把旧式疏开队形改为梯次配合，以减少密集队伍在接敌运动中受敌火力杀伤的可能性；把旧式的一字散兵线改为弧形和纵深配备的散兵群，以构成阵前纵深的和交叉的火力网，造成以少胜多的条件。教导队训练结束，这批学员被分派到各营担任教员，开展全面的练兵运动，有效演练避实就虚、机动灵活的游击战术和创新的战斗队形。经过军训，大大提高了指战员的战术水平和部队的战斗力。

12 月底，朱德与毛泽东派来的代表何长工取得联系。此前，毛泽东自秋收起义把部队带上井冈山后，一直关注着周恩来、朱德等人的消息，并于 10 月 5 日派何长工去打听南昌起义军的下落，到粤北联系革命力量。经过两个多月的辗转跋涉，何长工终于到达韶关。在获悉朱德部驻扎在犁铺头后，何长工连夜赶到与朱德、陈毅、王尔琢等同志会面。何长工向朱德报告了毛泽东上井冈山的情况和他这次受命下山的经历；朱德也谈了部队南下的经过和前段已派毛泽覃到井冈山找毛泽东的详情。

1928 年元旦，朱德突然接到范石生秘书杨昌龄送来的密信，要朱德率部速离犁铺头，自谋出路。面对如此情况，朱德立即召集部队负责人陈毅、王尔琢、蔡协民和北江特委的同志开会，商量对策。会议决定根据中央指示，打算前往东江与广州起义部队会合。

1 月 2 日晚，朱德率部以野外演习为名，离开犁铺头，冒着大雨向南雄方向进发，沿途砍倒电杆，割断电线。当部队行至周田鸡笼时，得知南雄方向有敌方鼎英部南移，便折转北上，向仁化董塘方向前进。恰好此时，乐昌的龚楚找到朱德并为朱德部队带路北上湘南。

三、朱德率起义军支持地方农民运动

1927 年 12 月 14 日，中共广东省委根据广州暴动失败后的情况，决定在北江地区成立北江农民暴动委员会，并根据朱德所率南昌起义部队在韶关的情况，以“北江因增加了这些武装，故组织暴委指挥各县暴动……”。北江农暴委以巡视员为书记，另有军中同志二人，共青团一人，工农同志五人，朱德成为北江农暴委员会委员之一。至 20 日，中共广东省委为了有利于领导北江各县暴动，决定暂时成立中共北江特委，朱德成为领导北江农暴运动的北江特委（暂时）委员之一，并参与了北江特委制定《北江暴动工作大纲》。

12 月 22 日，重阳（十三区）农会和农军拉开了暴动的序幕，首先向大沙洲下村的地主发起进攻。暴动前，欧日章同驻犁铺头的朱德部队取得了联系，朱德派了一名军官到重阳暖水和农会干部共商暴动计划。当日上午，欧日章率领重阳欧屋、水心、乐夫、青水塘等村 100 多名农军和数百农民手持步枪、鸟枪、大刀和锄头等，与前来支援的朱德部队的一连官兵会合，组成一支浩浩荡荡的暴动队伍，包围了大沙洲下村，向该村的地主武装突然发起进攻。这个村的地主武装惊慌失措，不堪一击，只抵挡了一阵子便垮了，土豪劣绅逃的逃，躲的躲，暴动农民攻占该村。战斗中打死地主 1 人，俘虏 5 人，其中朱亚富等 4 个平日鱼肉乡民，杀戮农军家属的反动分子被愤怒的农军处决了。暴动农民烧毁了地主房屋，没收了地主耕牛 36 头，谷米 7000 多斤，其他财物一批，还缴获长枪 10 多支。对没收的粮食和财物，农军除留一部分供应自己所需外，将大部分救济穷苦农民。暴动首战告捷，农民无不欢欣鼓舞。

农民暴动沉重打击了当地的地主豪绅，使他们感到极大的恐慌，但又不甘失败，各路反动势力互相勾结，联合对付农民。12月28日上午10时左右，国民党重阳乡乡长冯佩赞和民团头子雷丰霖纠集了列村、芹村和黄沙岭等处的地主民团1000多人，围攻水心、暖水和青水塘3个村庄，向暴动的农军、农民猖狂反扑。水心村是个只有10多户、几支枪的小村，暴动的农民由于寡不敌众，坚守不久即被地主民团攻破。战斗中有5名农军和农会会员牺牲，20多人受伤，农民撤到观音山的庙子阁村。地主民团进了水心村后，大肆洗劫并将房屋烧得精光。暖水和青水塘两村被敌围困，虽然当时每村只有几十名农军，但大家毫无惧色，众志成城，奋力抵抗，始终未被敌攻破。欧日章在青水塘村一面指挥农军与敌相持，一面派农军战士欧春苟突出重围，到犁铺头请朱德部队增援。

反动头子冯佩赞和雷丰霖一连组织了4次冲锋，都被英勇的农军打退了，气得咬牙切齿，扬言“攻下青水塘，扫帚也要过三刀”。可是，时近中午，青水塘仍在农军手中，他们只好派地主朱乃昌去韶关请国民党正规军来支援。

朱乃昌在去韶关途中经过犁铺头，打听到这里驻有国民党第十六军一四〇团，于是到该部队驻地请求派兵攻打青水塘。朱德了解情况后，不露声色，即派一朱姓军官带了一个连随朱乃昌速往青水塘支援。下午4时左右，正下着小雨，部队走到青水塘对面的横岭脚时停下来，要朱乃昌标明村子的地形和民团的兵力部署，朱乃昌一一照办。正当他为自己搬来援兵，以为可向农民报复泄愤而扬扬得意之时，突然被周围几名战士结结实实地捆绑了起来。只见部队迅速发出信号，吹起冲锋号，兵分两路出其不意地向包围暖水和青水塘的民团发起猛攻。坚守在炮楼的农民见到信号知道援军来了，斗志更旺，同朱德部队里外合击，打得地主民团晕头转向，留下一具具尸体，四处逃窜。部队乘胜冒雨向芹村方向追击了一段路后，回到青水塘生火烤干了衣服，撤回犁铺头。朱乃昌做梦也没想到，他请来的是朱德部队，朱德将计就计，派兵支援农军粉碎了地主民团的猖狂反扑。这一仗，为暖水、青水塘解了围，毙敌 10 余人，伤敌百余人。这次战斗农军缴获一批武器，又得到朱德部队赠给一批枪支弹药，士气大振。①

朱德率南昌起义军余部驻扎犁铺头，推动了北江地区的革命斗争，直接支持了曲江西水暴动，间接影响了仁化暴动及其他地方的农民暴动。在犁铺头练兵期间，朱德根据以往战斗经验教训，总结出来的游击战术，为中国武装斗争的胜利作出了巨大贡献。

① 韶关市曲江区史志办公室：《中国共产党曲江县地方史》（第一卷），中共党史出版社 2007 年版，第 61 页。

第三章

建立抗日民族统一战线及人民武装

第一节 浈江的抗日活动

一、日军轰炸浈江城区

1937年7月7日卢沟桥事变后，日本侵略军对中国发起了疯狂的进攻，扬言三个月灭亡中国，并把广东作为重点侵略的地区之一。8月31日黎明，日军为达其目的，开始轰炸曲江县城韶关（今浈江城区），居民毫无戒备，伤亡147人，炸毁房屋数十间。

此后，日军飞机经常在韶城及周边地区狂轰滥炸。至1938年4月3日止，七个月时间轰炸韶城17次，每次有10～29架次，共计投弹314枚，居民伤亡209人，炸沉河船6艘，炸毁店户355间。[①] 此外，1938年7月23日，多架日机再次轰炸韶城，炸弹命中关帝楼，当场炸死炸伤200余人。1940年8月29日，日军再次出动飞机66架，分9批次重点轰炸韶关市区，炸毁火车站附近和南门等地房屋数十间。[②] 1941年9月6日，日机多架空袭韶关市区，西门关帝庙楼被炸，在楼内外避难的市民当场被炸死炸伤100多人。11月31日，日机空袭韶关市区及火车站一带，焚毁铺

① 韶关市地方志编纂委员会：《韶关市志》，中华书局2001年版，大事记第56页。

② 韶关市地方志编纂委员会：《韶关市志》，中华书局2001年版，大事记第10页。

屋70余间，船1艘，死30余人，伤7人。[①] 1943年1月5日，20多架日机空袭韶关，浈江境内的风度路、武江境内的黄田坝一带同时被炸，韶城一片火海，被焚商店和民房2500多间，炸死73人，伤90余人，灾民数万人。[②]

侵华日军的暴行，给城乡人民生命财产造成重大损失，极大地激起了浈江人民的民族义愤，他们纷纷以实际行动，踊跃投入到抗日救亡运动中去，为挽救民族危亡而贡献自己的一份力量。

二、开展抗日救亡运动

七七事变后，中共中央决定在各地恢复和重建土地革命战争时期遭到破坏的党组织，广泛发动群众开展全民族的抗战。在国共实现第二次合作，抗日民族统一战线正式形成的背景下，浈江人民与当时全国各地人民一样，在中国共产党的领导下，建立抗日救亡团体，开展了轰轰烈烈的抗日救国运动，为抗日武装斗争打下扎实的思想基础。广大农民、工人和知识分子有着强烈的民族情感，积极参与共产党领导的抗日救亡运动。大批有志青年向往共产党，向往陕北根据地，向往延安，他们怀着高昂的爱国热情和报效祖国的决心，冲破重重阻挠和困难，积极投身抗日前线。

1938年1月，广东青年抗日先锋队成立后，浈江区境的各乡镇在共产党员的组织下，先后成立广东青年抗日先锋队组织，分别运用各种形式广泛开展抗日救亡运动，宣传中国共产党团结抗战的方针政策，唤起各阶层人民的爱国热情，积极投身抗日救国

① 韶关市地方志编纂委员会:《韶关市志》，中华书局2001年版，大事记第59页。

② 韶关市地方志编纂委员会:《韶关市志》，中华书局2001年版，大事记第60页。

活动。在开展抗日救亡运动中，广大爱国青年受到教育和锻炼，为壮大党的组织奠定了较好的基础。

同年2月初，韶关进步青年黄克西、黄克东兄弟加入中国共产党，组成了党小组。党组织指示他们在韶关物色一些青年积极分子，广泛动员和组织青年参加抗日救亡运动。

黄克西兄弟的父亲黄逸园曾任曲江商会会长，家里开一间书店，由黄逸园兄黄仙岩主管，主要出售商务印书馆出版的图书，兼售别的书籍和文具。在黄克西兄弟的建议和推动下，黄家书店大量购进生活书店、读书生活出版社、新知书店等出版的书刊，使原来以供应中小学课本为主的书店，变成了当时曲江县城里唯一出售进步书刊的书店。黄克西兄弟经常到书店站柜台，以店员身份向买书的顾客推荐新书好书，从而结识一批进步青年，组织了一个读书会，在青年中提倡读一些马列主义的启蒙书籍，如《思想方法论》《大众哲学》《政治经济学》等。同时，将书店出售的所有进步书籍都留下一本，在书店的小楼上成立一个小书库，专供熟悉的青年借阅。后来这小书库由进步青年丘林主持，扩大规模，命名为群力书社。

2月底，经过多次酝酿和发动，黄克西兄弟组织50多名青年，在曲江县立中学大礼堂成立曲江青年战时服务团，通过了该团的章程和成立宣言，选举丘林和刘白亮为正副团长。这是一个由党组织领导的抗日民族统一战线青年团体，参加人员有学生、店员、职员、医师，还有国民党部队的两三个进步青年军官。其中骨干是刘白亮、丘林、李伟卿、欧阳琦、彭娉丽、许定娟、杨文英、黄克西、黄克东。成立大会的新闻和宣言，在郭沫若任社长、夏衍任主编的《救亡日报》上刊出，给予韶关团员、青年极大的鼓舞。

曲江青年战时服务团成立后，继续组织读书会，传播马列主义基础知识，不定期组织团员举行时事讨论会，还专门学习毛泽东的《论持久战》。在进行时事讨论中，还请在国民党军队中当参谋的共青团员马彬分析战局；请在国民党军队中当军医，参加过上海保卫战和南京突围的黄燕亭介绍他的战地生活。与此同时，该团还组织小型的歌咏及话剧演出，并在街头张贴抗日标语，在韶城的影响越来越大。

曲江青年战时服务团影响力不断增强，国民党曲江县当局对其活动却横加干涉，县党部借口该团成立未经批准，是非法组织，要他们并入其领导的徒具虚名的抗战后援会，否则予以取缔。青年们在街上张贴的大幅抗日标语，转身一走开，就被国民党指派的警察撕掉，街头演出也受刁难，一些团员的家长受到县党部的“劝告”。在此情况下，曲江青年战时服务团活动了几个月后，被迫解散。

曲江青年战时服务团被迫解散后，黄克西兄弟又争取其父亲的支持，解决了部分经费和演出器材，办起武健剧社，并以其父名义在北江专员公署登记备案，以防止曲江县当局的干扰。武健剧社剧团人员是原曲江青年战时服务团的骨干，主要排演的歌曲有《大刀进行曲》《红缨枪》《丈夫去当兵》《保卫中华》等，独幕剧有《笑之春》《血祭九一八》《最后一计》等。武健剧社除在韶关演出外，还到南雄巡回演出，影响很大。后经党组织批准，武健剧社的大部分成员加入第二十四游击司令部政工队，继续抗日宣传演出。

1938 年 10 月 21 日广州沦陷后，以韶关为中心的粤北地区成为广东抗战的大后方，国民党将广东省政府及其机关、省党部、第四战区长官司令部，以及广东省绥靖公署、省保安司令部等迁来韶关，韶关成为广东省战时省会，成为全省的军事政治和经济文化的中心。

1939 年 1 月，广东青年抗日先锋队北江办事处在韶关成立，陈恩任主任。当时，中共广东省委已北迁韶关，广州的许多大中学校也纷纷北迁韶关。为了便于就近取得中共广东省委的领导，发挥抗先在领导青年运动和学生运动中的作用，同年 3 月，抗先总队部由新兴县迁到战时省会韶关，总队长邓明达，副总队长陈恩、梁嘉。韶关成为全省青年运动的中心。

抗先总队部北迁韶关后，在中共广东省委的直接领导下，先后多次召开会议，部署和领导全省的青年抗日救亡运动。一是动员、组织、武装青年积极参战，推动和帮助军队保卫华南，在敌后开展游击战争；二是团结广大青年，改善青年生活，巩固广东青年抗日统一战线；三是开展战时文化宣传，抗日救国。为贯彻省委青委会议精神，抗先总队部号召全体抗先队员“到战区去，到敌人后方去，深入农村组织和武装广大的青年，并在工作上不断学习，不断创造，在战争中使广东青年运动更向前推进!”

同年冬，国民党掀起第一次反共逆流，广东当局加紧了对广东青年运动的控制，妄图以三民主义青年团（简称“三青团”）统制和包办全省的青年运动。强迫抗先总队部发表宣言，号召全省抗先队员参加三青团，但遭到抗先总队部的一次又一次拒绝。他们又限期抗先解散，指使三青团人员强占抗先总队部，甚至扬言要逮捕或暗杀总队部负责人。面对国民党顽固派的进攻，抗先在中共广东省委的领导下与他们进行了针锋相对的斗争。

1940 年 4 月 13 日晚，国民党广东当局要抗先负责人到国民党省党部最后一次谈判。谈判中，抗先负责人黄泽成、陈恩等代表面对国民党广东当局的恐吓、威胁，据理力争，毫不屈服。谈判破裂后，国民党顽固派准备强行解散抗先组织，逮捕抗先总队部全体工作人员，并以“非常手段”对付抗先负责人。中共广东省委指示各地抗日团体，及时从组织形式和活动方法上实行大转变，其成员尽可能加入其他具有合法名义的救亡团体中去，掩护自己，积蓄力量。抗先被强行解散，从反面教育了人民，暴露了国民党广东当局消极抗战、积极反共的真面目。

此外，共产党领导的文化界人士，利用剧团、报纸杂志等宣传阵地，组织各种督导团和战地视察团，分赴战区前线进行战地鼓动，并编印小战报、小册子开展抗日救亡宣传活动，为粤北抗战救亡运动的开展作出了较大贡献。

三、统战工作蓬勃开展

浈江区境的党组织在中共广东省委、北江特委的领导下，坚决执行党中央抗日民族统一战线的方针政策，积极发展进步势力，团结争取中间势力，孤立打击顽固势力，团结一切可以团结的力量，建立广泛的抗日民族统一战线，推动全境抗日救亡运动的发展，为发展抗日武装，开展敌后斗争作出了贡献。

团结和组织广大青年。通过创办书店、书社，传播革命思想，宣传党的抗日主张，在城市和郊区等地广泛组织开展抗日救亡运动。重视学校阵地，先后安排多批党员进入学校，建立和发展党的基层组织，领导学生运动，掌握学生自治会的领导权，取得显著的成绩。日军占领韶关后，不少学校青年参加了抗日游击队，直接投身抗日武装斗争。

团结各阶层的民主进步人士。把做好民主进步人士工作作为重要任务，做到肝胆相照，把他们紧密团结在共产党的周围。陈汝棠出身中医世家，早年参加同盟会和中华革命党，曾任孙中山大本营少将军医，受共产主义思想影响，他主张抗日，反对内战，同情共产党。抗战全面爆发后组织“护干班”，接纳一批共产党员在班内工作，并开赴抗战前沿救护伤员。进步人士、曲江商会会长黄逸园，有爱国心，热心民众公益事业，在曲江商界威信很高。受其儿子、共产党员黄克东、黄克西兄弟的影响，支持成立曲江青年战时服务团开展抗日救亡活动，其家成为群力书社阅读马列书籍、讨论抗战形势的场所。当曲江青年战时服务团被国民党当局强行解散后，黄逸园主动协助其儿子筹办起武健剧社，亲自任社长，掩护地下党的活动。武健剧社演出进步话剧，对宣传和动员浈江区境的群众参加抗日救亡运动起到了很好的作用。1939 年 11 月，广东省救济委员会救济总队总队长陈汝棠，积极掩护在北郊黄塱坝秘密召开的中共广东省委第五次执委会议。会议即将结束时，省委特意安排陈汝棠到会讲话，他表示：拥护抗日民族统一战线，将抗战胜利寄希望于共产党。1940 年底，在反对国民党顽固派反共逆流的危难时刻，陈汝棠挺身而出，掩护八路军驻韶关办事处安全撤退。事后为国民党特务觉察，认为他是“亲共分子”，准备逮捕杀害他。中共北江特委及时掩护陈汝棠撤退去东江，然后转去香港，使国民党顽固派阴谋落空。陈汝棠对此十分感动，到处宣传共产党是“患难与共的朋友”，在国民党上层人士中影响很大，以后陈汝棠和共产党共同战斗终生。许崇清是教育界民主人士，同中共曲江中心县委组织部部长黄焕秋素有交往。在他任国民党第七战区编纂委员会主任期间，当地党组织派梁孝刚、李曼晖等几名中共党员进编委会，同许崇清合作，出版《新建设》《阵中文汇》《学园》等刊物，传播共产党的方针政策，坚持抗战、团结、进步。

争取国际友人的支持。1939 年秋，中共曲江中心县委决定在浈江境内的犁市、东河兴办樟脑、印刷和机器三家合作社，由地下党员邓重行负责。开办时得到国际友人路易·艾黎担任委员的中国工业合作社（简称“工合”）促进委员会的贷款资助，路易·艾黎多次前来视察二合情况，增加拨款，解决了樟脑、印刷两社扩大生产的资金困难。韶关工合的发展不仅为共产党提供了大量活动经费，而且解决了抗战时期军需民用问题，还解决了《新华南》的印刷问题，掩护了一批地下党同志。

努力争取国民党内的中间人士。浈江境内的曲江妇女联合会是公开合法的妇女组织，妇委会主任是曲江县长薛汉光的夫人丁瑾。丁瑾的政治态度属中立，不反对抗日救亡，但很少过问妇委会工作。先后在县妇委会任总干事的共产党员杨行和冯娱修，对丁瑾采取尊重的态度，工作向她汇报，公开应酬请她参加，互相友好相处。共产党提出的工作计划，都能得到丁瑾的支持。省银行地下党小组，对该行的上层人士也做了许多工作，党员邓筠、施琦主动同稽查关士敏、农贷部高级职员林协文、经理陈同白交往，争取他们支持青年的活动。行长顾翊群的女儿顾以侠爱弹钢琴，地下党员常到她家一起练唱抗战救亡歌曲，谈抗战形势，进而影响顾翊群。当时，虽然国民党防共反共活动逐步增多，但顾翊群仍然比较开明，对该行青年参加抗先队的演出、联欢及办识字班等抗日救亡活动表示同情支持。

孤立、分化、打击顽固势力。浈江区境的党组织在开展抗日救亡活动时，经常受到顽固势力的污蔑、阻挠和破坏。共产党员和众多进步人士与其进行有理、有利、有节的斗争。比如曲江青年战时服务团的团员上街张贴抗日标语，国民党曲江当局派警察干涉，禁止张贴，青年们同警察理论“抗日救国人人有责，为什么不准我们贴抗日标语?”警察被质问得哑口无言，在群众中输了理。标语被撕，青年们再贴，而且贴得更高，使警察垫着凳子也撕不着，无可奈何。

开展反对三青团渗入和统制青年运动的斗争。在反共逆流到来的时候，韶关当局一方面压制、取缔青年抗日团体，另一方面加强三青团对各机关、团体，尤其是学校的渗透活动，搞所谓限制异党活动，监视、盯梢、搜查甚至拘捕进步青年，企图打击共产党在群众团体、学校的力量，达到以三青团统制青年运动的目的。对国民党顽固派的倒行逆施，浈江区境中共组织在上级党委领导下，与其进行了针锋相对的斗争。其中，在一些党员较多、进步力量较强的单位采取各种方式进行抵制，教育青年拒绝加入三青团；在反动力量较强的单位，为了避免地下党员、地下组织暴露，保护党的力量，则选派一些骨干打入三青团任职，掌握该组织的领导权，随时掌握三青团的阴谋活动。同时，对经组织批准加入三青团的党员，经常进行革命思想、组织观念和革命气节的教育，促使他们保持共产党员本色。

学校是三青团渗透统制的重点。当国民党当局强迫韶州师范所有学生都要参加三青团时，遭到共产党员学生的反对。特委领导从避免暴露共产党员身份，保护共产党在学校的力量考虑，指示学校党支部可以同三青团虚与委蛇，但不参加三青团的活动。在举行集体参加三青团的宣誓仪式时，学校的反动骨干从课室、宿舍甚至厕所，把一个个同学都赶了出来。共产党员学生和进步同学一道，利用集队站立稍息的机会，故意用脚频频重擦场地，发出沙沙声，干扰会场上讲话。三青团搞活动，共产党员学生和进步学生就以歌咏队要唱歌排练等各种借口不去参加。反动骨干对这些学生的抵制恨之入骨，常常派出军训教官借故搜查宿舍，尤其是女生宿舍。由于共产党员早有觉察，所有进步读物都没藏在校内，查来查去，终一无所获。他们明知部分学生在唱对台戏，但没有证据，也无可奈何。在曲江中学，中共地方组织派了一些党员打入三青团。其中，教务主任陈克勤（陈祥，中共后北江特委书记）担任学校三青团区队长，罗杰林（中共党员）和进步学生罗拔群任副区队长，使学校三青团的领导权完全掌握在地下党员的手里。仲元中学地下党组织对三青团在该校的渗透进行了有理、有利、有节的斗争和抵制。1942 年春，省党部和市三青团的反动分子郑彦芬、李国俊来仲元中学视察，成立三青团区队部，并强迫学生加入。该校中共支部发动和串连学生，以喜爱科学，主张科学救国，要集中精力学好功课为理由，抵制参加三青团，使学校反动骨干十分被动。

四、中共粤北省委进驻浈江

1940 年 12 月，根据中共中央和南方局“隐蔽精干，长期埋伏，积蓄力量，以待时机”的指示，中共广东省委在始兴红围召开会议，宣布撤销广东省委，成立中共粤北省委和粤南省委，直属南方工委领导。粤北省委先由张文彬任书记，饶卫华任组织部部长，黄会斋（黄康）任宣传部部长，饶彰风任统战部部长，陈能兴任青年部部长，严重（陈志华）任秘书长。赣南特委归属粤北省委领导。为了填补乐昌南部党组织活动的空白，1940 年冬，粤北省委在乐昌设立了一个工作点，并成立了中共乐昌儿童教养院支部，支部直接受粤北省委的领导。是年，粤北省委在乐昌县城举办了两期党员学习班，省委青年部部长陈能兴、副部长张江明等指导了培训班的工作。党员学习班的开设，对提高基层党员骨干的思想觉悟和工作能力起了很好的作用。此外，粤北省委书记李大林还经常到乐昌检查指导工作。粤北省委在乐昌的活动，打开了乐昌南部地区党组织的工作局面，进一步促进了乐昌抗日救亡运动的发展，并为乐昌解放战争时期党组织力量的不断壮大奠定了基础。

1940 年 11 月，中共南方工作委员会成立，李大林接任中共粤北省委书记，并迁省委机关到韶关五里亭牛头冲民房，原韶州师范学校林场、北江畜牧场（今浈江区十里亭镇五里亭村良村公路 30 号）。粤北省委迁驻五里亭后，要求各级党组织坚决贯彻执行中共中央“隐蔽精干，长期埋伏，积蓄力量，以待时机”的方针，采取紧急措施进行应对：将已暴露和可能暴露的党员和进步青年迅速调离；对有条件能确保安全的党员则留下，以保根基；疏散时对党员分别进行审查，以纯洁党的组织，并分散组织学习，使党员和进步青年认清形势，明确对策，增强党的组织性，提高政治警惕性，严守纪律。

改变抗日救亡运动的方式，把大张旗鼓的游行示威等公开活动，改为小集会、读书会、座谈会、歌咏会、谈心的方式；领导中山大学师生积极开展抗日救亡和宣传活动；进行党员轮训，提高基层党员骨干的思想觉悟和工作能力；经常到乐昌等地检查指导工作，进一步促进基层抗日救亡运动的发展。在粤北省委的正确领导下，浈江区境党组织利用文艺、学术活动等形式，组织抗日救亡文艺宣传队经常到各地区开展抗日救亡宣传活动，通过广泛宣传，完成了抗日战争的思想动员、军事训练、兵员补充、粮草及武器弹药准备等重要工作，保障了全省抗日活动的顺利开展。

大力开展统一战线工作，加强和国民党内部及社会开明人士联系，宣传抗日形势，加强爱国主义教育，赞扬他们在抗战中的功绩，帮助开明人士排忧解难，利用统战人士的一切有利条件为共产党工作，患难与共，肝胆相照；领导工农组织和青年、妇女工作，增强共产党领导下的抗日武装力量，并揭露敌伪的阴谋；领导中山大学党组织，利用文艺、学术活动等形式，提高青年学生的思想觉悟，如文学院的岭风文艺社、法学院的坝上、师范学院的文艺研究社和春雷、农学院的绿野等文艺团体和刊物对团结教育青年学生起到了很好的作用；组织歌咏团、剧团、同乡会、班会、级会等，宣传共产党的正确主张，团结广大青年学生，较好地促进了党的工作；组织抗日救亡文艺宣传队经常到基层开展广泛的抗日救亡运动宣传，激发人民群众的抗日爱国热忱；同时举行献金运动，支援抗日救国。

1941 年 1 月，国民党顽固派掀起了第二次反共高潮，广东当局也加紧对共产党组织和进步人士进行迫害，抗日民族统一战线面临着前所未有的严峻考验。5 月，广东省委机关刊物《新华南》被国民党广东当局查封，被迫停刊。6 月，赣南特委领导的锄奸队遭到国民党军队的疯狂追捕，有二三十人的锄奸队被打散，只剩下 8 个人，无法在赣南立足，在赣南特委书记刘建华的带领下，隐蔽在南雄县委驻地古坑村。粤北省委指示南雄县委将他们安全地护送到韶关城区，并安排他们的工作。

中共粤北省委迁驻五里亭期间，国民党顽固派千方百计布下搜捕网络，阴谋破坏共产党的各级组织；敌伪结盟分工进行反共活动，在居民中采取“五人联保”，“互监互保”，严格监视，跟踪追捕“嫌疑犯”；强行解散青年抗日先锋队和战时工作队；取消各个进步团体；拘留华侨回乡服务团成员，严禁宣传共产党的政策和主张；在机关中强令青年加入三青团、国民党；特务伪装进步人士，企图混入共产党内部进行破坏活动。针对这些情况，粤北省委采取一系列细致的政治工作和各项应对措施，彻底打破了国民党扬言要一网打尽共产党的阴谋，粤北省委及各级党组织更加稳固。是年，中共南方工委在梅县大埔召开共同应对反共逆流的会议时，一致认为粤北是南方五省在反共逆流中贯彻执行中央方针最好的地区。

同年 7 月 15 日，中共江西省委书记谢育才及夫人在吉安遭国民党特务秘密逮捕。国民党特务对谢育才几经诱降失败后，假借谢的名义写信给江西省委代理书记颜福华，让他来吉安商讨工作，颜福华到吉安后即遭逮捕，不久叛变投敌，成为参与破坏中共粤北省委和南委活动的祸首之一。颜福华被捕后，江西省委电台遭破坏，省委机关和电台全体工作人员均被捕叛变。特务控制了原江西省委电台，对外严密封锁消息，南委在大半年时间内，对此毫不知情。

国民党特务破坏江西省委后，又策划破坏南方工委及其下属党组织。利用叛徒以原江西省委电台与南委电台联系，骗取了南方工委的信任。1942 年 4 月，南委在不知江西省委已遭破坏的情况下，通知江西省委派人到曲江联系。通知发出后，南委派组织部部长郭潜赴曲江与江西省委来人接头。国民党统调室特务得到这一消息后，千方百计诱迫谢育才秘密叛变与郭潜接头。谢育才发现特务利用江西省委电台与南委联系，意识到南委将受到破坏。为争取出狱向南委报告，他填写了“自首书”，特务于是将其夫妇改为软禁。4 月 29 日深夜，谢育才夫妇趁看守不备，抛弃自己未满周岁的孩子，越窗逃跑，并于 5 月 22 日来到南委交通站所在地（福建省平和县）报告。南委立即给在曲江的郭潜发电报，要求其立即撤离。5 月 26 日，郭潜接到电报后，没有及时译读密码电报，反而外出吃饭，在韶关花园酒家被叛徒孔昭新（原江西省委工作人员）、罗卓明（原江西省委交通员）引领的特务逮捕。

郭潜被捕当晚，特务将他禁闭在韶城的“基庐”里进行突击审讯。郭潜经不起敌人的威逼利诱，叛变投降，并于 27 日凌晨引领国民党特务，到韶关北郊五里亭韶州师范林场粤北省委书记李大林家中，抓走了李大林夫妇、李大林弟妹、译电员、保姆等人。当天早上，当敌人从李家出来路经五里亭火车站时，正巧和刚从东江老隆巡视工作回来的粤北省委组织部部长饶卫华相遇，由于叛徒郭潜的指认，饶卫华也被捕了。5 月 30 日，由于郭潜的出卖，当时正在乐昌的八路军驻香港办事处主任廖承志被秘密逮捕。这就是国民党顽固派制造的“粤北省委事件”。

“粤北省委事件”后，中共粤北组织在中央、南方局的正确指导下，采取了一系列紧急措施，有效地制止了事态的进一步扩大，保护了各级党组织和广大党员干部。

“粤北省委事件”发生第二天，粤北省委秘书长严重迅速采取了紧急措施：一是立即派人分别通知各部和有关同志转移隐蔽；二是通过省委电台电告南委和中共南方工委书记方方；三是向中共中央南方局书记周恩来报告粤北省委被破坏的情况，请示应变办法。按照紧急部署，省委各部负责人饶彰风、黄康、李殷丹、陈能兴、张江明等及省委电台和下属组织的工作人员，分别向东江、粤中、西江、桂林撤退隐蔽，省委秘书长严重则留在韶关城区做善后工作，李守纯也继续留在韶关东河坝，魏南金疏散去观坝水口小学，周锦照转移到黄田坝的亲戚处暂时隐蔽；袁鸿飞则停学暂回始兴风度小学，以加强始兴党组织的领导。粤北省委机关转移后，特委的工作照常进行，但不集中开会，而是采取个别接头交换意见。

南方局和周恩来获悉粤北省委被破坏的消息后，即电告中共中央，同时连续电示南委和广东各党组织采取紧急措施：安全第一，防止事态扩大；南委书记方方立即停止工作，转移到安全地区；南委所属各地党组织，必须继续贯彻“隐蔽精干，长期埋伏，积蓄力量，以待时机”的方针，坚决彻底地将一切已暴露的干部撤退到游击区，其余干部找社会职业做掩护；割断已暴露地区的组织关系；除沦陷区外，暂停组织活动；党员以群众身份实行勤业、勤学、勤交友的“三勤”活动；重新建立交通，立即斩断与上层的公开关系；从事武装斗争的干部，不能同时领导秘密党组织，做秘密工作的干部，不能同时领导武装斗争。8 月，南方局电示东江军政委员会主任尹林平，再次强调：除敌占区、游击区党组织照常活动外，国民党统治区内党组织一律暂时停止活动，何时恢复活动，等待中央指示。

指示下达后，各地党组织迅速传达与贯彻。原粤北省委党组织由严重、陈能兴、张江明、王炎光、欧新和各特委负责人分别到粤中、北江、西江和湛江等地传达贯彻，认真做好安全转移和隐蔽工作。北江的党组织除前北江特委黄松坚因工作需要在英德隐蔽，并保留在广州等沦陷区的特派员外，后北江特委特派员李守纯及其他领导成员先后转移到西江、广西等地，各级党组织均相继停止活动。

这期间，浈江区境的共产党员在隐蔽埋伏的过程中，实行职业化、社会化、合法化，认真开展勤业、勤学、勤交友的“三勤”活动，努力学习，积极工作，广交朋友，团结群众，努力保持共产党人的本色。这样，在复杂的社会环境和艰难的条件下，党组织和党员不仅能保存下来，而且得到了巩固和发展，并在人民群众中深深扎根，成为党领导人民取得抗日战争和民主革命胜利的重要保证。

五、中共北江特委与曲江县委

1939 年夏，中共广东省委为贯彻党的全面抗战路线，决定加快党组织恢复与建设进程，故于 1939 年 7 月在韶关恢复成立中共北江特委，接着进行以组织建设为中心的党的地方建设工作。主要是以毛泽东关于抗战的理论、路线、方针武装党员，发展组织，增强战斗力。1940 年 12 月成立粤北省委后，将中共北江特委划分为前北江特委和后北江特委。前北江特委书记黄松坚，组织部部长王炎光，宣传部部长邓楚白，青年部部长张江明，负责领导沦陷区和前线地区的英德、清远、佛冈、翁源、从化、花县、四会、南海、三水、番禺以及广州部分地方的党组织。后北江特委的办公地址设在宏仁善堂，负责领导国统区曲江、乐昌、连县、阳山、连山、乳源、南雄、始兴等县的党组织。由陈祥任书记，岑振雄任组织部部长，黄焕秋任宣传部部长，吴震乾由组织安排回中山大学复学。不久，因岑振雄党员身份暴露，撤退去香港，特委的组织工作暂由黄焕秋兼管。后来，上级派李守纯任后北江特委组织部部长，周薇雨任妇女部部长。特委还设有组织员协助特委同各条战线的组织联系，组织员有林西平、容兆麟、冯娱修和陈玲等。中共后北江特委成立，同时撤销中共曲江中心县委，原来由曲江中心县委领导的党组织，改由后北江特委直接领导。

中共后北江特委依照粤北省委的部署，在做好党组织发展工作的同时，加强对党员进行形势教育、革命气节教育以及秘密工作的教育，并开展党员的审查工作，对已暴露的干部进行调动、撤退或转移。同时举办形式多样的党员干部培训班，提高党员的政治水平和阶级觉悟，增强革命意志的坚定性，这对巩固后北江特委各级党组织起了重大作用。中共后北江特委加强对学校工作的领导，团结广大青年学生，广泛开展抗日文艺宣传和抵制三青团的渗透，同时做了几件重要工作：一是国民党顽固派密令逮捕和杀害时任广东省救济委员会救济总队总队长、爱国民主人士陈汝棠，企图以此恐吓爱国民主人士，打击抗日进步力量。中共后北江特委获此情报后，于 1940 年冬及时通知陈汝棠隐蔽起来，并安排地下党员列健行秘密安全地护送他去东江纵队，使敌人阴谋落空。二是调派党员梁静山、容兆麟、李端生等 4 位同志赴广西桂越边地区开展革命工作，支持越南的解放事业。三是协助中共粤北省委，成功营救被关押在韶关芙蓉山监狱的东江华侨服务团博罗队 23 名队员。四是先后举办了两期支部书记培训班和多期新党员培训班，提高党员的素质。

1939 年 6 月恢复中共曲江县委。同年 7 月，中共曲江县委改由中共北江特委领导，机关设在曲江县城韶关。为了便于开展工作，中共曲江县委在县城韶关设有 3 个地下交通站，主要用于传递文件、秘密联络以及安置过往韶关同志的临时食宿。这 3 个交通站分别是位于风度中路的五四书店、省民众教育馆（由李端生负责）和位于民生路尾的韶州师范学校办事处。县委碰头开会多数在五里亭韶州师范学校农场黄焕秋的住所。

同年10月，中共广东省委为了加强对曲江邻近的乳源、乐昌和仁化三个县党的工作的领导，决定将中共曲江县委改为中共曲江中心县委，负责领导曲江、乳源、乐昌和仁化四县党组织的恢复和发展工作，并积极开展抗日救亡运动。中共曲江中心县委由岑振雄任书记，黄焕秋任组织部部长，吴震乾任宣传部部长（1940年初到任），张尚琼调离。

在此期间，中共曲江中心县委的主要工作：（一）支持许崇清开展第七战区编纂委员会工作。先后派党员梁孝刚、梁谓容、李曼晖、刘远等到编委会工作，出版《新建设》《阵中文汇》《学园》，支持林励儒主编《教育新时代》。这四个刊物宣传进步思想，坚持抗战，坚持团结，坚持进步，传播党的方针政策，在广东乃至中南几省都有很大影响。（二）安排一部分党员到中山大学任教或复学，在学生中开展工作。（三）有计划地安排一批青年报考省立女子师范、韶州师范、仲元中学、庚戌中学、曲江中学等学校，在这些学校建立地下党支部，开展学生运动。（四）安排部分党员到城乡中小学教书，占领学校阵地，作为联系农村的桥梁，着手开辟农村工作。同时派党员梁静山到曲江县教育科任督学，了解和掌握全县中小学的情况。（五）加强对党员的政治思想教育、抗战方针政策教育和革命气节教育。中共曲江中心县委先后在韶关郊区若合村、曲江县妇委会等地办过三期党员干部和新党员训练班，培训20多人。同时出版油印刊物《点滴》作为党员读物，着重学习党的基本知识、党的方针，转载《新华日报》的重要社论。在1940年国民党顽固派掀起反共高潮时，《点滴》刊物着重对党员进行革命气节和秘密工作的教育。

六、浈江境内中共基层组织

抗日战争期间，浈江境内中共基层组织主要有省妇委会中共总支部、曲江工合印刷社中共支部、省女师中共支部、中共曲江中学总支部等 12 个支部（总支、特支），还有不少党员分布在国民党机关、农村中小学，共有党员 130 多人。这些中共基层组织和共产党员，运用各种形式广泛开展抗日救亡运动，宣传中国共产党团结抗战的方针政策，唤起各阶层人民的爱国热情，积极投身抗战，并在开展抗日救亡运动中壮大党的组织。

（一）广东省妇委会中共组织。1939 年初，国民党在韶关成立广东省新生活运动促进会妇女工作委员会，由省政府主席李汉魂的夫人吴菊芳任主任委员，中共广东省委一度派区梦觉等一批女共产党员以进步分子的身份进入省妇委会工作，并于同年 6 月成立了一个中共小组。1940 年夏，省妇委会建立了中共妇女支部委员会，书记杨衡芬（杨行）兼统战委员，宣传委员关景霞兼妇女生产工作团支部书记，组织委员冯娱修兼曲江县妇委会支部书记。

此后，省妇委会的中共党员不断增多，于 1940 年 5 月成立省妇委会中共总支部，杨衡芬任总支书记并负责统战工作，关景霞负责总支宣传工作兼妇女生产工作团支部书记，冯娱修负责总支组织工作兼曲江妇委会支部书记。省妇委会在韶期间，先后有 60 多名中共党员在此工作过。其中，曲江妇委会支部有党员杨衡芬、冯娱修、叶婉香、黄惠芳、骆灼桃、林毅、刘德容、陈妙慈、麦曼英、程佩贞、江丽华、蔡绍文、苏少芝，后来又发展杨佩云等 4 人入党。妇女生产工作团支部有党员关景霞、刘凤岐、张馥茵、史润如等。省妇委会中共总支部每隔 10 天左右召开一次支委会研究工作，中共北江特委领导经常参加，黄焕秋还帮助该总支部举办党训班，分析政治斗争形势。

（二）第七战区编纂部中共组织。1939 年 9 月，第四战区长官部编纂部在浈江区境河边厂成立，1940 年 5 月改为第七战区编纂部，负责战区宣传刊物的编纂出版工作，中共党员左恭、杨晦担任编委会委员，1942 年初，中共党员张铁生通过进步将领赵一肩的介绍担任编委会少将委员，主持编委会工作。在左恭、杨晦、张铁生等人的推荐和介绍下，一批中共党员和进步人士先后进入编委会工作，占编委会成员的三分之二。该会的中共党员分属三个组织：一部分属广东省委宣传部，一部分属后北江特委，一部分属南方局桂林统战工委。

（三）省立韶州师范中共支部。韶州师范是广东省的知名学校，建校初期的地址在韶关峰前街。1937 年秋为了避免日机轰炸，将校址迁到马坝，一年半后又搬到仁化水南乡，1946 年 2 月又搬回峰前街。抗日战争时期，韶州师范校长黄焕福是中共曲江县委组织部部长黄焕秋的兄弟，党组织利用这层关系，把党员和进步师生安排进学校，开展学生运动。1939 年由党组织安排进入韶州师范的共产党员、青年抗日先锋队员和第十二集团军政工队员有二三十人。其中有吴广卓、陈志良、吴群卓、李康益、刘铿、庞志芳等中共党员，成立了学生党支部，吴群卓任书记。1940 年 4 月，留日京都大学学生、在马坝党训班受过培训的李仲才，以特派员的身份由组织安排进入韶州师范当英文教师，领导学生党支部。不久，郭帼英、许足成、张国华、黄海青、邓玉芳、许华、郭秉寿、江月婵、关禧照、陈宜景、林铭勋、梁天培、熊东祥等一批共产党员也先后进了韶州师范，还发展了国文教师虞泽甫入党。起初是一个党支部，后来分成男生女生两个党支部：男生党支部书记吴广卓，宣传委员关禧照，组织委员李康益；女生党支部书记郭帼英、许足成（后），宣传委员陈志良，组织委员许足成。虞泽甫负责男生党支部，李仲才负责女生党支部。韶州师范的地下党组织与上级单线联系，开始是黄焕秋，1941 年秋后改由李守纯联系。两个党支部后来还吸收了何虹、刘春碧、唐北雁、邓克留、陈汉威、邓乃炯、魏宏毅、黄振东等入党。这些党员成了进步师生中的坚强核心。依照中共后北江特委的指示，学生党支部努力争取学生会的领导权，抵制三青团的渗透，组织干社、读书会、歌咏队等外围进步组织开展活动，还利用寒暑假下乡进行抗日救亡巡回宣传演出。

（四）中共曲江中学总支部。曲江中学是一所规模不大的初级中学，坐落在浈江东郊黄浪水旁。1940 年下半年，学校增办高中一年级，中共曲江中心县委安排党员罗培才和罗圣伦进入学校读高一。1941 年春，党组织又通过学校教务主任罗博伦（进步人士）安排了中共后北江特委书记陈祥（陈克勤）到曲江中学担任数学老师，同时吸收了学生李适存、黄国环入党，恢复了罗杰林的组织关系，曲江中学党组织由陈祥就近联系。暑假期间，罗培才、黄国环参加了中共后北江特委举办的党训班。1941 年下学期，中共粤北省委组织部部长饶卫华（饶益初）由组织安排进入曲江中学任地理教师，党员陈慈照（陈超）任训育主任，翁源和英德的党员学生林奕龙、吴梅初、吴展初、张卓寰、张炜枢、卢兴周也同时进入学校读高一，党员人数大大增加，并成立了学生党支部，书记罗圣伦，组织委员张炜枢，宣传委员罗培才。

1942 年春，陈祥和饶卫华先后调离学校，曲江中学学生党支部改由后北江特委青年部部长袁鸿飞联系。同年 3 月，党支部吸收了初中学生范家祥、范兰胜、韩其元、柳添祥 4 人入党。党支部利用清明节学校放假的机会在韶关圣堂巷李适存亲戚家里举办了新党员培训班，学习党的知识。4 月，成立初中学生党支部，书记李适存，组织委员黄国环，宣传委员范兰胜。为了统一对学校高中、初中学生两个党支部的领导，不久成立了中共曲江中学总支部，书记罗圣伦，组织委员张炜枢，宣传委员张卓寰。

1940 年下半年至 1942 年 5 月，曲江中学党组织主要做了几件工作：一是发展学生党员 6 名，新党员全部参加培训；二是掩护了中共后北江特委书记陈祥、粤北省委组织部部长饶卫华等领导；三是团结同学，处处起模范带头作用，掌握学校学生会和班会领导权；四是经组织批准派党员打入学校三青团任职，从而控制学校三青团的活动，掩护党员。

（五）中共仲元中学支部。仲元中学是为了纪念北伐战争国民党粤北将领邓仲元而开办的。广州沦陷后，仲元中学于 1939 年秋迁到浈江区境南郊鹤冲乡复课。同年冬，日军进犯粤北，仲元中学搬去连县星子。1940 年 1 月，仲元中学又迁回韶关。校长是邓仲元的弟弟邓仲来，董事长是国民党第十二集团军司令长官余汉谋。仲元中学是一所国民党控制很严的学校。中共曲江中心县委有计划地派党员进入仲元中学，发展进步力量，开展学运。1940 年 9 月在仲元中学建立了学生党支部，书记梁敏儿，支委刘渥丹和吴梅初，有党员凌宝惠、郑江萍、谢绍武、黄达诚、黄达强。支部由中共曲江中心县委黄焕秋直接领导。仲元中学支部遵照上级党组织的指示，开展各种进步活动，宣传共产党坚持抗日、团结、进步的方针，团结广大同学并吸收其中先进分子入党。1941 年 3—10 月，先后吸收吴群敢、黄杰文、唐绍洵、孔绍棠、杨家述、李建熹等入党。谢绍武、凌宝惠、孔绍棠、黄杰文先后参加了中共后北江特委举办的党训班。1941 年夏，该校中共支部组织党员在学校附近的长乐村学习党的文件和马列主义著作。同时还组织党员和进步同学掌握学生自治会和各班会的领导权，不断揭露国民党顽固派消极抗日、积极反共、投降分裂的阴谋，揭露和反对校内以军训教官、三青团骨干为主的反动势力对学生的控制和压迫。在国民党顽固派掀起反共逆流、政治形势恶化的形势下，1942 年初，中共后北江特委对仲元中学的党员作了必要的调动，除留下刘渥丹、梁敏儿、凌宝惠、孔绍棠、黄达强等坚持外，其余党员转学、升学或撤退。

（六）曲江工业合作事务所中共组织。1939 年秋，设在江西赣州的中国工业合作协会东南办事处派苏俊来韶关筹办工业合作事务所，中共广东省委派邓重行等参加筹办工作。先办起印刷、樟脑、机器等工业生产合作社，11 月正式成立曲江工业合作事务所，叶荣健、柳休先后任主任，中共派出一批党员进入工合工作，其中，粤北省委秘书长严重（化名张家福），统战部部长饶彰风（化名黄德庆）以在樟脑合作社的职业作掩护进行党的领导工作。印刷社中共支部的负责人有黄炳、程曼等人。曲江工合先后由中共曲江县委、广东省委、后北江特委、粤北省委领导。

曲江工合组织成立后，分别在韶城、犁市、东河兴办了樟脑、印刷、机器三家合作社。到 1941 年底，除上述三所外，还有包括油墨、营造、肥皂、制革、电镀、卷烟、榨油、纺织、食品等十余所工业合作社。这些合作社大部分分布在韶关城区、西河、东河、五里亭、十里亭等地。1942 年开始向乡镇发展，至 1943 年有二十多所，分别有樟脑社、机器社、锯木社、制鞋（皮革）社、家具社、缝纫社、工艺社、砖瓦社、营造社等十余所。另外在城区还分布有各合作社生产、销售门店二十余间。这些工合组织不仅是战时省会在粤北开展实业救亡的主要实体组织之一，同时也是中共广东省委开展抗战救亡运动的主要经济支柱之一。1940 年 8 月，韶关工合组织的各合作社经营开始盈利，并按月从盈利中提取部分利润，交给中共广东省委开展抗日救亡工作。仅樟脑社，就每月从盈利中拨付一万至二万元给中共广东省委，盈余利润则用于扩大再生产，并归还工合总部的借贷款。

1941年，樟脑社工厂增盈，收入颇丰，在扩大再生产的同时，还拿出部分资金用于改善工人居住条件、增加社员伙食费，并向工人发放零用钱。是年，樟脑社还向中共广东省委支付了数笔临时费用，其中一笔是解救在港文化人士费用三万元；又为中共前北江特委建立经济据点、开展敌后游击战提供经费五万元等。此外，韶关工合组织还协助战时广东省救亡赈济委员会，开展难童、难民救济工作，除不遗余力大量解决到韶的难民及失业人员的工作外，并在包括粤东等地，举办工合组织合作社，以解决沦陷区城乡周边地区的广大失业工人、农民的生活和就业问题，为粤北抗战活动的开展作出了巨大贡献。

此外，在浈江区境犁市沙园的儿童教养院有党员许侃，曲江邮电局有党员卢辑坤，犁市小学有党员谭富，国民党军政部二十三补训处汽车连有党员列健行。这些党员以社会职业做掩护，隐蔽埋伏，以待时机开展革命活动。

1941年秋冬，中共后北江特委改为特派员制，领导成员作了调整。陈祥、黄焕秋、周薇雨调离，周锦照、魏南金、袁鸿飞和徐侠梅先后调入。调整后，中共后北江特派员李守纯，副特派员兼组织部部长魏南金，青年部部长袁鸿飞，妇女部部长徐侠梅，组织干事周锦照。特委机关设在韶关北郊。上级党组织同特委联系人是中共粤北省委宣传部部长黄康。李守纯住在浈江东河坝，无固定职业，特委分工他主要负责联系在曲江的妇委会、省女师、仲元中学、志锐中学、马乌特支，以及仁化的韶州师范等单位的党组织。魏南金和周锦照两人以小商人的身份同住黄塱坝林屋村农民林九的家里。魏南金分工主要联系南雄、始兴等地党组织，周锦照分工联系连县、连山、阳山等地党组织。袁鸿飞住浈江东河坝，他以读国民大学新闻专修班作掩护，负责联系曲江中学、暂二军（广东挺进纵队和保安部队组成的国民革命军暂编第2

军）、艺宣队以及工合中的党组织。徐侠梅分工主要联系妇女团体党组织。

1944 年 6 月 22 日，国民党顽固派韶关当局制造了破坏韶关工合系统党组织的严重事件。中共后北江特派员李守纯，樟脑合作社邓重行、李福海、何灼，印刷合作社经理李骥和唐明，装订合作社的杨文晃、梁英夫妇，大成印刷厂的朱湛德等 10 多人被捕。同时被捕的还有李守纯的妻子陈志良。被捕的同志开始被关押在韶关“基庐”监狱，之后转押到南雄监狱。在敌人的严刑拷打和残酷折磨下，老工人何灼和共产党员李守纯、李骥在狱中牺牲。经党组织和亲属的营救，一部分被捕的同志得以出狱。1945 年 3 月 4 日，被关押在南雄监狱的共产党员和进步青年邓重行、谈星、赵淮生、张乃钦、陆素等 12 人越狱后到始兴风度学校找到党组织，然后安全转移到驻英德的中共北江特委路东工委。

第二节 浈江的抗战烽火

一、党领导的浈江人民抗日武装

1945年1月，日军侵占浈江以南及周边乡村，并在马坝、乌石的叶屋山、清风亭、虎榜山、大坑口等地构筑据点，控制水陆交通线，培植汉奸武装，到处奸淫烧杀，无恶不作，激起了广大群众的民族义愤，他们强烈要求武装起来，打击日军，锄奸保乡。为顺应群众的要求，马坝的共产党员杨维常等人，发动群众，以苍村、演山为根据地组织起一支抗日武装；乌石的共产党员梁展如等人以鹅鼻山为依托，组织起一支抗日武装；此外还有沙溪等地抗日武装。同月底，马坝和乌石两支抗日武装到沙溪商议联合，决定把马坝抗日自卫委员会扩大为曲江联乡抗日自卫委员会。在此期间，浈江的英雄儿女们响应党的号召，积极参加党领导的曲江联乡抗日自卫委员会武装队伍，拿起武器英勇地抗击日本侵略者。

四五月间，曲江联乡抗日自卫委员会的武装归属北江支队建制，编为曲南大队，亦称曲南抗日游击队。大队长梁展如，政委杨维常，辖6个中队和2个独立小队。为便于开展工作，仍保留3个大队名义。同时，党组织从始兴和翁源调来一批共产党员，又动员浈江境内志锐中学的一批进步学生参加部队，进一步加强了部队的骨干力量。

曲南抗日游击队高举抗日保乡大旗，把打击日军，铲除汉奸作为主要任务。先后作战 20 多次，活捉日军 2 人，毙伤日军 40 多人，毙伤汉奸 10 多人，还策动了“马坝维持会”20 多人起义。

同年 6 月日军入侵韶关后，共产党员叶发青与叶剑群、叶福胜等人带领抗日自卫游击队，利用自己熟悉山势地形和群山密林的有利条件，神出鬼没地多次袭击莲花山、洋村等处的日本侵略军，弄得侵略军不得安宁。正值耕种时节，村民们的耕牛被日军宰的宰、牵的牵，农民无牛耕种，心急如焚。叶发青等人设法为群众排忧解难，急群众所急，夜深人静去摸敌营，派人去烧敌人的马棚，趁敌人救火的混乱之机，硬是把被抢去的耕牛赶了回来。在另一个月色朦胧的夜晚，叶发青等人去莲花山日军的营房里偷枪，不慎被敌发觉，叶发青急中生智，在墙角里用谷箩掩盖住自己，待敌人全部出去追击其他人时，他机智地躲过敌人，重入内屋拿一支三八枪，用投石问路的办法引开敌哨兵，当夜平安地回来了。

田螺冲大地主徐亚年家里有一挺轻机枪，准备投降日本侵略者，把机枪送去作为见面礼。叶发青获悉后，火速赶往曲江联乡抗日自卫委员会总部向杨际春、梁展如、杨维常等领导人汇报，亲自带了 10 多人去缴徐亚年的机枪，一连两晚未能得手，第三晚，才将徐亚年和机枪一起抓获，惩处了汉奸卖国贼。

1945 年夏，日军投降前夕，驻韶关的日军眼看末日来临，全部撤离韶关，乘船顺北江南下广州。叶发青所在抗日武装组织获悉敌情后，组织 100 多人分布在南郊八公里的白芒河边设伏，截击顺流而下的敌人。战斗打响后，霎时间，枪声大作，打得敌人的船队畏缩不前。日军指挥官恐全军覆没，葬身北江，让前队与我方对射，吸引我方注意力，后队则分兵用橡皮艇在七公里处强行登陆，迂回包围，抢占制高点，妄图消灭我抗日武装。叶发青等发现自己处在腹背受敌的危机情况之下，便边打边向九公里方向的山上撤退，当转移到茶子山时，叶发青突然腿部中弹负伤，血流不止。与他一起的同志发现他负伤了，要帮他背枪。叶发青坚决地说："枪是不能离手的，我死也要搏他几个。"他见自己行动不便，为了不拖累其他人，便一个人艰难地爬向茀蓬遮住的岩石里，他环视四周，觉得视野很好，是一个能发挥火力的理想阵地，于是准备与敌人决一死战。当日军前来搜山，离他很近时，他一枪一个，连续击毙了三个敌人，气得日军指挥官哇哇乱叫，下令机枪朝茀蓬里疯狂扫射。叶发青又不幸连中数弹，为抗战的胜利而牺牲。

二、城郊军民阻击日军

1945 年 1 月 3 日，日军第四十师团派遣挺进队从湖南道县出发，偷偷来到广东。日军乔装打扮成老百姓的模样，三五成群地像逃难群众一样前行，并以最快的速度占领了坪石以北至岩下桥的铁路桥和隧道，为其进而攻占韶关提供方便。

1 月 24 日凌晨 3 时，天灰蒙蒙的，地面看不大清，日军第一〇四师团（原一六一联队）一个支队来到了韶关东郊南面的莲花山脚下，击退了此处的国民党守军，随之又摸到南郊鹤冲附近。这时，中共党员叶发青带领的游击队和国民党驻军发现日军后立即进行阻击，阵地上的所有重机枪、轻机枪、步枪纷纷朝日军开火，打得日军晕头转向，抱头鼠窜。

日军支队长清水大佐是个战争狂，杀人不眨眼，只要夺取胜利，其他什么也不顾。在侵入中国几年的战争中，他总是以强者自恃，没想到在浈江莲花山下却碰上了对手。他慌张一阵之后，很快就重新组织部队进行猛烈反击。

战斗越打越烈，天大亮之后，国民党军从帽子峰的炮台上往莲花山北侧开炮，飞机场西侧的国民党军也用迫击炮、山炮向日军开炮。9 时 30 分，敌我两军短兵相接，一阵对峙之后，日军占领了高地，国民党军只好沿铁路撤退，日军在后面拼命地追，一直追到韶州火车站。在车站内，敌我双方再次展开激战，枪声、手榴弹爆炸声不绝于耳。但是，日军火力凶猛，并将“太阳旗”挂在了火车站月台的旗杆上。国民党守军几次派兵爬上旗杆要把“太阳旗”摘下，都没能如愿。上午 12 时，韶州火车站被日军占领。

日军占领韶州火车站后，准备通过曲江大桥，攻占韶关城区并嚎叫着朝曲江桥冲去。这时，桥对面的国民党军守城部队用密集的火力封锁，加之帽子峰驻军的炮火支援，一道道火网堵住了日军前进的道路。日军大队长斋滕见久攻不下，他到曲江桥头仔细察看一番后，下令暂时撤退，并命令部队向鹤冲一带集结，准备夜间在韶关南郊选择另一个地点渡河进入城区。

在浈江与武江两水汇合处有一荒滩，韶城守军在滩上筑有三个混凝土的碉堡。碉堡的位置较高，对较远一点的江面一览无余，碉堡最低的地方没有瞭望孔，碉堡跟前的一段距离成了死角无法察看。日军通过侦察，发现了这个破绽，还了解到碉堡内只有一个排的兵力驻守。他们在晚上 8 时 30 分开始偷偷渡江，爬上荒滩，摸到了碉堡的背后，也一直没有被守军发现。日军进入碉堡后，里面的守军还没来得及拿起武器，就被日军的刺刀刺死。有的士兵见势不妙，一时手足无措，只好举手投降。

晚上 11 时左右，日军另一部使用抢来的民船在浈江渡河。当日军的渡船快要抵达韶城时，城区守军才发现，他们慌忙阻击，但渡船上的日军火力更猛，反而压住了岸上的火力。城内守军见无法阻挡，急忙留下一小部分兵力掩护，其余兵力全部向城区南侧的飞机场退去。

1 月 25 日凌晨，日军乘第一艘船渡河的部队很快登岸，打退了岸上做掩护的守军，占据了有利地形，控制了河面，其他的部队在没有任何阻力的情况下就登上了岸。

与此同时，城内驻军为阻止日军进入韶关城区，及时炸断了通往城区的唯一一座大桥——曲江桥。但是，炸毁曲江桥，根本阻挡不了日军占领城区的企图。他们继续渡船运兵进入城区。而从英德向韶关进发的日军也于 1 月 25 日到达城郊的西河一带。这帮日军进入西河后，疯狂地烧杀、抢掠，无所不为，西河的土地腾起一片火焰和黑烟。

1 月 25 日夜，浈江城区驻军又炸掉了粤汉铁路横跨浈江的铁路桥。目的是阻止日军在粤北线的运输，也为阻止南下日军进入韶关增设了一道障碍。但是，日军多面夹击，炸毁铁路桥也无法阻挡他们的进攻。天还没有大亮，当城区的日军开始进攻之时，另一部分日军又占领了城区东郊的老蟹山，并用炮火控制了城区东面一带。而此时在南郊鹤冲北侧的日军用密集火力，掩护着已进入城区铁丝网附近的日军。

26 日拂晓，日军开始对韶城进行总攻。这时，日军的炮火对准城区内高层的楼房进行炮击。炮声过后，城区内的高层楼房被炸塌，到处是断墙残壁。正午过后，进攻的日军步兵已经冲入城区。他们的炮火转向了帽子峰的国民党驻军炮兵阵地，并对帽子峰炮兵阵地方向发起了猛烈的炮击。此时，城区碉堡内的驻守士兵，见日军步兵进入城区，急忙在碉堡内向敌人射击，部分日军中弹倒下。日军步兵受到碉堡里火力的攻击，他们无法从城内大街和马路上攻击前进，只能从街道两侧的房屋里往前冲；有围墙、房屋堵住的，就用手雷炸毁里面的墙壁，从炸塌后的墙洞中前进。这样的前进速度虽然缓慢，但却能持续前进。

日军缓慢进入了城区风度路。这是城内最繁华的一条街，已经被日军的炮火轰炸得七零八落。在风度路巷战过程中，国民党驻军与日军进行了一场白刃战，拼杀中倒下了许多活生生的生命。战斗坚持了一个小时左右，双方伤亡相当之大。这时，日军的第四十师先遣队中的部分兵力又从乐昌赶来，在城区北门一带参加了攻击。这样，韶关城区的东、南、西、北四面都受到了日军强烈的攻击，城内国民党驻军陷于四面楚歌之境，只有边打边撤。到天黑时，撤到了城区北门一带。

27 日清晨，日军又开始从城区出发，朝花坪境内的富国煤矿（今浈江区曲仁办事处）行进。日军到达富国煤矿后，兵分三路包围了大鹤山的矿区，战斗不到一天的时间就占领了富国煤矿。日军以富国煤矿为中心，在周围的主要山头建了 100 多个炮位。这些炮位，与犁市附近的河边厂连成一条线，全长 30 多千米，形成了一个炮阵。

三、仲中师生护校抗日

1945 年 1 月 23 日傍晚，日军从广东北面的坪石、乐昌直逼韶关城区。第二天凌晨 4 时左右，一股约 60 人的日军，在三四名汉奸的带领下，从粤汉铁路悄悄地来到湘军坟场附近（坟场与仲元中学仅隔一铁路，相距约 400 米），并向仲元中学附近的老百姓开枪射击。枪声打破了早晨的宁静。凌晨 5 时许，寒风凛冽，住校的师生听到枪声，知道情况不妙，立即从被窝中爬起，匆忙穿上衣服，准备应变。随即有人叫喊："不好了！坟场铁路附近有几十个'萝卜头'（即日军）开枪。"紧接着，仲元中学校长梁镜尧和高三年级学生张永涛、梁加林匆忙赶到学生宿舍大声叫喊："日军已到，我们不打他，他就要打死我们，大家准备战斗！"说完，梁校长率领留校的 30 余名受过军训的高中学生，一口气冲到离学生宿舍约 40 米远的军训、童子军大部队拿取枪支。当时军训、童子军大部队里，并列的几排木架上面整齐地放着比利时造七九步枪70支、子弹50箱；还有一挺标有捷克斯洛伐克造的手提ZB－26轻机枪，子弹二梭。梁校长不顾一切地冲在前面，命令学生们继续搬子弹出来。紧接着，高三年级大个子学生张永涛、梁加林等十余人，也手持步枪、手榴弹跟着梁校长弯着腰冲到篮球场，恰好和数名日军相遇，双方距离不到50米，梁校长随即卧倒、瞄准、射击，动作利索、干脆。轻机枪当即把两名日军送上西天。这时，日军急忙应战，枪声大作。持枪的同学们亦各自猫腰跑到大樟树下，凭一米直径的大樟树作掩护，找寻目标打击日军。霎时间，整个仲元中学、湘军坟场和铁路一带，各种枪声、爆炸声混作一团。张永涛个子高大，力气好，平时上军训课经常受表扬，操练动作好，打靶时亦得好成绩，在这次抗敌事件中，击毙两名日军。此时，日军不断增援，打着"太阳旗"从铁路、广韶公路两路夹攻仲元师生。梁校长打死两名日军后，在球场侧一棵小松树下更换子弹夹时，不料从40米处的校务处背后窜出两名日军射出数发子弹，一发命中梁校长的头部，梁校长壮烈牺牲。梁校长16岁的长子梁铁见父亲中弹，怒火中烧，用步枪拼命射杀日军，当场击毙日军3人，可是他一人寡不敌众，也英勇牺牲了。在这次护校斗争中，梁校长13岁次子梁元博是战时医护人员，也被日军刺至重伤。①

这次仲中师生抗日护校斗争，一直持续了一个早晨，击毙日军20多人，有力打击了日本侵略军，终因敌我力量悬殊仲元中学失守，校舍被日军烧光。仲元师生面对日军的屠刀，奋勇抵抗，血染沙场，在抗日斗争中谱写了一曲惊天地、泣鬼神的正气之歌！

① 韶关市曲江区史志办公室：《中国共产党曲江县地方史》（第一卷），中共党史出版社2007年版，第168页。

四、花坪人民抗日锄奸

1945年日军占领韶城之后，为巩固其军事统治，达到长期奴役中国人民的罪恶目的，分别向马坝、龙归、花坪、犁市、重阳、梅村、樟市等地派兵驻守。这些驻兵在当地成立伪维持会，搜罗汉奸，四处骚扰民众，弄得民不聊生，鸡犬不宁。

同年正月十五日，群众正准备过元宵节。日军突然进驻花坪地区，妄图霸占富国煤矿。当时在花坪的日军约130人。队部驻在楼脚下（花坪火车站附近）。其中冈田小队30余人进驻龟塘洞的狮古冲村；工田小队30余人和被抓来挖煤的民工100余人，驻在乌石冲村。另有一支日军分别驻在河边厂、思茅坪、茶山等处，监督从各地抓来的民工修筑从河边厂通往花坪的小铁路，抢夺花坪的煤炭资源。

冈田在龟塘洞搜罗了四个民族败类廖文汉、钟文炳、张新才、张思田，和外地的六人组织一个便衣侦探队。廖文汉为“维持会长”，张新才为便衣队长，驻在山下村炮楼里，为虎作伥，助纣为虐。日军一进村就由廖文汉等人带去各村拉夫捉人，修炮楼、筑暗堡，破门拆屋将木料运去大鹤山、庵背山、伍家村背夫山等地建据点。稍有反抗，即遭杀害。姚屋的姚喜通、姚林绍，岭头村的罗黑仔（花名）就是被汉奸和日本人开枪打死的。他们勒索钱粮，牵牛抢物，偷鸡摸狗，强奸妇女，无恶不作，还烧毁房屋几十间，血洗龟塘洞。因此，花坪地区的各村群众不敢留在家里，男女老少离家出走，躲入山上，半年时间不敢回村，造成田园荒芜，满目凄凉。日军的种种罪行，激发了群众起来抗日的决心。

原来国民党的警备队100余人是驻在花坪的，在日军未侵占花坪之前，转移到龟塘洞大鹤山上。日军为消灭国民党这一连人，兵分三路包围了大鹤山，激战一天。国民党士兵粮绝弹尽，结果全军覆灭，战死在大鹤山上。

同年农历四月间，花坪伍家村的有识之士伍书松（国民党广东省政府秘书处誊写员）、山下村的姚德明，在花坪一、二、三保组织起十多人枪的抗日自卫独立中队。中队长伍书松、姚德明（后），副中队长廖锦铨、军需兼文书侯林发，队员有伍祥浩、伍石牛、伍朝祥、罗初发、张寿贞、张维周、张福清、许明勋、姚狗胆（诨名）等人，枪支弹药靠当地豪绅借用。西牛潭以陈福康、谭国光为正、副中队长的自卫队亦有30余人，还有石屋村以陈金清为队长的自卫队有30人。此外，花坪地区还有20余人参加仁化河富邓约山的抗日自卫大队。这几支自卫武装互相配合，一村有事，各处支援，联乡保土，抗击日军。

农历五月间，廖文汉、张新才的便衣队探悉花坪地区的群众武装经常在西牛潭推里村活动，是秘密联络的地方，于是向冈田小队长报告。冈田妄图采用突然袭击的手段，消灭群众武装。日军出动30余人，由汉奸带路，从龟塘洞出发，偷袭推里村。但日军在途中就被群众发现，群众及时报告驻在推里村的自卫队，推里村自卫队员和其他两队以及河富村前来联系的人并肩战斗，分别占据卜虎山、天星咀山和推里屋背山，组成三角形的交叉火力。日军到达推里村口大树下时，将机枪架在两树之间，枪口对准村里，骄横跋扈，自鸣得意。正当敌人机枪手从地上爬起伸懒腰打哈欠之时，自卫队的战士“砰”的一枪，敌机枪手被击中，立即毙命，随即我方各种武器一齐开火。各村赶来支援的100多名群众，手持戈矛剑戟、锄头棍棒前来参战。喊杀声和枪声汇合一起，直冲云霄。推里村人用装满火药、铁砂的抬枪向敌人发射，一时山鸣谷应，吓得日军丧魂落魄，鬼哭狼嚎。激战两个多小时，打死敌机枪手一名、伤敌2人，敌人看见群众踊跃参战，只好撤回狮古冲去了。这场自卫战，抗日自卫队员无一伤亡，群众兴高采烈[①]，极大地鼓舞了人民群众抗日的勇气，有力地打击了日军和汉奸的威风。

这期间，驻茶山的日军19人，向仁化的河富村进犯。当地的抗日自卫大队90余人，群众100多人（其中花坪乡村有30余人），将日军包围在荷塘的山塘尾一条狭小山坑里，全部消灭。正当打扫战场之际，国民党军一个排的兵力从董塘赶来争夺战利品，经劝解、阻止无效，自卫队开枪打死3名国民党兵，他们害怕，才狼狈逃离。这一仗，缴获日军长短武器19支和其他战利品一批。

推里村和山塘尾的战斗，打击了侵略者的嚣张气焰。他们恼羞成怒，指使汉奸到处活动寻找战机，妄图消灭群众抗日武装。农历六月间，廖文汉的两个便衣队员到西牛潭一带敲诈勒索，他们来到推里村时，指名要两个姑娘去“孝敬”日军，群众怒不可遏。自卫队决定智歼汉奸，派出四五个人，假意热情接待，将两个汉奸迎进屋内，端茶送烟，趁他俩双手接茶，站在其身后的自卫队员，以迅雷不及掩耳之势，将汉奸抱住，一齐动手，拳脚交加，当场击毙，并缴获步枪2支。同月，另有两个汉奸在长地头许屋村活动时，亦被自卫队抓获，一个叫张大炮的汉奸被打死，缴获手枪一支。

花坪人民在抗日战争期间，组织群众自卫武装，进行了英勇的斗争，给侵略者以沉重的打击。1945年农历七月十二日晚日军撤离花坪后，自卫队员重回家园，斗争取得重大胜利。

---

① 韶关市曲江区史志办公室：《中国共产党曲江县地方史》（第一卷），中共党史出版社2007年版，第166页。

第三节 浈江的抗战文化

一、抗战文化蓬勃兴起

抗战全面爆发后，浈江区境文化界人士积极开展抗日宣传活动。1938 年韶关成为广东战时省会后，文化界人士云集韶关，其中有尚仲衣、钟敬文、陈原、梅龚彬、李育中、何家槐、孙慎、麦新、吉联抗、魏中天、张铁生、潘允中、梁若尘、赵元浩、黄中廑、缪培基、陈卓凡、吴荻舟、徐洗尘、陈卓猷、梅晦、卓炯、梁伦、胡一声、黄秋耘等。香港沦陷后，一部分从香港撤退出来的文化名人也来到韶关，还有一部分经韶关疏散到大后方各地，他们当中有邹韬奋、柳亚子、廖沫沙、张友渔、胡风、高士其、茅盾、叶以群等。这些文化名人的到来，为韶关抗战文化的兴起提供了更加有利的条件。这时，中共广东省委为了加强对韶关抗战文化的领导，及时成立了以石辟澜为组长的粤北地区文化小组，后又成立省委文化工作委员会，谭天度为书记，并积极领导文化界人士，占领和开辟文化阵地。这时的韶关，汇集了中国青年记者学会粤北分会、中华全国文艺界抗敌协会粤北分会、中苏文化协会广东分会、广东戏剧家协会、广东美术学会、中华全国木刻家抗敌协会广东分会等文化团体，在大、中专学校内也建立了一些文艺社团，如中大话剧团、歌咏团等；报刊业兴盛一时，拥有《新华南》《北江日报》《抗先通讯》《晨报》《新军》《广东妇女》等20多家进步报刊。此外，由共产党掌握的国民政府军事委员会政治部抗敌演剧宣传队第一队和第七队（简称“剧宣一队”“剧宣七队”）、第四（七）战区长官部编纂部、第七战区政治部政治大队（简称“七政大”）等抗日文化宣传队也积极投入抗日宣传活动之中，进一步促进了浈江区境抗战文化的发展。

二、利用报刊宣传抗日

广州沦陷后，韶关报刊业兴盛一时，由此前的仅一家报刊《曲江民国日报》发展为20多家报刊。在这些报刊中，《新华南》《北江日报》《新军》等由于大力宣传团结抗日而享有声誉，尤其是《新华南》，影响最大。

抗战时期，由于国民党当局的严密封锁与限制，中国共产党在重庆的《新华日报》在华南地区发行的数量极其有限。为了及时向群众宣传党中央的抗日方针和政策，中共广东省委决定创办机关刊物《新华南》（半月刊），并在第四战区中共特别支部的协助下，取得第四战区司令长官张发奎的支持，于1939年4月1日正式创刊。《新华南》杂志社先后设在韶关城区和平路罗沙港8号2楼和河西韶西路54号。社内设立中共支部，先后由石辟澜、谭天度担任书记。《新华南》以“团结抗战，打败日军，肃清汉奸，建设新中国新华南”为主旨，以统一战线刊物的形式出现。先后担任编委的有尚仲衣（主编）、何家槐（张发奎秘书）、任毕明（李汉魂秘书）、石辟澜（主编）、李章达（第四战区中将军法总监、中国人民救国会广东分会主席）、张文（第四战区中将顾问）、李筱峰、谭天度、陈原、魏中天等。千家驹、胡愈之、左洪涛、夏衍、叶兆南等社会知名人士以及当时主张团结抗日的国民党人士都踊跃为《新华南》撰稿。《新华南》在华南地区有着广泛的影响，发行遍及粤、桂、湘、赣、闽等省份。

由于国民党对《新华日报》在华南地区的发行进行严格限制，尤其是1940年国民党禁止《新华日报》在广东发行后，《新华南》实际担负起在广东等地宣传共产党主张的责任。党组织通过这个刊物，“开辟了一个与国民党顽固派进行合法斗争和非法斗争相结合而以合法斗争为主的强大统一战线阵营”。①

当时，国民党广东当局极力控制言论和新闻出版，实行文化专制。《新华南》作为华南影响大的刊物，被国民党新闻检查所作为“检查”的重点，规定每期稿件必须提前半个月送审，对稿件横加删减，还采用控制印刷、卡断邮路等手段，阻碍刊物的出版和发行。《新华南》编辑部针锋相对，大力宣传中共中央“坚持抗战，反对投降；坚持团结，反对分裂；坚持进步，反对倒退”三大政治口号，积极维护广东团结抗战的大局。1939年10月《新华南》开辟了纪念鲁迅先生逝世三周年专栏，发表了茅盾、何家槐、秦牧等人的文章，弘扬鲁迅精神，号召全民族团结抗战。同年冬，杂志负责人谭天度、李章达等人还与中共北江特委一起营救了被关押在韶关芙蓉山监狱的东江华侨回国服务团博罗队的成员。

针对国民党顽固派的新闻“检查”，《新华南》以编后语、开天窗、留空白等方式曲折地揭露国民党顽固派扼杀言论、出版自由的行径，在新闻检查所工作的共产党员，还利用《新闻检查条例》关于“政治方面危害或破坏团结的稿件，应予删改或免登”的规定，反过来“检查”国民党控制的报纸《中山日报》等，责成其一些污蔑、攻击共产党的文章删除或免登，使那些报纸也开天窗，达到“以其人之道，还治其人之身”的目的。党组织还千方百计地克服印刷和邮路被控制的困难。国民党顽固派禁止《新

① 中共韶关市委党史研究室：《粤北抗战资料选集》，第348页。

华南》在韶关印刷，党组织就辗转在湖南衡阳、邵阳印刷，并于1939年秋与国际友人路易·艾黎任委员的中国工业合作社促进委员会合作，在韶关设立了印刷、樟脑、机器等工业合作社，解决了印刷受控制的问题。

1941年1月4日，国民党顽固派制造了震惊中外的皖南事变，掀起了第二次反共高潮。在此背景下，国民党广东当局加紧了对《新华南》杂志及其他进步书刊的控制。2月，国民党韶关警备司令部查禁出售进步书刊的生活、南岭、光明三间书店，国民党广东省图书杂志审查委员会以散布“反动言论”的罪名，取消《新华南》的出版登记证，后又审问与《新华南》有联系的人员，加紧控制、扼杀《新华南》，逮捕、挟持进步人士。鉴于形势恶化，为保存实力，《新华南》的骨干被安排转移到东江游击区继续开展斗争。

除《新华南》外，《北江日报》《新军》也是当时在韶关颇具影响的抗日报刊。

《北江日报》是在国共两党建立抗日民族统一战线背景下创办的报纸，设在韶关城区风度路平治巷。1939年1月，余森文担任国民党广东省党部书记长和代理省党部主任委员。余森文政治上靠拢中国共产党，是共产党的统战对象。党组织决定利用这一有利条件，派潘允中会见余森文，商定以国民党广东省党部的名义创办以“联共抗日、反对投降”为宗旨的日报，因国民党广东省党部此时准备北迁韶关，故名《北江日报》。余森文任社长，潘允中任副社长并主持报社工作。《北江日报》创办后，第四战区党的特支和八路军驻韶关办事处对该报给予了大力支持。该报社坚持进行联合抗日及持久战的宣传，深受韶关民众的欢迎。同年4月，当国民党内部汪精卫集团公开走上叛国道路时，《北江日报》发表了一篇《论“反共”》的专论，公开揭露汪精卫等借口反共实际降日的阴谋，遭到国民党顽固分子的责难，省党部书记长易人，国民党中央还派人到韶关调查余森文与共产党的关系。同年 5 月，国民党广东省党部以《中山日报》来韶关为由，勒令《北江日报》停止出版发行，余森文也被调往浙江丽水，他在离任前还利用国民党内部的派系矛盾，掩护了一批在报社工作的共产党员和进步文化人士。

《新军》创刊于 1939 年 8 月，编辑部设在韶关城区，是中国共产党掌握的综合性半月刊。主编钟天心，编委方天白、左恭、黄中廑、孙大光、缪培基等。胡念之、张志让等是该刊《时事分析》的专栏作者。该刊除发表宣传抗日的文章外，还发表了一些论及解放区、游击区的文章，如《论广东游击区政治工作》《游击区的民主政治》《论华北敌后战局》等，在北江地区有较大的影响。

另外，第四战区政治部第三组与第四战区长官部编纂部也设在韶关城区。1938 年夏天，第四战区成立政治部，机关办公设在韶关城区，由李煦寰任主任。该政治部公开标榜进步，表示要学习八路军，开展政治工作，其实是余汉谋鉴于部队缺乏战斗力，需要共产党的帮助。当时，共产党员左恭担任政治部主任秘书，中共广东省委通过左恭派尚仲衣等人进入政治部第三组开展工作。第三组成员多为共产党员和进步文化人士，主要有：钟敬文（进步教授）、赵如琳（进步戏剧家）、孙大光（共产党员）、司马文森（共产党员）、石辟澜（共产党员）、黄新波（共产党员）、郁风（青年画家，后加入共产党）、梁有文（中山大学抗先队队长）、梁永泰（进步木刻家）等。第三组成立了中共党小组，直属广东省委领导，石辟澜为组长。广州沦陷后，第三组随第四战区司令部北迁韶关。共产党组织利用第四战区政治部第三组这块合法的宣传阵地，组织各种督导团和战地视察团，分赴战区前线进行战地鼓动，并编印小战报、小册子开展抗日救亡宣传活动。

1939 年初，军统特务邱誉接任战区政治部主任，第三组党员的活动受到监视。为了保存党的力量，4—6 月间，全部共产党员撤出了第三组。同年 9 月，第四战区长官部编纂部在韶关成立，负责战区各种出版物的编辑出版工作。许崇清任编纂部主任编委，共产党员左恭、梅晦任编委。卓炯、张琛、梁轮等共产党员和进步青年先后到编纂部工作。

1940 年 5 月，两广划分为第四、第七战区，第四战区长官部编纂部随即改为第七战区长官部编纂部。1942 年初，在党组织的活动下，张铁生（共产党员）担任编纂部少将编委，主持实际工作。编纂部人员中，共产党员和进步分子占三分之二。编纂部设立了新建设出版社，专门从事发行工作，以合法身份发行进步书刊。

三、粤北抗战戏剧蓬勃发展

广州沦陷后，剧宣一队、广州儿童剧团、中山大学话剧团、剧宣七队、艺专剧团、艺联剧团、复兴剧社、省府艺宣队等众多话剧团体以及由锋社、艺协、蓝白剧社组成的第七战区政治部政治大队先后进入粤北，徐韬、舒模、李门、韦丘、乔毅、赵如琳、胡春冰、史进、潘予、方荧等戏剧工作者会集韶关，使浈江区境的话剧艺术得到相当的普及和提高。中共广东省委、粤北省委也进一步加强对抗战戏剧工作的领导。剧宣一队、剧宣七队、第七战区政治部政治大队均成立了中共支部或起支部作用的队委会，直接受广东省委或粤北省委领导。在 1938 年成立的第十二集团军政工总队中，也有许多共产党员戏剧工作者。他们在前方从事民运工作的同时，还组织戏剧、歌曲的创作演出，如两次粤北会战之后，由何芷创作的大型话剧《粤北丰碑》和大合唱《良口烽烟曲》，收到很好的演出效果。

1940年初，韶关举行粤北大捷展览会，演出了《胜利的反攻》《陈列室》《我们的故乡》等反对汉奸卖国、宣扬抗击日军的剧目，同时在韶举行了全省戏剧工作者座谈会。此后，粤北境内的戏剧活动蓬勃开展，除有政工队、艺宣队的剧团演出外，还成立士兵演剧队、艺训班，进行士兵演剧组训和演出，演出了《凤凰城》《流寇队长》《魔窟》《麒麟寨》《冲出重围》《国家至上》和剧宣一队、剧宣七队、七政大队自己创作的《胜利的反攻》《粤北丰碑》《李连长》等剧目，出版过《前线艺术》《士兵戏剧通讯》等刊物，还开展了斯坦尼斯拉夫斯基体系的研究，并把斯氏演剧方法运用于演出实际之中。

1941年皖南事变发生后，政治形势逆转，七政大和剧宣七队在中国共产党的领导下，以戏剧舞台为阵地，开展团结抗战的宣传活动。其中，七政大演出的第一个大戏，是欧阳予倩的《忠王李秀成》。为了演好这出戏，他们专门前往桂林的广西省立艺术馆观摩欧阳予倩指导该剧的排练，同时邀请欧阳予倩、田汉讲授关于艺术改革和抗战戏剧的前途等问题。该剧先后演出100多场，场场满座，宣传坚持抗战和进步，给民众上了深刻的一课。他们演出的另一部话剧《天国春秋》，以太平天国领导集团内讧的悲剧，暗喻国民党顽固派制造摩擦、分裂及其危害，在社会上引起强烈反响。此外，七政大还演出了《蜕变》《虎符》《大明英烈传》《草木皆兵》《朱门怨》《金玉满堂》《祖国在召唤》等剧目。七政大在排演郭沫若的《虎符》时，排演前后分别向郭沫若请教和汇报，郭题字鼓励：“勇气与专精，是成功的最大要素。对客观事物，必须用尽全力以处理之，未能称意，死不罢手。天下实无难事。”[①] 剧宣七队自1941年至1944年在粤北地区开展长达三年多的宣传活动，以韶关为根据地，先后到坪石、乐昌、始兴、南雄等地开展慰问演出，曾经演出《家》《军民进行曲》《农村曲》《塞上风云》《法西斯细菌》等剧目，深受观众欢迎。这期间，广东戏剧协会根据戏剧工作者云集和新的形势，也及时恢复了活动，如公开出版通讯刊物《广东剧协》；多次举办戏剧节，展演各个时期的话剧《南归》《S·O·S》等；还同部分粤剧艺人接触，增进彼此了解。

抗战时期大批文化人士来到韶关，尤其是文化下乡运动的展开，极大地丰富了浈江境内城乡群众的文化生活，不仅促进了粤北抗战的开展，还使韶关这个落后的山城，成为与昆明、成都、桂林齐名的文化据点和广东战时文化中心。

---

① 《广东文史资料》第十六辑，广东人民出版社1991年版，第2页。

4

第四章

迎接韶关解放　建立民主政权

第一节 争取和平民主的斗争

一、恢复中共曲江县（工）委机构及交通站

1945年8月，毛泽东在延安发表了《抗日战争胜利后的时局和我们的方针》，科学地分析了抗日战争胜利后的形势。毛泽东强调必须自力更生，明确提出了中国共产党关于争取和平和准备革命战争的方针。9月7日，中共中央军委致电曾生、王作尧、尹林平，告知因时局变化，王震、王首道率领的八路军南下支队已北返，执行新的任务。指示东江纵队分散坚持，保存干部。中共广东区委贯彻中央指示，决定坚持长期斗争的方针，一方面坚持斗争，保存武装，保存干部；另一方面，作长期打算，准备将来开展合法民主斗争。广东区委还决定将领导分散到全省的重点地区指导公开及秘密的斗争。原北江特委书记、广东区委委员黄松坚分工负责粤北的工作。

同年10月，黄松坚派杜国彪来曲江，担任曲（江）乳（源）特派员，负责恢复和领导曲江城区、乳源地区的党组织。当时，曲江的抗日武装化整为零，党员都已分散隐蔽。杜国彪在韶关接收了赵约文的组织关系。

1946年初，中共广东区委派张华任粤北特派员，负责粤北各县地下党的领导工作。至此，杜国彪和陈兴中在张华直接领导下工作。同年夏，由于陈兴中身份暴露，撤离韶关，曲乳副特派员

由程琪（唐明）接任。1947年初，为了加强对粤北乐昌、仁化两县党组织的领导，兼向湘南发展，党组织任命杜国彪和程琪分别任曲乳乐（昌）仁（化）正副特派员，仍由张华领导。同年秋，粤北地区恢复了武装斗争，部队逐渐发展壮大。许多地下党员，包括农村、学校的，以及在国民党机关已暴露身份的党员都进了部队，参加武装斗争。曲乳乐仁特派员杜国彪也到了部队，重点抓武装斗争。此时，浈江境内中共党员不多，组织活动无法正常开展。

1948年2月，袁鉴文调任中共五岭地委副书记，兼管粤北地下党的工作。为了整顿好粤北各县党组织，发挥地下党在武装斗争中的作用，同年8月，成立了中共曲江工委，赵学光（女）任书记兼组织部部长，李凌冰任宣传部部长。工委直接联系和领导曲江、乐昌、仁化、南雄、始兴、乳源和湖南宜章7个县的党组织。工委机关设在韶关。赵学光以医院职工家属身份住在曲江卫生院，李凌冰以潮州旅韶同乡会职员身份作掩护开展工作。中共曲江工委的主要任务是：整顿和健全党的组织，积极发挥地下党的作用，一切为了配合和支援部队的武装斗争。为此，决定在原来党和群众基础较好的地方，建立党支部；基础较差，还不具备建立支部条件的地方，则采取个别联系。经过整顿，浈江境内在韶关志锐中学、曲江一中和九龄农学院建立1个学生特别支部。在韶州师范、曲江县法院、曲江县警察局等有个别联系党员。①

1949年7月，南下解放大军已到赣南，即将向广东进军。在始兴澄江，中共五岭地委副书记袁鉴文、委员陈培兴，召集曲江工委书记赵学光、清曲大队大队长何远赤开会研究曲江工

① 韶关市曲江区史志办公室：《中国共产党曲江县地方史》（第一卷），中共党史出版社2007年版，第213—214页。

作。会议肯定了曲江工委、清曲大队的工作，指出曲江工作的重点应该立即转移到准备迎接南下大军、解放和接收曲江的工作上来。

为了加强对曲江工作的统一领导，协调曲江地下党和武装力量的工作，五岭地委决定，立即成立中共曲江县委，书记陈培兴，副书记程奇，组织部部长赵学光，宣传部部长李凌冰，武装部部长何远赤。曲江所有的地下党组织和武装部队统一由曲江县委领导。撤销清曲工委和清曲大队，成立曲江独立大队，统一领导曲江几个武工队，由何远赤兼独立大队长，原清曲大队主力中队调北二支主力团。保留曲江工委，继续负责各县地下党的领导工作。

在此期间，浈江境内的中共组织在开展统战工作、发动群众支援部队、建立交通站、做好人员和物资输送，以及在迎接南下大军配合解放韶关等方面，做了大量而卓有成效的工作。

（一）建立领导机关和秘密工作的据点。通过在曲江县政府任建设科长的赵约文在韶关东河坝找到一间无人住的木屋，安排张华和杜国彪两人住下，解决了地下党领导机关驻地问题。这座木屋后用作地下交通站，直至韶关解放。

（二）慎重处理因“粤北省委事件”停止组织活动而失去组织关系的同志的党籍问题。抗战时，中共广东省委、粤北省委、北江特委派入国民党军队、机关做秘密工作的中共党员有不少。日军投降后，一些同志已离开曲江，一些仍留在曲江，因粤北省委事件失去了组织关系。曲江党组织认真严格地审查了这部分同志的历史和表现，慎重恢复他们的组织关系或准予重新入党。如原由党组织派入余汉谋第十二集团军工作的周冷、张易生、程琪等。

（三）接收和隐蔽东纵北撤时留下的部队同志和暴露了的烈士亲属。1946 年 6 月，根据国共两党签订的“双十协定”，东江纵队奉命北撤山东解放区。为了准备对付国民党再次发动内战，中共广东区委决定粤北指挥部除一部分参加北撤以外，留下一部分精干的武装在粤赣湘边隐蔽起来，以应付将来可能出现的各种复杂局面。同时也安排一些同志留在地方，参加地方的秘密斗争。当时，浈江境内中共组织接收的东纵北撤留下的战士有黄玉英、林立明、崔承宪、朱群颂、范兰胜、陆素，珠江纵队战士刘成，英德转来组织关系的罗志刚、莫柱生。这些同志，有些通过赵约文的统战关系安插到曲江中小学校任教，有些则暂时留在西河的马蹄脚农场。

（四）发展中共组织，建立据点。在韶关以及县内许多中小学建立了据点。志锐中学有教师党员程琪、吴社胜、陈文等，有学生党员杨宜衍、莫德炜。韶州师范有党员朱石全。太平小学有党员张琦珊、潘绮文等。

（五）派一些中共党员打入国民党内部，开展内线和统战工作。抗日战争胜利后，浈江境内的部分中共党员跟随部队去打游击，部分党员隐蔽在城区工作，一些共产党员打入国民党的机关、社团，活动在国民党曲江县当局的中上层，掩护地下党的秘密活动，开展统战工作，有力地支持了部队的武装斗争。其中，中共党员赵约文利用与曲江县长黄干英是国民大学同学的关系，于1946年初在国民党县政府任建设科长。这期间，赵约文通过在曲江县政府当教育科长的赖羽修，委派杜国彪任白土中心小学校长，安排地下党员李思明任大光报记者及县教育科督学；推荐曲乳副特派员陈兴中及其爱人梁申在曲江一中，徐适在周田中学，翁敏、潘绮文在太平镇小学任教等等。地下党员张洪在曲江县警察局任总务科长，冼颂柏在县法院任法官，李子明在建国日报当校对，曲江县妇委会主任温流也是地下党员。

（六）建立联络交通站。解放战争期间，浈江区境地下党在韶关建有联络站和交通站。除方便地下党本身隐蔽活动以外，主要为部队人员来往服务，保证部队所需物资的安全输送。

地下党利用党员罗宽父亲在韶关风度路开的罗有信金铺建立了联络站，负责秘密接收信件。从广州或香港调来的干部要到五岭游击队，或者外地进游击区的青年学生，先到韶关，把写好约定符号和会面地点的信送到金铺，再由罗宽交上级领导。然后，地下党交通员按约好的地点前去接头，把他们带进游击区。解放战争期间，浈江境内地下党交通员多次护送地下党领导和部队首长进出游击区，护送大批青年进游击区参军，护送大批枪支、弹药、药品和日用品，转送文件、情报，为部队人员来往，保证部队所需物资的安全输送起到了较大作用。

东河坝交通站是 1946 年初建立的，设在浈江河畔的小木屋里，由地下党员陈先信、梁维平夫妇负责。主要供五岭地委领导往返香港和与香港分局联系用。香港分局调派重要干部来五岭地委或滃江地委，湘南工委要向五岭地委汇报工作，首先通过这个交通站。这个交通站一直使用到韶关解放，没有出过事故。梁维平为了掩护交通站，自己在屋边开辟出一个小菜园，种菜养鸡。她同附近群众搞好关系，建立友情，连停泊在附近河边的渔船妇女也联络得很熟。1947 年 8 月，杨泰湖和程琪送机枪给部队用的小船就是梁维平知己的渔船。

1948 年冬，中共党员何国文受党组织的指示，在曲江县城建立地下交通站，地点在县城老东门直街（今浈江城区）。主要任务是接送外来人员和本地区的青年学生以及转运生活用品和药物进入游击区。该站在 1949 年 1—5 月间，共接送由省、港、澳、新（新加坡）、马（马来亚）等地前来游击队的人员十多批，五六十人，以及少数由北方来的人员，并分批接送了志愿参加游击队的韶关市各中等学校的学生三四十人（主要是志锐中学的，其次是韶州师范和曲江中学的）；转运了好几箱由学生们捐集而来的运动胶鞋、劳动手套、塑料牙刷和毛巾等生活用品，以及注射药针、常用药品。①

二、发展壮大中共基层组织

抗日战争胜利后，全国人民欢欣鼓舞，热切渴望休养生息，重建家园，实现和平民主。可是，国民党统治集团企图独占抗战胜利果实，继续实行国民党的“一党专政”，决意消灭中国共产党及其领导的人民武装。浈江境内的中共党员按照组织安排，大多数跟随部队上山打游击，部分党员分散隐蔽，党组织在分散隐蔽的斗争中发展壮大。到1945年10月，区境恢复和发展党员20名；到1947年上半年，党员人数已增至70多人。②

为了进一步发展壮大党的基层组织，中共曲江县（工）委重视青年学生工作。面对当时大好形势，广大青年也迅速觉醒，把希望寄托在共产党和共产党领导的部队身上。1948年1月，韶关学生联合特别支部选派志锐中学（1946年回迁韶关）党员教师吴社胜、陈文，学生刘克友（江浪）、何政文、何沛泉（何龙）、许庆铭（许泰清）、肖克中、曾逢汉、官其鉴、何仲才（何云），韶州师范学生罗旋等15人，以寒假去南雄探亲访友的名义，搭乘莫德炜父亲莫顺荣和莫世延胞兄莫祥利的两条木帆船由韶关驶往南雄，途中由武工队接应转入粤赣湘边区人民解放总队司令部所在地横水。

---

① 政协韶关市学习和文史资料委员会：《曲江解放前夕的支前准备工作》，《韶关文史资料》第十四辑，第89页。

② 韶关市曲江区史志办公室：《中国共产党曲江县地方史》（第一卷），中共党史出版社2007年版，第175页。

1948年秋，中共曲江工委宣传部部长李凌冰负责领导志锐中学的地下党活动，把志锐中学、曲江一中、九龄农学院等几所学校的地下党员学生组织起来，成立中共粤北学运特别支部，莫德炜任支部书记。此后还在志锐中学学生中组织青年同盟会、兄弟会、姐妹会等进步的组织。公开成立铁声文学会，出版《绿野》周报，积极宣传国内外政治形势，抨击国内、校内黑暗面。在志锐中学、曲江一中、九龄农学院等几所学校，发动师生抵制反动党团在学校的阴谋活动，同校方作斗争，在斗争中锻炼青年，发展党团组织。志锐中学先后发展了凌天铎、傅南安入党；曲江一中吸收邓献琳入党。与此同时，学校党组织还选派几批进步师生到游击区参军或受训，并在浈江境内的许多中小学建立了据点。其中，志锐中学有教师党员程琪、吴社胜、陈文等，有学生党员杨宜衍、莫德炜。曲江一中有教师党员陈兴中、梁申、崔承宪、朱群颂、刘碧，学生党员有张永芳、丘其忠、曾永祥、邓济舟等。韶州师范有党员朱石全。太平小学有党员张琦珊、潘绮文等。

1948年12月，党组织选派志锐中学的凌天铎、邓美根、谭又资、甘秉华、傅南安，韶州师范的朱石全等，通过地下交通站进到南雄横水参加青训班学习。他们经过10多天的学习训练，回校后积极进行串连和发动，于次年春发展一批地下党员加入粤北学生特别支部，吸收50多名师生为新民主主义青年团团员，组建了7个团支部和1个团总支，输送60多名师生参加游击队。[①] 同年5月，志锐中学等学校提前放暑假，学校党支部又选派官建华、官洁凡、官光华、薛冰、陈慧、刘光德、杨宜禄以及曲江中学的黄岳、邓献琳等通过甘马坝交通站进入始兴罗坝游击区接受训练，

① 韶关市曲江区史志办公室：《中国共产党曲江县地方史》（第一卷），中共党史出版社2007年版，第226页。

然后分配到游击队的不同单位工作。

1949 年，中共曲江县委组织部部长赵学光、宣传部部长李凌冰、武装部部长何远赤在曲江演山召开有 20 多人参加的党员干部会议，传达了五岭地委关于当前形势和任务的指示，讨论了曲江的工作任务。主要是进一步壮大武装力量，加强农会、民兵、学生、工人的组织宣传工作，大力开展政治攻势，做好统一战线和瓦解敌军工作，筹措军粮马草，准备配合大军解放曲江。会上宣布成立曲东、曲南、曲西三个区委：曲东区委书记何耀爵，副书记何耀恒，组织委员叶国林，宣传委员何龙；曲南区委书记何英，组织委员陈耀康，宣传委员官怀民；曲西区委书记范家祥，组织委员丘精忠，宣传委员杨宜华。

中共基层组织在浈江境内发展壮大，逐步在农村和学校建立许多据点，卓有成效地开展内线和统战工作，为以后恢复武装斗争以及解放韶关打下了坚实的基础。

三、秘密开展联络、宣传活动

解放战争期间，在国民党的宣传舆论部门有地下党员李思明和李子明。李思明是韶关建国日报、大光报的记者和县教育科的督学。他依照地下党组织的指示，在韶关上层社会和文化教育界中以合法身份广交朋友，团结进步人士，1946 年 6 月出版了以主张民主反对内战为内容的党的外围刊物《民风》周刊。李子明在建国日报当校对有一年左右的时间，他利用合法身份收集敌人情报，团结本社青年。同时把香港有关报社寄给建国日报社作为交换的一些报刊，如《华商报》《政报》《群众》等转交给曲乳特派员杜国彪，让地下党领导从这些报刊中获得解放战争中的重要消息，了解局势，更好开展地下党工作。

这期间，浈江区境的中共地下组织发扬统一战线工作的光荣传统，在城乡团结一大批爱国民主人士、地方开明绅士，以及同情支持共产党的国民党军政人员。

广东揭西县人陈维廉，早年学医，青年时代思想就很进步，20 世纪 30 年代曾在东江苏区古大存部任红军的军医，遭国民党逮捕，之后出狱。抗战胜利后，陈维廉任曲江县卫生院院长。在建国日报担任校对的地下党员李子明和他是揭阳同乡，经常来往。1947 年夏，陈维廉加入民主同盟，一面从事医务工作，一面积极主动支持地下党活动。

1948 年夏，中共曲江工委宣传部部长李凌冰到韶关负责地下党工作，需要找职业掩护。陈维廉安排李凌冰在潮州旅韶同乡会任职员，接着又安排五岭地委副书记袁鉴文和原志锐中学地下党支部书记莫德炜在曲江卫生院当职员，袁鉴文的爱人、中共曲江工委书记赵学光则以职员家属的身分住在卫生院。曲江卫生院成为韶关地下党的重要据点。陈维廉利用给国民党军政人员治病、交往的机会，搜集情报及时向地下党提供。同年冬的一天，他从国民党军官打听到曲江县自卫大队准备“围剿”河西“曲英乳人民义勇大队”的情报，便马上报告李凌冰，然后再由交通员通知游击队及早转移。游击队缺乏药品和生活用品，陈维廉便设法买了一批药品，连同卫生院的部分毛毯、蚊帐，一起送给游击队。游击队的重伤员化装送来卫生院，他冒着危险，秘密接收并及时给予治疗。韶关临解放，陈维廉更是不顾个人安危，为完成中共曲江县委交办的各项任务而四处奔忙：调查广韶铁路干线上各桥梁承受的吨位；了解韶关军政机关股级以上人员的政治面貌；利用同乡关系劝阻守护曲江大桥的国民党营长，在撤退时不要炸毁大桥。陈维廉还领导本院人员开展护院斗争，巧妙与敌周旋。时任韶关专员兼曲江县长的龚楚下令将卫生院所有贵重医疗器械和药品限期运走，陈维廉一面虚以应付，一面组织亲属和院内可靠人员保护医院贵重医疗器械和药品。

1949 年 10 月 7 日，韶关解放的当天清晨，20 多名南下大军和北二支的伤病员便顺利住进了曲江卫生院，陈维廉带领全院医务人员夜以继日地为他们救治。当时韶关支前任务繁重，北二支支前司令部政委张华召开各界人士参加的筹借军粮会议。到会的许多商户对共产党的政策一时不了解，心有疑虑，迟迟不表态，互相观望。这时，陈维廉毅然站出来讲话，自告奋勇带头借粮 3 万斤。在他的带动下，借粮 15 万斤的任务很快落实。

地下党员杨泰湖是国民党军队的退役营长，党交给他的任务主要是收集敌人军事情报，掩护地下党领导人，为游击队购置枪支弹药。他以国民党退役军官的身份进行广泛的社会活动，和国民党的党政军人员交朋友，与韶关驻军的军官合伙做军火生意，暗地里开展地下党的秘密活动。

打入县法院的冼颂柏和县妇委主任温流等，团结单位进步人士，宣传党的政策，了解机关和地方情况，在韶关解放前夕，发动群众保护单位的设备、档案和物资。

解放战争时期，浈江区境的中共地下组织积极开展统战工作，团结老朋友，结交新朋友，争取中间人士，对解放韶关并迅速恢复生产起到了重要作用。

四、创办《民风》周刊和“崔承宪事件”

抗日战争胜利后，中共中央发表了《对目前时局的宣言》，提出和平、民主、团结三大口号和成立联合政府的主张。随后，毛泽东等赴重庆同国民党谈判，并于 1945 年 10 月 10 日签订“双十协定”。可是不久，国民党却违背“双十协定”，加紧调兵遣将，大肆进攻解放区，内战危机日益严重。同年底，昆明市的大中学校师生率先掀起“反内战、争民主”的运动。这次运动遭受国民党顽固派的残酷镇压，制造了震惊全国的“昆明惨案”。以后，全国各主要城市相继爆发了声势浩大的声援昆明爱国师生正义斗争的集会、游行大示威，反内战、争民主的运动席卷了整个国民党统治区。

在这场运动浪潮的冲击下，浈江区境各阶层人民和青年学生对国民党的独裁统治和进行内战的反共政策极为不满，要求停止内战，给人民民主自由，正义呼声十分强烈。当时，韶关地下党组织因势利导，及时领导了这场斗争。一方面广泛团结党外进步人士、机关职员和知识分子创办党的外围刊物《民风》周刊，宣传民主，反对内战，教育群众。另一方面，以曲江一中、韶州师范、志锐中学等学校为阵地，领导师生开展反对学校当局，反对反动党团组织的特务活动，抗议限制师生组织进步团体、阅读进步书报，肆意搜查学生信件，克扣教师工资和学生伙食等斗争，并使这些有组织的斗争形成一股反内战、争民主的学潮。

《民风》周刊是韶关的中共地下组织为了揭露国民党假和平真内战反共反人民的阴谋，团结人民，以反对打内战，争取民主和平为中心内容的刊物。创办前，党组织对办刊物作了具体的研究和安排；陈兴中、周冷和李思明 3 人为刊物的党内领导小组成员，陈兴中是曲乳副特派员，周冷做编辑，李思明负责统战工作，发动党外人士出面办刊物。内定推举开明人士、曲江县税务局长莫家励为社长，税务局科长罗裔柏当刊物经理。

民风社章程先在党内讨论过后，交社员大会通过。办社的公开宗旨是：以纯人民的立场，报道时事，提高研究学术，促进粤北文化。周刊发行的对象：职业青年，知识分子，公教人员等。入社成员以上层人士、机关职员、学校教师为主。民风社的社长和经理都是党外人士。李思明在新闻采访中认识莫家励，发现他政治倾向比较开明，赞成民主政治，希望抗战胜利后实现国内和平。罗裔柏是李思明在勤商学院读书时的同学，是进步学生。浈江地下党组织不仅通过罗裔柏鼓励莫家励出面主办民主刊物，而且动员曲江税务、银行等单位的进步人士李锡焕、邓文材、陈兆湛、黄天纵等参加办刊。参加者还有曲江县卫生院院长陈维廉，税务局的何家荣和陈小。法院的冼颂柏，韶州师范和曲江一中的部分教师，韶关各报的部分记者，包括地下党员程琪、崔承宪、李子明等。

民风社经过一个多月的筹备，经国民党曲江县党部备案后成立。5 月的一个晚上，在韶关市大三元酒家召开了社员大会，由莫家励主持，三四十人出席。大会选出了社长、经理和总编辑，并通过了章程，会议气氛十分热烈。第二天，韶关各报都在版面显要位置登了这条新闻。

《民风》周刊在 1946 年 6 月 1 日出版了第一期，莫家励社长写了发刊词。党内同志杜国彪、陈兴中、李思明、周冷、崔承宪等都以笔名发表了文章。中国银行职员黄天纵写了一首呼吁民主的长诗。陈桂权写了《曲江卷烟业调查》的新闻报道。《民风》周刊第一期的封面是红字白底，鲜艳夺目，发行后十分畅销。它的出版轰动了山城韶关，也引起了国民党韶关当局的恐慌，他们对周刊大为不满。第二期《民风》周刊的出版，适逢执行国共停战协定的广东第八执行小组粤北支组到韶关。共产党代表杨康华上校，国民党代表黎国熹中校，美方代表纳尔逊上尉组成三人小组协商中共粤北部队北撤问题。当时大光报一名记者站在反动立场上写了一篇歪曲事实、丑化共方代表的新闻在报上发表。地下党员李思明则以《民风》周刊记者名义写了一篇采访报道《三人小组行脚》给予回击。正面介绍了中共代表为和平、为顾全大局执行部队北撤的决定，在记者招待会上严正答复一些反动记者故意刁难的问题。这期还登有杜国彪对国共谈判形势分析的不署名文章。

第二期《民风》周刊出版后，浈江地下党预计会受国民党顽固派的查禁，于是将印好的刊物先发给民风社的社员。果然不出所料，刊物才发给报童街上叫卖，警察就出面收缴，硬是不准卖。接着，韶关专署下令《民风》周刊停止发行。于是，社长莫家励在编委会议上，十分无奈地宣布《民风》周刊暂停出版。会上，党外人士都愤愤不平，痛斥国民党扼杀民主、压制出版自由的卑劣行径。《民风》的停刊又一次揭露了国民党假民主、真独裁、真内战的反动面目，使它更加孤立了。

更令人气愤的是，国民党曲江当局对人民的民主运动恨得要命，不但禁令《民风》周刊出版，还派出特务四处盯梢、绑架甚至暗杀共产党员及主张民主和平的撰稿人员。1946 年 6 月便发生了轰动粤北山城的崔承宪被暗杀事件。

崔承宪原籍广东增城，1943 年在中山大学文理学院毕业。1944 年 11 月参加东江纵队任五支队政治处干事，后来加入了中国共产党。1946 年，他和爱人朱群颂（中共党员）由党组织安排到曲江第一中学任教，从事地下工作，与副特派员陈兴中同校，并受其领导。崔承宪教学负责，主持正义，团结师生，在学生中有很高的威信。他还经常写文章在报上发表，积极参加《民风》周刊的创办和出版工作。

1946 年 5 月初，内战危机加剧，国民党倒行逆施，压制民主越演越烈，再次激起曲江人民的无比义愤。崔承宪用笔名“家泊”写了《纪念“五四”有感》一文，刊登在 5 月 4 日韶关的《建国日报》上。文章发表时，编者将题目改为《你有民主我有枪》，文章中心内容是抨击国民党蒋介石不守信用，墨迹未干便撕毁“双十协定”，制造内战、压制民主。文章如一把锋利的匕首刺中了敌人的要害，在县城韶关引起强烈的反响，激励了人民群众的反抗和斗争，一时成为人们街头巷尾、校园宿舍、茶楼饭馆谈论的话题，震动很大。国民党韶关当局恼羞成怒，下令对该文章进行反击，并追查文章的作者，加以迫害。韶关驻军第一三一旅政治部副主任卢刚夫杀气腾腾，亲自出马，在其喉舌《大光报》上连续发表《驳“你有民主我有枪”》的反动文章，疯狂反扑韶关的民主运动，并在风度中路的墙上贴满了反动的大字报和漫画，同时，派出大批宪警特务，到处追查“家泊”是什么人。开始，敌人设下圈套，让建国日报出面召开作者座谈会，企图在签名簿上套取笔迹。可是，党组织识穿了敌人的诡计，叫崔承宪不去参加，使敌人的阴谋未能得逞。后来，敌人勾结曲江一中内三青团特务分子暗中查对笔迹，认定《你有民主我有枪》这篇杂文是崔承宪所写。在敌人追查文章作者期间，中共地下组织有所警惕，研究了崔承宪夫妇撤退问题。当时由于学校考试在即，崔认为此时离校一方面会影响学生学业，另一方面可能更加引起敌人怀疑，坚持待学期结束才撤退。没料到敌人如此迫不及待地对他下了毒手。

6 月 29 日傍晚，天气格外闷热。崔承宪和本校陈兴中、王乃夫等 5 名教师从学校（东河韩家山）散步经东河浮桥去市区饮夜茶。9 时左右他们回到东河坝，当上铁路斜坡时，在黑暗中突然冲出四五个特务，手电筒乱照一气，喝问：“谁是崔承宪?”崔承宪镇定应道：“我是!”这几个特务二话没说，连拉带推将崔押走，陈兴中等老师上前讲理救护，也被他们使劲推开。崔承宪就这样被绑架走了。陈兴中回校后，立即将崔承宪被绑架的消息通知同校的几位党员，布置他们连夜烧毁党内文件，处理好个人书信以防不测。当晚，他们心里都很不安，担心着崔承宪的安全，整晚无法入睡。午夜时分，学校附近突然传来三四声枪声，大家心里更沉重了。

第二天，曲江一中地下党同志向学校报告了崔承宪昨夜“失踪”的情况，并派学生四处寻找崔承宪老师的下落。结果，张永芳、曾永祥等几个学生在离校二三公里铁路边一块稻田里发现了崔承宪的尸体。师生们含着泪水收殓埋葬了崔承宪的遗体。

崔承宪惨遭暗杀，完全是曲江反动当局有计划有组织的阴谋，企图杀一儆百，镇压民主。可是，事件发生的第二天，《大光报》却登出一则假消息，大意是：昨夜东河坝铁路附近发生一宗谋财害命的抢劫案，一人被枪杀云云。以这种卑鄙的手段欺骗人民，为他们杀害共产党人，压制民主的血腥暴行开脱罪责。

谎言不能掩盖铁的事实，欺骗不能长久。崔承宪被害事件的真相被当时越来越多群众知晓，崔承宪的牺牲更加激励了同志们的斗志，也教育了抱有幻想的人们，进一步认清国民党顽固派的狰狞面目。事件发生后不久，曲江一中师生不顾曲江反动当局和学校反动势力的层层阻挠，分散地以各种形式悼念崔承宪老师，怀念这位为民主而英勇战斗牺牲的同志，抗议国民党的血腥暴行。

崔承宪被杀害是个信号，更加引起中共地下组织的密切注意。为了保存党的力量，党组织指示曲江一中内可能或已暴露的党员，采取暂时隐蔽，积蓄力量，等待时机，坚持斗争的策略，迅速转移。

五、团结民主人士护校护厂

1949 年春，解放军挺进江西，很快就要进军广东了。此时，浈江境内地下党的工作任务，重点转入配合南下大军做好解放韶关的准备，掌握和扩大武装力量，发动群众开展护厂、护桥、护校等斗争。

韶关城南的曲江大桥（又称南门桥），横跨浈江，连接火车站，是东郊入市区的重要通道。为防止国民党顽固派逃跑时炸毁大桥，中共曲江县委展开了护桥斗争。4 月底至 5 月初，李凌冰亲自找到韶关市郊东厢乡乡长谭维亚，向他讲清形势，指明前途，要求他同地下党合作，听从指挥，接受地下党派人当该乡的自卫队队长。谭维亚踌躇后，表示同意。于是，曲江县委将原在周田中学教学的地下党员潘文华调到东厢乡自卫队任队长，以谭维亚的表侄身份作掩护在自卫队中开展工作。后来，曲江县委又调派北二支班长杨武到东厢乡自卫队协助潘文华掌握这支武装。谭维亚的配合，使得党组织完全掌握自卫队四十多人枪的全部武装力量。国民党败退时，命令东厢乡自卫队炸毁曲江大桥，他们借故拖延不执行。韶关临解放，国民党人员逃跑时，潘文华在谭维亚的配合支持下，率领东厢乡自卫队举行起义，并保护了曲江大桥。

曲江解放前夕，韶关专员兼曲江县长龚楚计划西逃，命令曲江卫生院院长陈维廉将医院贵重医疗器械和药品运进乳源瑶山。陈维廉按中共曲江县委指示，决心一定保护好医院的重要物资。他组织亲属和部分医务人员将医院粗重无用物品装了十几大箱，让龚楚派人拉走，而将贵重药品和医疗器械拆散藏在天花板的隔层里，保护起来。然后，夫妇两人转移到马坝暂时隐蔽。

在浈江的地下党员紧张而秘密地联络、宣传和动员下，广大民主人士、工商业者、知识分子和工人，自觉参加护校、护厂的斗争。志锐中学老师梁伟勋、黄开光、饶纪寰、黄兴亚、苗漳州等配合地下党组织起护校小组，反对迁校，保护学校财产、设施和档案资料。民生路德记粮行老板梁景德、东河坝民生火柴厂厂长关崇振，串连工商界人士，组织联防自卫，与民权路成记纸行、民生路墨江会馆等负责人，支持游击队，帮助地下党做交通联络工作，还筹集了大量粮油食品、棉布百货支援解放军。到韶关解放时，浈江境内人心安定，生产恢复快，学校复课早，人民生活正常安定。

六、支援人民解放军解放韶关

1949 年 4 月 28 日，中共曲江县委在韶关仁爱路 48 号（今和平街 50 号）罗宽家中召开会议，研究和部署迎接韶关解放的有关事务。参加会议的党员有赵学光、李凌冰、莫德炜、李仲华、邓启民、冼颂柏等人，罗宽负责放哨警戒，保卫会议的安全。会上，赵学光分析了曲江（韶关）面临的形势，对迎接解放韶关需做的各项准备工作，如收集情报，开展护桥、护厂、护校以及做好统战对象工作进行了分工。同时还传达了五岭地委领导的指示，如果韶关国民党军队溃退南逃，而解放军又未到达韶关出现“真空”时，可以成立临时市委，负责组织接管韶关市和维持社会治安。

根据会议精神，为保证解放军顺利入城解放韶关市区，必须准确无误地勘察清楚市区浈武两江的深浅和有利于武装泅渡的地点，并测绘好草图，李凌冰、凌加、莫德炜等人多次以游泳活动的方式，分地段进行了勘察。草拟了可武装泅渡两江的三个地点：一是占领韩家山制高点和火车站，沿赣韶公路进入东河坝东西路口与江对面市内的互励路德教堂（今韶关市委所在地）之间，这是最有利的武装泅渡地段。二是从赣韶公路经腊石坝至东北面的牛头潭地段渡过浈江南下，抢占帽子峰制高点后，可分兵从民生路尾进入市区，并在五里亭以南和帽子峰以北山脚一带，武装泅渡武江到黄田坝南下，以利占领芙蓉山制高点，包围韶关市区小岛。三是火车站以南二公里处河西循道医院一带，可以武装泅渡到旧飞机场后进入市区。在此期间，浈江东乡人民积极帮助党组织勘察江河码头位置、河段水深以及桥梁状况，为解放韶关作出了一定贡献。

9 月 21 日，中共五岭地委书记张华参加了华南分局和野战军领导联席会议回韶后，即把调查韶关方面敌情和地形的任务交给了曲江县委。中共曲江县委接受这个任务后，一方面指示地下党员张洪、冼颂柏等人利用关系进行调查，另一方面动员民主人士利用关系了解国民党内部情况。时任曲江县卫生院院长的陈维廉，积极主动支持地下党工作，他收集了韶关专员公署、曲江县政府股级以上人员的政历和思想表现情况，通过一个国民党公路局的官员掌握了韶关至广州公路桥梁的位置、承受吨位和有无岗哨等资料，并将粤北保安司令部、专员公署、曲江县政府撤退的路线以及企图在乳源瑶山建立反攻阵地的图谋，详细向地下党作了汇报。地下党员罗宽为了调查清楚韶关东西河码头位置、河段水深以及桥梁状况，几次租用小艇，假作学游泳，在东西河实地勘察，回家绘成草图。中共曲江县委将收集到的资料整理后，及时报中共五岭地委转送赣州，为南下大军入粤作战和解放韶关提供了重要情报。

在此期间，浈江境内地下党组织所有成员都千方百计地联络、宣传、动员韶关市内民主人士、工商业者、广大工人群众和知识分子、宗教界人士，鼓励他们认清形势，以实际行动迎接解放，保护工厂、医院、学校，加强联防自卫，筹集粮油食品、准备柴草、棉布等支援解放军，支援解放战争。据统计，曲江（包括今浈江地区）解放前后各地为南下大军提供了粮食300多万斤，柴100万斤，稻草15万斤，木料3000多根，还组织民兵修复了15座桥梁，1座浮桥，100多艘民船。支前工作很有成效。①

9月28日，叶剑英、陈赓向广东战役各部队下达了“战联字第一号”作战命令。命令要求左、右两路军在10月8日晚，完成

① 韶关市曲江区史志办公室：《中国共产党曲江县地方史》（第一卷），中共党史出版社2007年版，第230页。

对曲江的包围，10 月 9 日拂晓发起攻击。韶关解放之前，解放军第四兵团十五军派出侦察排 30 多人在北二支队一个班的引领下，从始兴到韶关周边侦察敌情，得到中共曲江县委领导赵学光、何远赤等人的大力支持。

10 月 6 日，驻韶关的国民党第六十三军将横跨浈江的粤汉铁路曲江铁桥炸毁。晚上，人民解放军第四兵团的第十五军、第十三军、第十四军各一部，从东南、正北、西南方向包围曲江。负责主攻的第十五军四十五师沿始兴通往曲江的公路急速推进，入夜后，在大桥慈菇岭和黄浪水等地歼灭敌人的小股部队，于凌晨抵达韶关。

10 月 7 日凌晨 1 时，第十五军四十五师先头部队第一三四团抵达东河坝。此时，国民党第六十三军最后撤走的部队放火烧曲江大桥，在浈江东乡人民和地下党护桥人员的配合下，第一三四团迅速赶到扑灭大火，首先进入曲江县城。接着，第十三军三十八师，也由北门进入由江，南北两路大军在风度中路会合，粤北重镇韶关宣告解放。

韶关解放后，北江第二支前司令部的指战员与解放军官兵，通过韶关市区的浮桥，继续南下广州。为配合解放军在北江作战，北江第一支队成立北江第一支前司令部，浈江境内群众纷纷为南下解放军送军粮和物品。

第二节　建立和巩固新生政权

一、成立临时管制委员会

1949 年 3 月，毛泽东在中共七届二中全会上指出：党的工作重心“由乡村转移到城市”，“必须用极大的努力去学会管理城市和建设城市”。韶关是北江地区经济、政治、军事和文化的中心，为了顺利接管，稳定经济、社会，浈江境内成立了临时管制委员会。

（一）成立北江临时人民行政委员会。1949 年 9 月 15 日，接中原临时人民政府电令：“广东北江地区，大部分已告解放，各县人民民主政府亦先后成立，为了迎接大军南下，发动与组织各界民众，参战支前，协助人民解放军，迅速消灭国民党军匪帮残余力量及其反动统治，解放广东全省，着即成立人民行政委员会。”9 月 18 日，北江临时人民行政委员会在南雄成立，统管北江地区的行政工作。主任委员黄松坚，副主任委员黄桐华、戴作民、张尚琼。同月，黄松坚以中国人民解放军粤赣湘边纵队、广东北江人民临时行政委员会的名义，发布《告北江民众书》。号召北江人民发扬革命斗争的传统，在统一领导下，动员一切人力、物力，全力支援南下大军，筹借粮草，保证大军给养，组织民工，帮助大军顺利前进。10 月 7 日，北江临时人民行政委员会迁到韶关，至 1950 年 1 月，撤销广东北江临时人民行政委员会，成立广东省北江人民行政督察专员公署，何俊才任专员，戴作民任副专员，隶属广东省人民政府领导，统一领导北江地区的政府工作。

（二）成立曲江县军事管制委员会。1949 年 10 月 7 日，韶关解放，曲江县军事管制委员会（简称“军管会”）宣告成立，主任黄松坚，副主任张华、袁鉴文。曲江警备司令部也同时宣告成立，司令员吴伯仲，政委袁鉴文。12 日，成立韶关市军事管制委员会。在人民政权成立之前，军管会作为当地最高权力机关，迅速开展行政和民间等机构及人员的接管工作，维护治安秩序和社会安定，组织人力、物力支援前线。

临时管制委员会成立后，遵循有步骤地接收的方针，开始了各种接收工作。号召市民迅速复工复业，恢复邮电交通，动员学校复课，建立人民政府、公安局、法院、银行、贸易公司、北江人民医院等，迅速稳定革命秩序，安定人民生活。

10 月 25 日，华南分局从政权巩固和经济社会管理等方面，明确提出两条原则：一是“安定社会秩序，肃清反动派残余势力、打击反革命分子的捣乱活动”；二是“恢复生产，坚持执行公私兼顾、劳资两利、城乡互助、内外交流的经济政策”。曲江军管会确立了“按系统接管”和“接与管紧密结合”的工作方针，本着实事求是，稳步前进的精神，根据机构的不同性质，采取不同的接收办法。10 月 29 日，曲江军管会发出“关于解散一切反动党团和特务组织，没收其所有公产、档案、电台、武器等，严禁其继续进行任何活动”的布告；对带有技术性的业务管理机关，采取部分改造的办法；对官僚资本企业，采取“自上而下、原封不动、按照系统、整套接收”和“快接细收”的办法。在打烂旧政权机构的同时，对旧政权机构人员，采取慎重负责，区别对待，量才录用，基本上“包下来”的政策。

接收是为了管理，并且有区别有重点地进行。首先是恢复旧公营企业，让它继续为人民服务。其次是彻底摧毁旧制度，建立人民的政权机关。除了邮政局、电报局、电灯局很快恢复业务外，铁路工人于10月18日恢复了韶关至英德段的通车，修复了曲江大桥，10月23日恢复了长途电话。1950年元旦前实现了粤汉铁路全线通车，贯通南北交通。

经过近两个月的努力，浈江境内的接管工作基本完成。各行业职工在恢复公营企业、支援军需、改善民生等方面，作出了很大的贡献。1949年12月，根据华南分局常委会议的指示，曲江军管会被撤销，其所属各系统分别划归党、政、军建制。

二、建立人民民主政权

1949年10月10日，曲江县人民政府宣告成立，机关在韶城，黄桐华任县长，曾东任副县长。10月12日，新的中共曲江县委成立，县委书记袁鉴文，副书记黎晓初，组织部部长向步城，宣传部部长李祥麟，民运部部长张甫勋。全县成立6个区，其中属于今浈江区的有城关区和五区部分乡镇（犁市、梅村、花坪）。同时，县委抽调大批干部，如杨维常、杨际春、张永芳、饶克明等到县属机关另行分配工作。此后，浈江区人民在曲江县委、县政府领导下，投入支援前线、解放全广东以及建立和巩固新生政权的斗争。

11月25日，浈江区境的城关区从曲江县划出，单独设立韶关市建制，政府机关在浈江区境，市政府隶属北江临时人民行政委员会领导。1950年3月，鉴于韶关市人口少（只有6万多人），设市条件不具备，撤销了韶关市建制。浈江区境回归曲江县，设立韶关镇人民政府。1951年6月恢复韶关市（县级）建制后，浈江区境城区及部分郊区又回归韶关市辖。

韶关解放初期，百业待举，百废待兴，接管干部人才奇缺，各项接收和管理工作面临严峻挑战。为解决接管干部奇缺的问题，中共北江地委根据华南分局关于“培养革命干部，接管城市政权”的指示精神，从革命形势发展及人民政权建设的现实需要考虑，并借鉴南下工作团、华南工作团以及广东东江、梅州公学等培养干部的办学经验，兴办广东北江公学。公学采取陕北公学模式，以抗日军政大学的办学精神，实行思想革命化、生活军事化管理。1950 年 10 月下旬，北江公学第一期培训班，在志锐中学正式开学，从第三期起，校址搬迁至浈江区境的韩家山。此后，在短短一年多时间里，北江公学共举办了四期培训班，为北江地区培训了一千多名干部。

北江公学以培养城乡管理干部为宗旨，采取脱产学习、短期培训的办法进行培训。开设了共产党宣言、论人民民主专政、目前的形势和我们的任务、社会发展史、新民主主义论、阶级和阶级斗争、中国革命和中国共产党、为人民服务、革命人生观、土改政策、征粮政策等课程。同时，还经常请地委、专署及有关部门的领导到校讲课。通过培训学习，学员们接受了马克思主义、毛泽东思想的教育，学习了党的方针政策，政治思想觉悟和理论政策水平得到了进一步提高，为做好城市接管和巩固新生政权打下了良好的基础。

北江公学办学期间，由于形势的紧迫需要，每期学员学习结束后，均立即组成下乡工作队分赴到北江地区各县、区、乡，走上生产前线，参与生产建设，进行访贫问苦，宣传发动群众，完成征粮任务；开展清匪、反霸、减租减息、土地改革、民主建政以及土改后的生产建设工作，大都起到了非常重要的作用。

1950 年 2 月 21 日，新建的韶关市为了加强地方人民政权的民主政治建设，逐步健全人民民主专政制度，率先在今浈江区风采楼韶州府学宫大成殿召开首届各界人民代表会议。会上提出建市初期七项任务：一是加强市区治安管理，肃清土匪特务，进一步巩固社会秩序；二是继续稳定金融，恢复发展工商业，在恢复发展工商业基础上，创造发展工业的条件，在可能的情况下积极扶持和组织工农业生产；三是继续发动和组织群众，提高群众觉悟，扩大人民团结；四是依照发展经济、增产节约、开辟财源的原则去解决财政问题；五是争取、团结和改造知识分子，积极整顿学校教育，有计划地开展社教工作；六是实施必要的市政改革和建设；七是建立和健全机构，树立新制度、新作风。

浈江区解放初期从军管制过渡到人民代表大会制度，标志着民主政治建设的开端。各级人民代表会议制度的确立，落实《中国人民政治协商会议共同纲领》的规定，开辟了各界人士参政议政的通道，对于提高人民群众的觉悟，推进基层政权建设，恢复和发展国民经济具有十分重要的作用。

三、开展整风整党运动

1950 年 5 月 1 日，中共中央针对干部作风出现的问题，发出《关于全党全军进行大规模整风运动的指示》，决定在全党全军中开展一次大规模的整风运动。6 月 30 日，北江地委召开干部整风会议。会上，伍晋南作了半年来工作检讨报告，邵平传达广东省 1949 年秋征工作总结，何俊才作北江区征粮工作总结及夏征夏减工作报告，林名勋传达中央七届三中全会精神。

这次整风，浈江境内党员、干部，特别是领导干部提高了思想政治觉悟和政策水平，增强了团结，改进了工作，少数人身上的官僚主义、命令主义、腐化风气得到初步解决，但还来不及解决党内思想不纯和组织不纯的问题。

1951 年 2 月，中共中央发出《中共中央政治局扩大会议决议要点》，提出用三年的时间进行一次整党的任务。同年 3 月 28 日至4月9日，中共中央召开了第一次全国组织工作会议。会议通过了《关于整顿党的基层组织的决议》和《关于发展新党员的决议》。

根据中共中央的决议和华南分局的部署，北江地区的整党工作从1951年下半年开始展开。整党过程中，全区开展了“怎样做一个共产党员”的教育活动，并通过组织学习共产党员的八项标准，逐条对照检查，使党员提高了做一名合乎标准的共产党员的自觉性。这次整党运动，浈江境内的中共基层组织进行了一次全面整顿，并结合中心任务展开。在整顿过程中，广大党员、干部提高了思想认识，心灵上受到一次洗礼。其中，机关党支部结合清理中内层进行整顿，城市厂矿结合民主改革进行整顿，农村党支部结合土地改革进行整顿。

整风整党运动的开展，使广大党员经受了一次思想教育，浈江基层党组织得到巩固和加强，为党的各项工作的开展和胜利完成，奠定了坚实的组织基础和思想基础。

第三节 开启社会主义建设新征程

一、理顺经济关系恢复生产

韶关刚解放时，是一个社会混乱、经济落后的烂摊子。城镇工厂停工，工人失业，商业凋敝，物质匮乏，资本短缺，经济萎缩；在农村，匪盗横行，旱涝成灾，农业歉收，粮荒严重。面对严峻形势，浈江境内的中共基层组织和政府，重点把恢复和发展生产作为中心任务，在政治上、经济上采取一系列措施，稳定经济，发展生产，安定人民生活。一方面，领导广大人民通过剿匪反霸、土地改革、镇压反革命等一系列运动，严厉打击境内的敌对势力，肃清国民党残余分子和武装匪特，巩固新生的人民政权，为经济恢复和建设赢得了相对稳定的政治和社会环境；另一方面，根据中共七届三中全会提出的“为争取国家财政经济状况的基本好转而斗争”的总任务，通过平抑物价，调整工商业，开展“三反”“五反”和增产节约运动，打击个别资本家的不法行为，逐步理顺经济关系，促进了生产的发展和社会的稳定。

依靠工人阶级恢复和发展城市生产。韶关解放初期的主要任务是，医治战争创伤，迅速恢复和发展经济。但是，对刚解放的韶关来说，面临着许多的困难。据统计，1949 年韶关解放前夕，工人失业率高达 34%，多数城镇居民生活无着，饿死、冻死街头的不少[①]。面对错综复杂的形势，中共北江地委和韶关市委坚决贯彻党的七届二中全会精神，动员全市党员，把恢复和发展生产作为全党的中心任务，全心全意依靠工人阶级，迅速组织社会生产，恢复国民经济。为动员广大群众，统一思想认识，地、市委先后召开工人、学生、教师、工商界人士座谈会，讲解党的城市政策，动员学校尽快复课，工商企业尽快复工复业。同时派出干部随接管人员下厂，与工人见面，进行座谈或举行代表会议，号召复工复厂，切实解决工人的工资、生活问题。

在此期间，浈江区境的中共组织把工会、青年团、妇联等人民团体，作为联系群众的桥梁和纽带，调动一切积极因素恢复和发展生产，发动和组织群众投身劳动热潮。为了更好地组织和团结工人阶级，韶关市于1949年12月3日成立总工会筹备处，一方面以军管会的名义接收旧工会组织或停止他们的活动，一方面派出工作组，自上而下地发动群众，建立临时代表会，积极恢复生产。1950年2月7日，韶关市第一次工人代表会议召开，同时成立韶关市总工会筹备会。9月9日，第一届工会会员代表大会召开，正式成立了韶关市总工会。这次会议，明确了工会工作的中心任务是“面向生产，搞好生产”。总工会成立后，浈江区境各级工会组织迅速展开各项工作，组织和团结工人阶级，保护工人利益，努力实现恢复和发展生产及各项目标。

恢复和发展生产，是以解放和发展生产力为根本目的，代表了广大人民群众的根本利益，因而得到了全社会的拥护和支持。中共北江地委和韶关市委广泛深入的宣传、组织生产活动，使恢复和发展生产这一工作中心，很快成为各界群众的共识，从而为

① 韶关市史志办公室：《中国共产党韶关历史》（第二卷），中共党史出版社2013年版，第55页。

迅速医治战争创伤，恢复和稳定经济打下了广泛的群众基础和思想基础。

在恢复生产过程中，刚刚获得解放的浈江人民，先后在中共曲江县委、韶关市委的组织和领导下，以饱满的热情和主人翁的责任感，不计报酬、不计工时地投身复工复产的生产劳动中。尤其是国营和公私合营企业的工人，在解放初期，积极协助军管会和政府进行接管、抢修和复工工作，为恢复韶关市生产建设作出了重大贡献。

二、“退租退押”与土地改革

1949 年 11 月 11 日，北江临时人民行政委员会颁布《减租减息条例》，并宣布实行减租减息的土地政策。浈江区境所有出租土地，不论任何租佃形式，一律实行“二五减租”；过去农民向地主等所借旧债，一律按月利分半计算清偿，多年的债款若利已倍本，停息退本，利二倍于本，本息停付。

1950 年 7 月，北江专署发出指示，要求各县把退租斗争作为中心工作抓紧抓好。11 月，中共北江地委、北江专署又联合发出贯彻减租法令，发动群众完成秋冬工作的指示，进一步推动减租减息的开展。减租减息，减轻了农民的负担，加快了农业生产的恢复。同月，浈江区境城关区作为广东省第二批土改工作试点单位率先实施土地改革，并于 1951 年 4 月基本完成。经过土改试点，培养了干部，积累了经验，为土地改革的全面展开作了较为充分的准备。

1951 年 5 月 6 日，北江地委召开全区干部扩大会议，传达华南分局土改工作会议精神，部署全面土改任务。会议提出放手发动群众，提高思想认识，依靠大军，团结南下干部，并结合抗美援朝、镇压反革命完成土改任务。会上，北江地委副书记张根生作《为开展一个全北江的轰轰烈烈的退租退押运动而奋斗》的报告，要求通过清匪反霸、减租退押的“八字运动”，打垮地主恶霸的封建统治，树立农民的革命优势，从满足农民政治上经济上的要求来组织农民、发动农民，在运动中培养与锻炼干部，为进入土改第二阶段做好准备。报告还指出，为了掀起这样一个农民运动的高潮，必须大胆放手，依靠贫雇农，发动全体农民。

会后，浈江境内中共基层组织党员、干部广泛发动群众，开展清匪反霸，减（退）租退押斗争，使土改工作顺利进行。其方法是：从访贫问苦、扎根串连入手。土改工作队进村后，与农民同住、同吃、同劳动（即“三同”），贯彻减租法令，宣传《中华人民共和国土地改革法》和中共中央《关于镇压反革命活动的指示》，发动农民，开展对地主阶级的斗争，打击少数反动恶霸地主和匪特分子，镇压一批反革命分子，肃清封建反动残余势力。

中华人民共和国成立前，农村的地主阶级不仅占有大量的土地，而且还掌握着乡村政权和反动的地方武装，残酷压榨农民。中华人民共和国成立后，部分地主恶霸与匪特互相勾结，进行各种破坏活动，恐吓威胁群众，阻挠减租退押、清匪反霸，猖狂破坏土改。在美国发动侵略朝鲜战争后，他们更加猖獗，在边缘地区组织发展“地下救国军”，甚至袭击区、乡人民政府，杀害干部、群众，幻想进行复辟。访贫问苦，诉苦发动，激发了农民的阶级觉悟。穷苦农民起来揭发和斗争地主阶级，清算其种种罪行，打击封建反动残余势力，镇压了一批首恶分子。对边缘地区的一些零星股匪，组织民兵配合人民解放军，采取“军事进剿与政治瓦解，镇压与宽大相结合”的方针和“首恶必办，胁从不问，立功受奖”的政策，肃清了一批残匪。

浈江区境土地改革运动的第一阶段工作，按照华南分局《对退租退押及反霸运动的几项指示》要求，打倒地主当权统治，组织农民队伍，满足农民部分经济要求，为进一步彻底消灭封建剥削制度，开展土改第二阶段工作打下了良好的基础。在发动群众的基础上整顿了队伍，一批优秀的农民积极分子，提拔为乡、村干部，巩固了乡、村政权，加强了农会和民兵组织。在“八字运动”中，浈江区境分别建立起乡农会、村农会，为整个土改运动的胜利提供了保证。到1950年底，浈江区境土地改革，贫农人均分到土地2.3亩，雇农人均分到土地2.5亩。经过土地改革后，农村土地占有情况发生根本变化，占总人口84.2%的雇农、贫农、中农所占土地从土改前40.4%上升到86.9%。[①]

三、建立安定祥和的社会新秩序

韶关解放初期，浈江区境满目疮痍，加上自然灾害频繁，物资短缺，财政紧张，农民生活贫苦。国民党残余势力利用粤北山高林密、地广人疏的山区地带，组织“反共救国军”等匪特组织，四出烧杀抢掠，扰乱治安，破坏生产，气焰十分嚣张。据1950年统计，由国民党残余和粤北地区各地方反动势力纠集起来的土匪，数量多达160余股、有2万多人，成为广东匪患最为严重地区。稳定人心，发动农民迅速恢复农业生产，成为人民政权开展经济建设的关键。

为了彻底消灭粤北地区残余的国民党势力，巩固新生的人民政权，粤北地区开始大规模的武装剿匪斗争。1949年11月1日，中国人民解放军粤赣湘边纵队北江指挥部、北江临时人民行政委员会联合发出“彻底肃清残匪，保障社会安宁，对误入歧途者，准予将功赎罪，准予自新，给予宽大处理”的布告。为了稳定革

① 韶关市浈江区地方志编纂委员会：《韶关市浈江区志》，广东人民出版社2012年版，第270页。

命秩序与维护城市治安，11 月 9 日，市警备司令部发出布告：收缴非法武器；举行反动党团登记；命令国民党“工会”停止活动；颁布管理摊贩办法、出外旅游登记办法和执行禁烟禁赌；颁发汽车通行证；建立各街道派出所等。12 月 23 日，北江地委会议通过《关于剿匪的决定》，明确提出“剿匪为当前斗争的首要任务”并制定了“全面而又有重点”的剿匪方针。

1950 年 1 月 5 日，为贯彻中共华南分局剿匪指示，北江临时人民行政委员会召开各县委书记、县长和部队团以上干部会议，提出了今后中心任务是歼灭残匪，解放全北江。1 月 30 日，北江专署召开中国人民解放军第四野战军第四十八军一四三师、北江军分区团以上干部、各县县大队负责人参加的剿匪会议。会议传达了中南军区剿匪的指示，成立了由第四十八军一四三师首长统一指挥的剿匪指挥部，并把北江地区划分为 4 个剿匪区，由野战军和北江军分区分片包剿包打。今浈江区范围内的任务划分给了北江军分区第十一团和第一四三师四二九团，其中浈江境内的粤汉铁路两侧 30 华里以内的剿匪、护路任务，交给第一四三师其他部队。31 日，北江地委发出指示，地方党政要密切配合，动员全党全民，大力配合部队剿匪，使剿匪成为群众性的运动。

为落实党中央于 10 月 10 日发出的《关于镇压反革命活动的指示》，开展大规模的镇反运动，曲江县人民政府于 11 月 14 日在韶关镇（今浈江城区）召开首次公审大会，判处韶关地区最大反动头子、国民党第五专署专员、“反共救国军”第九军军长李楚瀛及“反共救国军”第九军师长董来宗等匪首死刑。

1951 年 2 月，北江专署、军分区联合发布“关于彻底肃清匪特，坚决镇压反革命”的布告，在全区开展了大张旗鼓的宣传，广泛发动群众进行检举揭发。至 1952 年底，新生的北江地区人民政权在中国共产党的领导下，经过三年艰苦卓绝的剿匪、清匪斗争，逐步建立安定祥和的社会新秩序，开始进入社会主义改造和社会主义建设新时期。

在此期间，浈江区境的中共基层组织贯彻执行华南分局关于剿匪斗争的方针和政策，领导军民开展剿匪反霸斗争，为区域的政权巩固、社会安定和经济发展作出了较大贡献。

第五章

探索老区建设发展新路

第一节 恢复老区经济

一、宣传贯彻党在过渡时期的总路线

1953 年 10 月 20 日，浈江区境全体干部参加中共韶关市委召开的干部扩大会议，贯彻中共中央关于过渡时期的总路线，以逐步实现社会主义工业化，及对农业、手工业和资本主义工商业的社会主义改造。大会强调："总路线就是实现国家工业化，过渡到社会主义"，"要求广大干部广泛地向各阶层人民进行宣传，使人民群众了解、掌握党的总路线、总任务，提高信心过渡到社会主义"。会后，区境各单位运用广播、大字报、黑板报、宣传画等各种宣传工具、多样宣传形式，大张旗鼓地宣传过渡时期的总路线、总任务，同时还运用农民喜闻乐见的唱纸马、唱花灯、唱春牛等民间文艺形式，下乡宣传、讲解，并在做好宣传工作的同时，积极贯彻执行党在过渡时期的总路线、总任务，做到家喻户晓、人人皆知，把各项工作落到实处。

在组织干部学习党在过渡时期总路线、总任务的过程中，浈江区境各级党组织紧密结合党的各项工作，就区域内农业生产建设、发展农村互助合作运动，对农业、手工业和资本主义工商业的社会主义改造及"一五"计划等，分别制定了具体实施方案。同时，还把学习、宣传党的总路线与群众切身利益联系起来，及时解决群众关注的实际问题，提高了党员、干部和广大群众的思想水平，有效推动区域各项工作稳步发展。

在此期间，中共韶关市委为保证过渡时期总路线的贯彻执行，根据党中央的要求，还在浈江区境党政机关和企事业单位进行了反对官僚主义、命令主义和违法乱纪行为的斗争（后被称为“新三反斗争”）。这次新三反斗争，其目的是为了从政策、思想、工作作风和工作方法上提高领导水平，全面改进党的工作，以使党的过渡时期总路线和各项政策得到正确贯彻，进一步改善党群关系和上下关系，增进党的团结，提高党的战斗力，保证国家建设计划的顺利实现。重点是反对官僚主义，通过反对各级领导干部工作作风以及领导方法上的官僚主义，找出其思想根源并予以肃清。整个斗争始终坚持自上而下，有领导、有步骤地进行。在问题处理上，贯彻实事求是、教育与惩治相结合的方针，对犯一般官僚主义错误的干部，以教育为主，一般不予惩处；对犯违法乱纪和严重官僚主义错误的干部，则坚决予以惩处。这次斗争，为浈江区境各级党政机关正确贯彻执行过渡时期总路线提供了必要的政治基础和组织保证。

二、社会主义改造

在贯彻中共中央过渡时期总路线的过程中，浈江区境各级党组织按照党中央的政策规定和省市的统一部署，认真开展对农业、手工业和资本主义工商业的社会主义改造。广大人民群众以当家作主的主人翁精神，充分发挥工作的积极性和创造性，经济建设、城市建设、社会事业等方面取得了较好成绩。

一是对农业的社会主义改造。1954 年初，浈江区境各单位按照党中央《关于发展农业生产合作社的决议》，坚持自愿互利原则，采取说服教育、典型示范和国家帮助的方针，对农民进行形势教育，号召农民组织起来，互助合作，发展生产。是年底，浈江区境的农业合作化发展进入高潮。但因时间仓促，思想发动不充分，具体政策落实不到位，广大农民只凭一股热情入社，逐步暴露一些问题和矛盾。1955 年 2 月，各单位按照中共韶关市委的统一部署，认真贯彻中共中央《关于整顿和巩固农业合作社的通知》精神，因势利导对农业合作社进行整顿。到 8 月底，已经全面进行初级社的整顿和巩固工作。这次对农业合作社的整顿和巩固，解决了因管理不善造成的问题，有效提高农民的劳动生产积极性，促进了区域农业生产的发展。同年 10 月，浈江区境各级党组织学习贯彻党的七届六中全会《关于农业合作化问题的决议》精神，开始从上而下地克服右倾保守思想，农业合作化运动有了较大突破，并逐步向高级农业合作社推进。到 1956 年 2 月，浈江区境农业初级社全部并社升级为高级社，基本实现对农业的社会主义改造。

二是对手工业的社会主义改造。1953 年 12 月，浈江区境各单位根据国家对手工业坚持自愿原则和逐步改造的方针，开始引导个体手工业走合作化道路，并对个体手工业中的木器、建筑、铁器、农具、陶瓷、木材加工、藤棕编织、缝纫、鞋草、弹棉、五金、食品等行业分类组织联合组，为创办联社打下了较好基础。1955 年 5 月，中共中央对手工业的改造提出了“统筹兼顾，全面安排，积极领导，稳步前进”的方针，浈江区境各单位按照党中央的方针政策，重点整顿问题较多的木器社、铁器社、竹器社等制造业，纠正了不重视手工业合作化的思想倾向。6 月，浈江区境成立手工业生产合作社联合社（简称“手工业联社”）。到 1956 年 6 月 30 日止，基本完成对手工业的社会主义改造。通过社会主义改造，区境手工业的经营方式、按劳分配等问题得到较好解决，调动了广大手工业者的劳动热情，促进了手工业生产的发展。

三是对资本主义工商业的社会主义改造。1954 年 7 月，浈江区境各单位根据中共韶关市委的统一部署，按照中共中央《关于加强市场管理和改造私营商业的指示》，开始对以私有为主的工商业进行社会主义改造。1955 年 6 月，浈江区境各单位贯彻中共中央关于对私营工商业“统筹兼顾，全面安排，积极改造”的方针，再次对各市场重新统一安排，同时安排资本家及其子女就业。1956 年，在农业合作化的推动和影响下，根据中央“全面规划，加强领导”的方针和中华全国供销合作总社提出的“一年改造，三年过渡”的要求，浈江区境掀起了对资本主义工商业社会主义改造的热潮，组织小商小贩逐步走合作化的社会主义道路。

三大改造完成后，浈江老区人民在进行社会主义道路的艰辛探索过程中，取得了一定的成绩：兴修了一批水利设施，农业生产得到新的发展；新建和改建了一批房屋工程项目，改善了人民的生活环境；贯彻落实“调整、巩固、充实、提高”的八字方针，压缩基本建设规模，增加农业、轻工业、手工业的投资，工农业生产得到恢复发展，人民生活得到逐步改善。

三、转变生产关系及分配关系

1961 年 7 月，浈江区境各乡村按照中共韶关市委《关于大搞晚造，开展晚造超早造的超产运动，争取晚造更大丰收的决定》。继续贯彻以坚决处理早造三包，全面调整落实晚造三包，搞好夏收分配为中心的政策，把它作为动力广泛调动大队生产队和广大社员积极性，凡未落实的进行调整，调整后即进行处理，兑现政策。晚造三包也可考虑采取中共广东省委提出的办法，即生产队对大队采用包上交、死任务、活口粮、全奖全罚的办法，从生产队承包的总产量中扣留下大队按计划分配给生产队的口粮、种子和部分饲料粮，其余部分则作为上交大队的任务。上交大队任务是必须的，生产队在完成上交任务后，多产多食，少产少食，这叫做死任务、活口粮的办法。这样做生产队及社员积极性更高，农业生产恢复发展更快。此外，认真搞好夏收分配，体现按劳分配、多劳多得、少劳少得的政策。强调搞好定额计件、小包工和劳动组织，以提高工效。

1962 年，各乡村切实抓好当年的秋收分配和年终分配工作，秋收分配贯彻“统筹兼顾，全面安排”的原则，做到既保证完成国家征购任务，又保证社员口粮有所提高。在这个前提下，贯彻按劳分配原则，克服平均主义。在粮食分配上，大队扣除自用粮，以全年计算，自用粮一般只占任务 4%，超过的一定要报公社审查、市委批准；生产队自留粮一般不超过总产 2%，社员口粮分配推行按劳分配加照顾的办法，在留足了社员口粮之外的剩余粮食，可以按农贸市场价格，优先卖给本队社员或到农贸市场出售，分配现金，杂粮和其他经济作物也可采用上述办法进行分配。

1964 年 7 月 3 日，中共韶关市委发出《关于做好夏收预分工作的指示》，指出：“粮食分配是夏收预分工作的中心问题，必须执行统筹兼顾合理安排的原则，正确处理国家、集体、个人三方面关系。”在调整国家、集体、个人三者关系的同时，浈江区境各级党组织切实调整集体经济内部关系，压缩生产队上调给公社、大队的劳动力和产品，落实各项经济政策，合并大队，精简干部，减轻生产队负担，抓好生产队的经营管理，对干部的贪污多占，生产队的铺张浪费进行揭发和纠正。这些措施贯彻，进一步调动社员集体生产的积极性，有效促进集体经济的巩固和发展。

四、调整生产体制，减轻群众负担

1962 年 11 月，浈江区境各单位传达中共广东省委《关于进一步调整集体经济内部关系的决定》，讨论研究调整合并大队、精简干部、减轻群众负担等问题，并对大队干部的设置、工资报酬、财产、债权处理等具体问题作出了具体规定。一是调整农业生产体制。浈江区境贯彻中央关于“发展国民经济必须以农业为基础”的方针，加速粮食作物和经济作物的品种与种植技术的研究推广，逐步普及科学种田。引进矮脚南特、珍珠矮11号、二九矮、广场矮、江矮早、广二矮、广秋矮、鸭仔矮等良种，进行水稻良种的繁育推广工作。在调整农业生产体制过程中，区境各单位适当开展林业、畜牧业、水产业等方面科学研究和新技术的推广应用。次年，区境粮食生产在大旱之后，仍有一批社、队获得大幅度增产，花生、油茶、油菜等经济作物亦获得增产，畜牧业生产也有较大发展。二是调整工业生产体制。1963年，浈江区境各单位继续执行“以农业为基础，以工业为主导”发展国民经济的总方针，执行“调整、巩固、充实、提高”的八字方针及一系列有关政策，恢复、发展轻工业和手工业，生产各种小农具，恢复和发展传统名牌产品，如小钢锤、小钢刀、樟木箱、樟木柜、背椅、安乐椅等。是年底，浈江区境工业企业快速恢复，停产多年的铁锅、菜刀、雨伞等日用品也逐步恢复生产，小农具生产已超过1957年的生产水平，其他生活用品生产也有很大的增加，较好地支援了农业，满足了市场需要，区域经济建设走向新的发展时期。

第二节 开创改革开放新途径

一、调整区域产业结构

1984 年 7 月，韶关市浈江、北江区（以下简称“两区”）成立县级市辖区后，两区按照国家和省、市的方针政策，结合区域实际，分别开启改革开放新征程，调整发展思路和产业结构，为区域经济稳定、快速发展打下了较好的基础。

（一）调整农业产业结构。两区逐年减少水稻种植面积，扩大蔬菜种植面积，部分水田或旱地改种其他经济作物或挖塘养鱼。1985 年，两区根据市政府《关于加快发展乡镇企业的若干规定》，发挥城郊优势，大力发展乡镇企业，农业结构逐渐发展变化。1986 年，采取“四轮驱动”（区、镇、村办企业为基础，户办企业为轴心）的办法进行产业结构调整。1987 年，逐步将“四轮驱动”改为区、镇、村、组和户办的“五轮俱动”，采用一二三产业一齐上的做法促进农村调整产业结构。在此期间，因为部分农民心有顾虑，始终不愿放弃承包的几亩田地，两区乡镇企业发展仍然缓慢。

从 1988 年起，两区在进一步做好宣传鼓动工作的同时，按照“宜农则农、宜林则林、扬长避短、发挥优势”的原则，加大调整种养结构，推广新品种、新技术和新的经营方式，建立“公司+基地+农户”的种养新模式，农业产业结构逐步发生变化。这期间，两区农民致富的途径主要有承包集体果园、开办家禽饲养场、开办各类加工厂等多种经营项目，农户之间通过自愿互利的原则组成新的联合体，从事经商、长途贩运或外出搞副业等。

1992 年，两区大力宣传邓小平视察南方讲话精神，组织农民学习邓小平理论和国家改革开放的有关政策，分别作出《关于加快乡镇企业发展的决定》，并根据乡村特点制定优惠政策，区域内户办和联办乡镇企业迅速增多。大量农村剩余劳动力转向二三产业，蔬菜种植逐渐增加，水稻种植逐步减少，农村产业结构发生大的变化。是年，浈江区蔬菜种植面积增加到 594.27 公顷，比 1984 年增长 69.39%，水稻种植面积减至 779.4 公顷，比 1984 年减少 38.79%；北江区蔬菜种植面积增加到 186.67 公顷，比 1984 年增长 44.33%，水稻播种面积减至 216.67 公顷，比 1984 年减少 32.64%。[①]

农村产业结构的调整，农民的致富目标有了更大空间，同样的耕地经过细心规划经营，产生的经济效益与粗放经营有很大不同，这是除了承包责任制之外最受欢迎的政策。农民在多种经营致富的同时，也为城市提供了更多的副食品供应，活跃了市场，丰富了人民的物质供应。

（二）推进工业结构调整。1985 年，两区分别提出“立足开发实业、开拓骨干企业、改造老企业、增加‘短平快’项目，逐步建立自成一体”的工业企业发展方针，首先对区街“老小”企业进行技术改造，主要采取适当增加投入、进行企业挖潜改造、调整产品结构、更新机器设备、改进技术工艺等方式进行结构调整。到 1989 年，浈江区相继投资 900 余万元重点改造煤炭公司、

① 韶关市浈江区地方志编纂委员会：《韶关市浈江区志》，广东人民出版社 2012 年版，第 283 页。

化工厂、金属制品厂、麻绳厂、帆革厂、电机厂、五一汽车修理厂、缝纫厂、竹缆木箱厂、五金铸造厂、米面制品厂等区街骨干老企业。北江区相继投资819万元重点改造棉织厂、冶炼厂、锅厂等10个产值达百万元以上的区街骨干老企业。同时对区内的日用陶瓷生产、毛巾生产线配套、锅厂铸锅设备及轧钢厂、炊事机械加工厂、橡胶厂、机械厂、铁锰公司等厂矿设备进行改造。在挖潜改造、调整工业结构过程中，两区加强企业管理，进行企业整顿，落实经济承包责任制，区属工业得到较大进步。

1989—1992年，两区继续加大工业结构调整。浈江区新增冶金矿产公司、铸造总厂、曙光化工厂、铁锰公司、橡胶化工厂、水泥袋厂等多个工业企业；北江区新开发五里亭和十里亭一带工业基地，先后兴建蓄电池厂、陶瓷厂、塑料厂、玻璃厂、腊石坝选矿厂等工业企业。

通过经济结构调整，两区农业经济作物加快发展，轻工业在工业中的比重有所提高。积累和消费的比例有所调整，关停并转了一批消耗高、亏损多、产品不适销对路的企业，组建了一批企业性公司和经济联合体，经济比原来好多了。但因部分人员对经济调整的必要性还认识不足，改革的步子还是不大。

二、建立家庭联产承包责任制

改革开放后，两区按照国家和省、市的统一部署，在完成指导思想上的拨乱反正，把工作重点转移到经济建设上来的同时，认真执行对内搞活经济，对外实行开放的方针政策。1981年春，各乡镇贯彻执行农村经济体制改革政策，开始建立以联产到劳、包产到户和包干到户为主要形式的生产责任制。是年，区境实行联产计酬（专业承包、联产到组、包干到户）的生产队占总数的40.1%。1982年9月，各乡镇党委及时组织党员、干部学习、讨论中共十二大会议精神，进一步提高建立家庭联产承包责任制的认识。干部群众明确了家庭联产承包责任制，在生产品种上，生产队只对国家征购部分提出要求，其余部分生产什么，生产多少，由社员自己决定；在产品分配上，社员只包完成国家征购任务，包上交生产队提留，其余归个人所有，群众概括为“保证国家的，留足集体的，剩下都是自己的”。这种责任制使农民获得了生产和分配上的自主权，把农民的责、权、利紧密结合起来，不仅克服了以往分配中的平均主义、“吃大锅饭”等弊病，而且纠正了过去管理过分集中、经营方式单一等缺点，极大地调动了广大农民联产承包的积极性。到 1982 年底，浈江区“双包”户升至93.2%。

1983 年 1 月，中共中央发出《当前农村经济政策的若干问题》，指出以包产到户、包干到户为主要形式的联产承包制“是在党的领导下我国农民的伟大创造”，要求“凡是群众要求实行这种办法的地方，都应当积极支持”。这一政策，给农民吃了一颗定心丸，“双包”户进一步增多。到 1983 年 5 月，浈江境内“双包”户升至98%（其中大包干占95%）。

1984 年 7 月，北江区从浈江区划出设置县级区后，两区按照省市文件精神于是年 10 月开始抓农村的组织建设，把小乡改为管理区，理顺集体财产和私有财产关系，着重抓好土地承包管理，稳定和发展以家庭联产承包为基础的双层经营，健全和完善土地承包管理制度，逐步使农村经济体制走向制度化、规范化。

1989 年 6 月，根据省、市农村工作会议精神，两区分期分批进行土地承包小调整。第一批调整承包土地 1028.4 公顷、共8692 户，其中浈江区 755.33 公顷、7276 户，北江区 273.07 公顷、1416 户；第二批主要对农转非、死亡人员及部分工商农户的责任田进行调整，其中浈江区调整 39.53 公顷、381 户，北江区调整

34.93 公顷、218 户。

农村家庭联产承包责任制，冲破了过去管得过多、统得过死的管理体制，农民有了土地使用权、产品处理权、收益分配权和劳动支配权，把个人、集体、国家三者利益结合起来，体现了生产效益与劳动成果的关系，充分调动生产者的积极性和主动性，提高了劳动效率。

三、推行企业经营承包责任制

1985 年，两区商贸批发企业、大中型零售企业，开始实行经营承包责任制，其主要形式包括：利润包干上缴、见利分成、超利分成、联销（产）计酬、工资全浮动或部分浮动等，实现企业经济效益同职工个人利益挂钩的改革目标。

1987 年，两区开始实施对工商企业逐步放权，并在计划管理的基础上，全面试行集体经营承包责任制。第一轮经营承包，实行工资、产值、利润、上缴税金和管理费等内容的责任制，承包期内按承包基数超过部分全留给企业，未完成上缴指标则用自有资金或风险抵押金补足。区属 80% 公有制企业进行厂长（经理）集体承包，并签订集体承包合同。初时的承包基数主要有产值、利润、上缴税金和管理费等。承包期按承包基数超过部分给企业全留，未完成上缴指标的则用自有资金或风险抵押金补足。实行承包经营责任制后，有效调动企业领导的积极性，对区属工商业发展起到了一定作用。但因承包方式还欠科学而且缺乏有效的制约机制，有的承包人包盈不包亏，盈利暗自分，使得亏损企业责任人得不到制约。

1991 年，两区在制定第二轮经营承包责任制过程中，吸取上一轮承包制的经验教训，重新调整承包方案，承包企业由主管部门作为发包单位，实行工资总额与经济效益挂钩。即：工资总额与销售收入及实现税利挂钩，其中销售收入挂钩比例不超过50%，工资总额基数以1989年应提数减除应征工资调节税部分，加上1990年合理增资部分再减去计划外用工的工资总额为准基数，并根据企业发展近况作适当调整，经济效益下浮时，职工工资总额下浮不超过20%。此轮经济承包，各工商企业主管部门对所属企业进行分类排队，按照不同情况采取不同承包方式，原则上不搞个人承包。其承包方式主要有集体承包、全员抵押承包、招标承包和租赁经营责任制等四种。

企业推行经营承包责任制，虽然在开始的时候收到了一些好的效果，但因承包机制还不健全，仍然没有扭转公有制企业亏损日益严重的发展趋势。

第三节 重点扶助革命老区发展

一、坚持“四个优先”扶助革命老区

浈江区（含北江区）建区初期，重点是帮助贫困老区脱贫。坚持“四个优先”（贫困乡镇的、解决群众温饱问题的、发挥当年效益的、周期短效益好的优先）和“两个兼顾”（治标与治本兼顾、目前效益与长远效益兼顾）的原则，扶助老区脱贫致富。

中共十一届三中全会后，老区人民在党和政府的领导下，建立和完善家庭联产承包责任制，大力加强农业基础设施建设，积极调整和优化农业结构，以扶贫开发为契机，不断加大资金与科技投入力度，实施劳动力转移培训工程，发展劳务输出，逐步把老区农业的发展推上快车道。随着改革开放的进一步深入和农村经济的快速发展，老区农业机械从无到有，从少到多，从低级到高级，已成为农业生产力的重要组成部分，在促进粮油增产增收、开展多种经营、促进勤劳致富、活跃农村经济、推动科学技术进步等方面起到了巨大作用。

二、定点对口扶贫

从 1997 年开始，两区将帮扶革命老区改善生产生活条件作为首要任务，开始进行定点对口扶贫，并完善主要领导负总责、分管领导具体抓、驻村干部定点抓的对口帮扶工作机制。针对各村

实际情况，两区进行分别对待、科学规划和示范带动，从产业发展、文化教育等方面，深入开展智力帮扶、信息帮扶、思想意识帮扶。各党政机关坚持“领导挂点、部门包村、干部帮户”的基本要求，定点实施对口帮扶项目。

2004 年北江区并入浈江区后，浈江区委、区政府十分重视老区建设，先后投资 1000 多万元，抓好新韶、乐园、十里亭、犁市和花坪等老区行政村的公路硬底化改造、安全饮水等基础建设，老区建设有了较大发展。至 2009 年，先后发放扶助建设款 100 多万元，福利事业款 60 万元。修建公路 21 条，长 109 千米；安装电灯线路 50 条，维修水利 14 宗，兴建自来水塔 58 个，打井 800 口；修建学校 13 所，帮助烈属 100 多户修建房屋，解决 900 人的住房困难。[①] 此外，根据浈江区的地理优势发展特色项目，调整和优化产业结构，采取“公司 + 基地 + 农户”的方式发展经济，着力打造一批产业龙头企业，逐步形成一批有一定规模的产业村、产业链。建立多层次、多形式、多专业的农民培训基地，引导老区农民参加相关的实用技术培训，帮助有意愿参加劳动转移就业培训的贫困农民，学好一技之长，找到一份收入稳定的工作，帮助困难群众用自己的双手去摆脱贫困。

按照“打通主枢纽、畅通主出口、完善主网络、健全主骨架”的发展战略，加大乡村道路建设，公路建设事业日新月异，逐步实现“村村通水泥路”工程，老区群众的行路难问题得到解决。随着公路建设步伐的加快和运输管理体制改革的不断深化，公路运输业的迅速发展，老区各乡镇均有城乡客运公交，并建有村级客运站台，老区群众的出行及货物运输极为便利。

---

① 韶关市浈江区七届人大四次会议《政府工作报告》，2010 年 2 月 2 日。

党和政府重视和关怀当年为革命事业作出重大贡献的老区人民，并成立了老区建设委员会，专门负责老区建设发展工作。在全面建设小康社会的过程中，浈江区委、区政府引导和帮助老区人民，建设饮水工程、幸福安居工程、平安村居工程、乡村清洁美工程，完善文化设施，实施医保社保，安装太阳能路灯，实现了村村通路、通电、通水、通电话，大部分村民建起了楼房。其中，浈江区老促会落实中央扶持老区专项资金30万元，用于东联、莲花、府管等革命老区村公路维修、文化建设、路灯建设。老区人民逐步富裕起来，过上了安稳祥和的日子。

三、实施扶贫开发“双到”责任制

从2010年上半年开始，浈江区按照省、市扶贫开发“规划到户、责任到人”工作精神和“一年脱贫，两年致富，三年发展”的目标要求，坚持以改善基本生产生活条件、培育发展特色产业、提高人口素质为重点，以提高贫困村发展能力、增加农村集体收入和村民家庭收入为目标，推进扶贫开发“双到”工作。在组织实施帮扶规划过程中，强调各帮扶单位要建立健全督促检查制度，帮扶单位的第一负责人每年到挂扶村、户指导和检查督促帮扶项目、资金落实和推进工作不少于2次；帮扶单位派出的帮扶责任人，每年到挂扶村、户指导和落实帮扶措施的时间累计不少于3个月。同时，在帮扶工作中，既要发挥定点帮扶单位的作用，更要发挥帮扶对象的积极作用，形成合力，保证如期实现脱贫目标。通过帮扶具体规划的实施，实现“八个确保”，即确保被帮扶的贫困户有自我发展和稳定收入的主业，并实现稳定脱贫；确保贫困户家庭危房完成改造；确保符合条件的贫困户家庭被纳入最低生活保障；确保贫困户家庭能参与当地的农村合作医疗保障；确保贫困户子女接受义务教育不辍学；确保考上大中专院校的家庭学生能够顺利完成学业；确保符合条件的贫困户劳动力能参加免费职业技术培训，至少输出一个劳动力；确保每一贫困户学会一至两门种养技术或者手工加工技术，提高种养劳动技能。使受到帮扶的贫困村达到有坚强的领导班子、有科学的发展规划、有稳定的集体收入、有整洁的村容村貌、有民主的管理制度、有文明的社会风尚。

为了确保贫困户基本实现稳定脱贫，80%以上贫困村基本改变落后面貌，在两轮扶贫工作过程中，浈江区政府投入资金7491.9万元，其中第一轮3884.4万元，第二轮3607.5万元，用于道路建设、饮水工程建设、太阳能路灯建设、幸福安居工程、平安村居工程、垃圾池建设、文化体育设施等建设，实施帮扶项目184个，其中第一轮扶贫道路建设32.1千米，投入资金951万元，第二轮扶贫道路建设15.3千米，投入资金361.6万元。

艰苦扶贫终有成，通过实施扶贫开发“双到”工作责任制、精准扶贫“靶向治疗”以及“一村一策、一户一法”等综合扶贫，浈江区10个被广东省定为贫困村的面貌发生了新的变化，产业特色明显，贫困户生活水平有了新的提高。至2015年6月底，全区实际脱贫户有603户，脱贫人口2183人，10个贫困村的村集体经济纯收入均达8万元以上。

第四节 红色资源开发利用和保护

一、开展革命遗址普查，留下珍贵精神财富

红色资源是浈江城市文脉和最珍贵的精神财富。大革命时期，浈江区境是北伐大本营，共产党人曾到浈江境内及周边各地进行宣传慰问和战地调查，广东工农革命军从广州来韶州进行军训，同时浈江也是中共曲江特别支部、中共曲江县委、中共北江地委的机关所在地。土地革命时期，朱德率南昌起义军驻扎浈江犁铺头，其直接支持的曲江西水暴动，推动了北江地区的革命斗争。朱德亲自编写军事教材，总结出来的游击战术，为后来系统、完善的游击战术作出了贡献。抗日战争时期，浈江区境是中共粤北省委机关所在地，是广东青年抗日先锋队、中共北江特委和曲江县（工）委机关驻地，也是共产党组织领导的文化战线重地，同时还有中共粤北地下党组织设立的交通站和联络站。

2010 年，浈江区按照省、市党史部门的统一部署，开展红色文化发掘工作。工作人员深入乡镇、街道，走村入户，翻山越岭，对全区范围内的革命遗址进行了全面普查，全区遗留下来的红色旧址（遗址）有 30 多个[①]。通过普查，全面了解了区各地丰富的

---

① 韶关市浈江区申苏申老工作领导小组：《红色浈江》，2018 年，第 5 页。

革命遗存，掌握了各地革命遗址的基本现状，为准确研判革命遗址保护形势，为区委、区政府进一步制定革命遗址保护利用政策提供重要依据。

二、保护修缮红色文物旧址，兴建纪念馆陈列室

自 2007 年以来，在省、市政府部门的支持帮助下，先后修缮了中共五里亭粤北省委旧址、犁市当铺（朱德率南昌起义部队革命活动旧址）、革命烈士叶发青旧居等一批红色旧址。2008 年 10 月，韶关市在市区帽子峰北坡兴建北伐战争纪念馆。2009 年 3 月，中共广东省委决定修复中共广东省委、粤北省委机关旧址，并在五里亭旧址旁新建了中共广东省委粤北省委历史陈列馆，于 2010 年 7 月 1 日正式对外开放。2012—2016 年，浈江区先后修缮犁市当铺当楼、门楼、住宅楼等文物本体。2017 年开始修缮犁市当铺陈列室主体工程；是年，修缮革命烈士叶发青旧居陈列室，并于 2018 年完成陈列布展，7 月 1 日正式对外开放。这些红色旧址，都已成为浈江区境红色旅游的亮点。

三、打造红色教育基地，传播红色文化

加强红色教育基地建设，将中共广东省委粤北省委历史陈列馆、北伐战争纪念馆建设为省、市级爱国主义教育基地，将南昌起义军粤北活动陈列室、叶发青烈士陈列室等建设为市、区级爱国主义教育基地、党员（党史）教育基地、国防教育基地、中小学课外教育基地、大学生社会实践基地等，积极发挥红色革命遗址的社会教育功能。加强红色革命遗址、纪念设施人员配备和队伍管理，培训专业讲解员，抓好面向观众特别是面向广大青少年的讲解宣传，在接待咨询、参观引导等方面实现规范化服务，围绕基本陈列、革命文物、重要纪念物建立“红色微课堂”。结合

“不忘初心、牢记使命”主题教育，定期组织党员、干部和广大群众参观学习。一是帮助老区镇村党员、干部感悟共产党人的初心。浈江是一块较早接受马列主义思想影响的红色沃土，尤其是大革命后期和土地革命时期，一批早期共产党人先后来到浈江，浈江区境的叶凤章、叶发青、刘福、陈异峰等大批仁人志士，都是在那个时候参加革命加入中国共产党的。组织老区党员、干部学习本地英雄人物的革命事迹，了解历史情况，才能理解他们的革命初心，才能更好地为老区人民服务。二是加强红色资源的发掘宣传，收集整理叶凤章等历史人物英雄事迹的资料，利用红色革命遗址和红色文化研究成果，充实红色文化讲解内容，向广大群众传播红色文化，弘扬革命精神，教育广大干部、群众，学习革命先烈大公无私、不怕牺牲的革命精神，以更加坚定的信念和更为饱满的热情，立足岗位做好本职工作。三是突出爱国主义教育主题，采用声情并茂讲故事的形式，向在校学生宣传地方革命斗争历史，引导广大青少年完整地了解中国共产党的历史、中国共产党浈江区历史，了解党所走过的艰辛历程，了解党的优良革命传统，使其真正懂得今天的幸福生活来之不易，以此激发广大青少年热爱党、热爱祖国、热爱社会主义的真情实感，更加坚定听党话、知党恩、跟党走的信心。

四、开发利用红色旅游资源，促进区域经济发展

2009 年以来，浈江区委、区政府不断挖掘红色资源潜力，利用红色资源的优势，围绕红色旅游做文章，在全面盘点当地红色旅游资源的基础之上找到亮点，进行深度整合，推出能够叫得响、吸引人的红色旅游产品。打造若干条经典红色旅游长路，推出“八一南昌起义部队星火粤北路”等经典专题旅游线路，将革命老区村串连起来，带动区域经济发展。同时发挥主观能动性，向

上争取政策，向下利用资源，逐步把红色资源的优势转化为经济发展的优势。如修复粤北省委旧址和犁市当铺，并在旧址设立了展览馆，馆中展品丰富，展出形式多样，更是巧妙地利用展区布置与多媒体形式，生动地展现出当时广东省委和朱德练兵状态及革命精神。至2017年底，浈江区红色旅游吸引了广大市民和外地游客参观，在推动当地经济和社会发展，帮助老区脱贫致富奔小康的道路上大有作为。据中共粤北省委展览馆登记处的介绍，自展馆开放以来，参观的人数每月至少800人，特别是在纪念节日尤其多。前来参观的，大多是团体，学生组织也有很多，为大力发展红色旅游增添了新亮点。

第六章

加快推进改革开放步伐

第一节 建立和完善社会主义市场经济体制

一、深化农村经济体制改革

1992年，中共中央确立社会主义市场经济体制的改革目标后，不断深化经济体制改革，培育和完善农村市场主体、深化市场体系改革，加强政府宏观调控体系建设，为进一步深化农村经济体制改革、促进经济发展打下了坚实的基础。

（一）巩固和完善家庭联产承包责任制。1993年3月，八届全国人大一次会议再次对宪法进行修正，将“家庭承包经营”明确写入宪法，使其成为一项基本国家经济制度，从而解决了多年来人们对家庭联产承包经营制度的争议。中共中央和国务院进而规定“以家庭联产承包为主的责任制和统分结合的双层经营体制，是国家农村经济的一项基本制度，要长期稳定并不断完善。为了稳定土地承包关系，鼓励农民增加投入，提高土地生产率，在原定的耕地承包期到期之后，再延长三十年不变”。此后，两区也和全国各地一样，分别通过行政村与农户签订了土地延包30年的合同，并把长期实行的农业生产责任制正式确定为以家庭承包经营为基础、统分结合的双层经营体制，去掉了以前的“联产”限制。

1999年，两区落实中共中央、国务院政策规定，成立第二轮土地延包工作领导小组及办公室，各镇、村同时成立相应机构。

浈江区第二轮土地承包工作从区机关抽调30多名干部，直接进驻镇、村、组帮助开展延长承包期工作。截至1999年10月，浈江区签订延长土地承包合同书4915份、颁发土地承包经营权证书4915本，北江区签订延长土地承包合同书1856份、颁发土地承包经营权证书1856本。

第二轮土地承包，两区分别建立起土地流转机制，既满足部分专业户农民扩大土地经营项目要求，又为一部分离开土地从事工副业生产的农户解决后顾之忧，农村土地承包稳定发展。

2004年5月29日，原北江区行政区域和原曲江县花坪镇、犁市镇划归浈江区后，浈江区委、区政府根据中央“一号文件”关于“三农”问题的意见，以及中共十七届三中全会提出的要按照产权明晰、用途管制、节约集约、严格管理的原则，进一步完善农村土地管理制度。坚持最严格的耕地保护制度，层层落实责任，守住18亿亩耕地红线。划定永久基本农田，建立保护补偿机制，确保基本农田总量不减少、用途不改变、质量有提高。继续推进土地整理复垦开发，耕地实行先补后占，不得跨省区市进行占补平衡。搞好农村土地确权工作，及时进行登记、颁证。

（二）进行农村经济市场化的探索。1993年，两区开始农村经济市场化改革。农村经济市场化，首先要求农业经济结构的市场化，必须实施战略性的结构调整，调整农业产业结构，重建农业产业体系。因此，两区确定“在全局上抓布局，在数量上抓规模，在品种上抓特色，在经营上抓市场”的基本思路，并按区域规模化、基地标准化、品种优质化、管理科学化、经营产业化的要求，实现专业化生产、系列化加工、企业化管理的总体布局。一是以支柱产业为核心，培植产业特色。根据市场需求，结合本地实际，逐步形成以优质水稻为基础，以水果、蔬菜、畜禽为支柱，包括水产品、速生丰产林共同发展的，具有区域特色的农业产业体系。二是以突出特色为核心，调整产业布局。初步形成以水果、畜禽养殖、蔬菜、优质水稻、水产养殖为主的经济带，形成一乡一业、一镇一品的产业格局。三是以优质高效为核心，调高农业产品档次。着力实施“三优工程”（即优质油菜工程、优质水果工程、优质三元猪工程）培育、“四大精品”（即培植优质稻、优质油菜、高栏西瓜、三元杂交瘦肉猪等四大精品）。通过产业结构调整，初步实现四个转变：农村经济由以粮为主向以多种经营为主转变，产品结构由传统产品为主向精细特产品为主转变，农民增收渠道以多种经营为补充向以多种经营为主转变，农业生产布局由分散经营逐步向规模集约经营转变。

二、推进公有制企业深化改革

1993 年后，两区内个体、私营工业企业迅猛发展，公有制企业的体制弊端明显，在激烈的市场竞争中纷纷受到冲击，两区政府根据企业实际和市场经济的特点，逐步对区属公有制企业深化改革。

股份制改造。北江区五金交电公司于 1989 年 1 月进行股份合作制改革的尝试，随后有区属五金修理厂、弹簧厂等企业也推行了股份合作制。浈江区煤炭工业公司，于 1999 年 10 月进行股份合作制改造。此后，区属五一汽车修理厂、韶浈煤炭公司等企业先后推行股份合作制。初期，股份合作制改革采取了制定公司章程，量化企业资产，职工入股，募集股本金，召开股东大会，选举产生董事会、监事会和选举董事长，确定经营机制，聘请经理人员等办法。改制后的企业自负盈亏，按股分红，同等条件下优先安排股东上岗，未入股的原企业职工仍为改制后企业员工，但不享受红利。推行股份合作制后，短期内效果很好，给企业带来一定活力。但是，由于职工多数持股，小部分未入股人员仍然是企业职工，不能精减，也没减轻企业负担；董事长仍然是原来的厂长，董事会成员仍是原厂委会成员，管理体制、劳动用工和分配制度都没有发生根本变化，改制后的企业没有发生实质性变化。几年后，这种股份制企业很难在激烈的市场竞争中生存，不得不进行转卖或者转为少数人合股的股份制企业。此后，浈江区政府坚持“是否有利于国家或集体资产保值增值，是否有利于企业长足发展，是否有利于企业职工安置”的原则，根据不同情况采取不同改制方案。至2004年，浈江区内先后有煤炭工业公司、五一汽修厂、水玻璃厂等8家企业进行股份制改造。其中，浈江区水玻璃厂产量、销售均一直稳定，对于处理债权、债务、职工安置等问题非常有利，企业的盈利能力正处在较好时期，前景较好，区政府不失时机地将该企业改制为个人与国家共同持股的股份有限公司。

整体转让。1998—2004年，浈江区整体转让的工业企业有服装厂等5家。北江区实行整体转让的企业有弹簧厂、合金钢厂和中草药加工厂等。两区整体转让的主要做法是企业申请，区政府批准，将企业资产、土地使用权通过韶关市产权交易中心进行整体转让。转让收入用于安置企业职工和偿还债务，或者债权债务由购买者全部负责。企业转让后，原企业职工买断工龄，按工龄进行补贴，并解除职工身份，由受让方根据职工的技术情况择优录取，企业产权发生了根本变化，生产经营有较大发展。

企业破产。1998年初，浈江区纯碱厂提出破产申请。同年7月，浈江区人民法院受理该企业破产申请，并由法院成立清算小组，依法对企业账目进行全面清理核对。10月，纯碱厂的破产程序全部完成，核销该厂银行贷款2200万元。2001年初，北江区韶台工业开发区提出破产申请，法院同意，成立清算小组，全面清算开发区的资产。2001年12月，北江韶台开发区经清算后累计亏损1800余万元，负债2200余万元，法院裁定为破产。至2004年，浈江区先后有纯碱厂、港龙包装制品有限公司、曙光化工厂、灰砂砖厂等4家企业经法院裁定为破产。北江区破产企业有韶台工业开发区。企业破产后，企业的职工分别享受提前退休、买断工龄、分流安置等多项优惠政策，改制工作均较为顺利。

三、进行财税体制改革

1994年，浈江、北江区按照《国务院关于实行分税制财政管理体制的决定》进行分税制改革。财政收入划分为中央固定收入、地方固定收入、中央与地方共享收入三部分。依照中央与地方政府的事权划分和与财权相结合原则，全部税种划分为中央与地方财政的收入范围。消费税属中央税，营业税属地方税，增值税为中央与地方共享税。建立税收返还制，规定增值、消费税上划中央75%，返还地方25%。

从1996年开始，按照广东省对市、县（区）实行“分税分成，水涨船高”的财政管理体制，中央和广东省每年下达给浈江区指令性指标，上划中央库“两税”为780万元，上划省库“四税”为394万元；下达给北江区指令性指标，上划中央库“两税”为729万元，上划省库“四税”为343万元。

1999年，两区财政管理转为考核指标，每年下达指标数不同，两区上划中央“两税”分别为975万元、946万元，上划省库“四税”分别为528万元、512万元；2003年上划中央库“两税”，浈江区增加到2645万元、北江区增加到2634万元（含多作贡献数），上划省库“四税”，浈江区增加到1028万元，北江区增加到1087万元（含多作贡献数）。

通过财税体制改革，建立财政收入稳定增长的财力初次分配制衡机制，增强了政府财政筹资功能，加强了财政主导地位和宏观调控能力，提高了地方财政经济的自我组织、自我发展能力，在促进产业结构合理调整、政府经济行为合理化和“两个转变”方面起到了积极作用。

第二节 大力发展非公有制经济

一、推进个体私营经济快速发展

1994年9月，浈江区委、区政府作出《关于加快发展个体和私营经济的决定》，要求各级党委、政府“加强发展个体和私营经济工作的领导，加快发展个体私营经济步伐，大力兴建市场和经营网点，努力解决个体工商户和私营企业的生产经营场地，放宽个体工商户和私营企业的生产经营范围，简化申办个体工商户和私营企业的注册登记手续，放宽个体工商户、私营企业的财税和信贷政策，切实保护个体工商户和私营企业的合法权益，并加强教育和管理，保证个体私营经济的健康发展”。

1996年8月，浈江区委、区政府作出《关于加快发展个体、私营经济的决定》，要求区属各单位、各乡镇、街道办事处成立加快发展个体和私营经济工作领导小组，并配备专人负责个体私营经济发展的工作。同时还制定加快发展个体、私营经济的具体措施。9月，北江区委、区政府制定《关于加快发展个体私营经济的决定》，并成立加快发展个体和私营经济工作领导小组及办公室，提出“九五”期末个体工商户数要达到5000户，私营企业要达到300家，实现比1996年翻一番的发展目标。

1998年2月28日，中共浈江区委在第五次党代会上作出“以发展非公有制经济为重点，大力发展房地产建筑业、城市服务业和专业批发市场，促进第三产业上新台阶的决策。同时明确以服务城市、富裕农民为宗旨，大力发展城郊型农业，加快农村奔康致富步伐”。3 月 26 日，区委、区政府作出《关于进一步加快发展非公有制经济的决定》，重点鼓励、扶持企业下岗职工从事非公有制经营；向非公有制企业提供产业、税收优惠政策，并坚决制止向非公有制企业乱收费、乱摊派、乱罚款现象。6 月 23 日，区委、区政府制定并公布《关于浈江区经济发展战略规划的决定》，明确提出：“在三年内全区要增创两大优势，即增创商贸流通优势和城郊型农业优势；打好三大战役，即建成三条专业批发街和十大专业批发市场，建设两大农业基地，推进五大产业的发展；实施五大举措，完善两大机制，营造一个良好环境等发展措施。”

2000 年，两区把“加大招商引资力度、发挥区位优势、加快民营经济发展”三大战略作为重点，围绕工业强区、农业稳区、第三产业旺区，加快工业化、农业产业化、城镇化“三化”进程的总体发展思路，把放宽民营企业投资范围，降低民营企业市场准入条件，放宽审批条件限制，简化登记程序，扶持发展民营科技的、外向型的和吸纳国有企业下岗人员就业的民营企业作为社会宣传重点。

2003 年 2 月，中共浈江、北江区委第六次党代会上分别指出以发展为第一要务，大力实施加快发展招商引资、民营经济、城市建设等重要决策。6 月 30 日，浈江区作出《关于加快民营经济发展的决定》，明确加快民营经济发展的指导思想，放宽民营企业的投资范围，鼓励个人兴办各类合法企业，放宽审批条件限制，简化登记程序，加强财政、金融和税收对民营企业的扶持，民营企业办理手续实行“一条龙”审批，提供“一站式”服务，给予民营企业从业人员享受同等待遇等具体措施。到 2004 年底，全区个体工商户达6795户，从业人员2.72万人；私营企业696家，解决就业人员8352人。全区实现生产总值111345万元（不含犁市、花坪两镇），其中民营企业实现总产值45000万元，全区地方财政一般预算收入1634万元。①

二、努力发展外向型私营经济

1993年2月，两区提出“加快改革开放步伐，调整优化产业结构，提高企业素质，大力发展外向型经济，促进乡镇企业和第三产业发展，搞活商品流通，广开财源，强化农业的基础地位，加强党的建设和改善党的领导，把改革开放和各项建设推向前进”的总体思路。6月，两区结合省、市文件规定，分别制定《关于促进经济发展的八条政策措施（试行）》，即“实行税收指标考核；试行企业行政级别浮动制；扩大企业人事权，实行聘任制；设立个人贡献奖；鼓励机关人员走出官场、走向市场；设立引进项目奖；设立引进资金奖；设立合理化建议奖”。

从1999年起，两区政府分别在香港举行“’99广东经济技术贸易洽谈会”“韶关（香港）旅游推介会”等活动，宣传区境投资环境，介绍优惠政策，吸引港商来区投资兴业。到2000年底，浈江区签订招商引资合同11个，投资金额7297.16万美元，实际到位资金1334.81万美元；北江区签订招商引资合同6个，投资金额1473万美元，实际到位资金167.96万美元。

2001年，两区开始将招商引资任务分解到区属各部门、镇和办事处及相关企事业单位，招商引资工作有较大进步。2002年3月，两区重新制定《鼓励外来投资若干规定》和《招商引资责任

① 韶关市浈江区地方志编纂委员会：《韶关市浈江区志》，广东人民出版社2012年版，第625页。

制考核办法》，提出“转变职能，积极扩大利用外资领域；改善服务，营造良好的投资环境”。是年底，浈江区新签外商投资和港澳台商投资合同15个，投资金额6840万美元，实际到位资金2306万美元；北江区新签外资合同7个，投资金额2636万美元，实际到位772万美元。

2003年，两区在“走出去，请进来”“以商带商”等传统招商方式基础上，尝试“项目策划招商、观光招商、网上招商”等多种引资方式，先后利用在香港举办的迎春座谈会、广东网上招商会、粤港经贸洽谈会、韶关东莞对口推介会、武汉洽谈会、日韩洽谈会、“红三角”农展会、上海经贸会等活动，吸引客商到区投资兴业。到2004年底，浈江区（含原北江区）新签外商投资和港澳台商投资合同38个，投资金额2.1亿美元，实际利用外商投资和港澳台商投资资金5807万美元。

三、大力发展第三产业

1993年2月，中共浈江、北江区委在第四次党代会上提出“加快改革开放步伐，调整优化产业结构，提高企业素质，大力发展外向型经济，促进乡镇企业和第三产业发展，搞活商品流通，广开财源，强化农业的基础地位，加强党的建设和改善党的领导，把全区改革开放和各项建设推向前进”的总体思路。此后，两区政府开发城郊街边商铺和农贸市场及各类批发市场，吸引大量投资到乡村经商办企业。其中，浈江区新韶镇投资490万元，在东河村、黄金村、东联村沿街兴建商铺门店123间、档口30个，新增个体商户110户；投资29万元兴建小型市场2个、门店22间、档口40个，新增个体商户62户；投资100余万元在启明北路筹建夜间大排档40多间，并形成风味小吃一条街。乐园镇投资683万元，兴建和扩建市场4个、门店128间、档口96个，新增个体商户210户。其中，沙梨园投资450万元，兴建门店68间，同时引进资金1000万元，兴建南宛花园；教场村投入1000万元，兴建28层高的交通大楼，建门店16间，新增个体商户16户。此外各管理区利用闲置厂房和门店引进外商和港澳台商投资第三产业。北江区政府把发展第三产业作为乡镇企业发展的重点，投巨资加快专业批发市场建设，通过联营、集资、合作等方式，引入资金600多万元，兴建金凤坪曹村市场、靖村黄岗市场和五里亭综合批发市场等，完成建筑面积2800平方米，共建商业铺面93间，摊档120个，重点发展商饮、服务等第三产业。

截至2003年，浈江区有商饮企业1627个（含个体），比1995年增长1.27倍；北江区有商饮企业841个（含个体），比1995年增长1.64倍。2004年，浈江、北江合并后，全区有商饮企业3326家，占全区乡镇企业总数44.08%；从业人员4371人，占全区乡镇企业总人数22.66%；年收入38585.4万元，占全区乡镇企业总收入25.70%。

第三节 努力推进精神文明建设

一、不断增添文体设施，加快推进文化建设

1992年，两区开始建立区文化馆，设有图书阅览室、棋牌室、音乐室、舞蹈及培训室等文化活动场所。乡镇、街道和驻区企业也相应建立老年人活动室，经常组织老年人开展门球、乒乓球、钓鱼、象棋、桥牌、太极拳、剑术、体育舞蹈、健身秧歌等活动。

1995年，两区启动全民健身工程，不断加大财政的投入，先后建成包括东堤路、园前路、西堤路、北江路、浈江路、启明路在内的全民健身广场及河边公园，全民健身条件得到较大改善。社区先后成立民间太极拳协会、篮球协会、乒乓球协会、羽毛球协会，并邀请部分体育运动员和各类职业球手、棋手前来开展挑战赛、对抗赛。此后，两区乡镇和街道逐步兴建文化站，设有影视厅、歌舞厅、游艺室、棋牌室、阅览室等多个功能室，街道文化站分别增设音乐、舞蹈培训室。

从2003年起，两区进一步加强基层文化建设，形成组织机构网络化、服务对象社会化、文化设施现代化、生活形式多样化的基层文化格局，积极推进广场文化、社区文化、农村文化、校园文化、企业文化，重点扶持“夕阳红”歌舞团、粤北剧社等群众艺术团体，开展富有地方特色的群众文化活动。同时放开文化产

业投资领域，建立健全统一开放、竞争有序的文化市场体系，鼓励、引导、支持社会企业和个人投资兴办文体事业，逐步把区域建设成文化产业集聚地。2004 年，东河街道办事处被授予“全国城市体育先进社区”称号，南韶村社区居委会被评为“2001—2004 年全国群众体育先进单位”。[①]

二、实施科教兴区战略，推动产业优化升级

从 1993 年起，两区积极实施科教兴区战略，有效推动产业优化升级。

科技方面，积极引进推广优良项目。两区继续把提升企业科技含量作为增强市场竞争力的重要工作，分别根据“星火计划”实施推广项目，其中有北江冶炼厂推广应用的电渣冶炼工艺和从废料中回收锡金属工艺，金属机械工业公司推广应用的施工升降机安全保护装置、光导纤维工艺制品，韶丰织袜有限公司推广的抗紫外线丝袜等工业项目；另外把农业科技推广作为抓好“菜篮子工程”的重要工作，调整农业生产结构，扩大蔬菜种植和水产放养面积。其间，区科技人员经常下到基层给农民直接指导和推广，还在各村建立农业科技示范场和无公害蔬菜基地，并请市科学技术委员会相关科技人员在北江区金凤坪村组成大棚架生产反季节蔬菜推广小组。2000 年以来，两区把农业技术推广和引进科技含量高的招商引资项目作为科技活动重点，区级农业推广总站、农机总站、水产总站、兽医总站、区示范场和育苗中心等部门人员主要抓新产品推广和应用，各镇农技站、林业站、兽医站、水产站和各村委的农科员则重点帮助各科技示范村、示范场及示范

① 韶关市浈江区地方志编纂委员会：《韶关市浈江区志》，广东人民出版社 2012 年版，第 474 页。

户。同时推进政府电子政务信息网络建设，组建金科拨号中心，境内农办和外贸局均分别与金农网、商业网联网，并在网上发布信息、获取信息、办理部分行政审批业务。

教育方面，进行体制改革和人事改革。两区从1993年开始逐年进行一年一次的校长任期目标考评，并按实施水平按等次进行奖励。1995年，两区实行“双包共包”教育工作责任制，即镇、村干部包改善办学条件和学龄儿童入学率，学校老师包提高教学质量，乡村干部和学校教师共包学生入学率和巩固率，各镇长和镇教办主任分别向区长、区教育局局长签订目标责任书，并将教育工作目标管理纳入区委、区政府对各镇目标管理的考核内容，与各镇年终考核评优、评先直接挂钩。2000年，根据韶关市教委《关于在市直中小学实行教职工岗位聘任制的意见》精神，两区中小学全面进行教职工岗位聘任制。2003年8月，根据国务院办公厅《关于完善农村义务教育管理体制改革的通知》，两区乡镇分别设立镇中心小学并撤销新韶镇、乐园镇（南郊乡）和十里亭镇教育委员会办公室。是年，两区在进一步推进教育体制改革的同时，大力推动学校上等级，努力创办优质学校，有效保证辖区义务教育健康发展。至2004年底，两区境内适龄儿童入学率100%，小学升初中率100%。[①]

三、扎实开展创文活动，提升市民文明素养

从1984年起，两区广泛开展社会公德、职业道德、家庭美德教育，组织开展文明单位（窗口）、文明镇村、文明街道、文明家庭等系列群众性精神文明创建活动，努力培养有理想、有

---

① 韶关市浈江区地方志编纂委员会：《韶关市浈江区志》，广东人民出版社2012年版，第8页。

道德、有文化、有纪律的社会主义公民，有效提升广大群众的文明素养。

1991年5月，两区制定《“八五”期间社会主义精神文明建设规划要点》，要求区属各单位抓好“五个教育”（党的基本路线教育，理想道德教育，移风易俗树新风的教育，改革、开放和商品经济教育，热爱山区、建设韶关的教育）；突出抓好四个方面（办好党校，办好学校，抓好宣传文化阵地建设，抓好科技网络建设）；做好三项工作（分期分批整治村容村貌，努力推进城市环境面貌的整治工作，抓好单位内部的环境整治），努力建设一批园林式的单位。

从2003年起，两区按照韶关市创建省文明城市的要求，积极做好城市绿化美化工作。以“宜居浈江、美丽家园”建设为活动主题，投入资金，抓好市政重点项目建设，抓好城市大街小巷细节工程，抓好城市“美化、亮化、绿化、净化”四化工程，积极开展“见缝插绿、拆旧见绿、拆墙透绿、拆违扩绿”等活动，进一步净化绿化城市环境，提升了城市品位。

四、加强医疗卫生事业，建立完善城乡医保制度

1993年，两区按照省卫生厅、财政厅、物价局联合印发的《关于医疗服务收费改革的有关问题的通知》要求，开始实行医疗服务价格双轨制，并将转变医院经营机制作为改革的重点。是年，区境医院开始实施“达标上等”分级改革。实现医疗、卫生资源统筹规划，通过合并、兼并、撤销、转向等方式进行调整，鼓励走联合发展医疗集团的道路。

1995年，两区加强乡（镇）、村卫生站（所）建设，对全区农村卫生站重新进行审核、注册、发证，按照“甲级卫生室”的标准，进行严格审验，并对乡（镇）、村卫生站（所）进行

改革。通过改革乡镇卫生院管理体制，提高乡（镇）、村公共卫生、预防服务能力。1996 年，湞江区推行院长聘任制改革，湞江区人民医院的院长、副院长由任命制改为聘任制，聘任期为三年。是年，两区人民医院分别通过评审，达到“一级甲等医院”标准。

从 1997 年起，两区按照《中共中央、国务院关于卫生改革与发展的决定》，以及国务院办公厅《关于城镇医药卫生体制改革的指导意见》，根据省、市主管部门的统一部署，先后出台一系列深化医疗卫生体制改革的配套政策，开始在辖区内进行卫生管理体制、医疗体制及职工医疗保障制度等多方面的改革。同年，两区推行医院院长目标管理责任制和院长负责制，并对医疗服务价格、药品价格及药品收支两条线、医疗机构内部进行改革。1998 年，按照广东省制定的《关于全省城镇职工基本医疗保险制度改革的规划方案》要求，两区政府开始在区辖范围内全面推行城镇职工基本医疗保险制度。2000 年 6 月，按照《广东省卫生资源配置标准》，区境对原有卫生管理体制实行改革，完善区、乡（镇）、村三级医疗卫生预防体制。

2001 年，两区卫生行政主管部门进一步加强宏观调控及其监督功能，按照“总量控制，结构调整”原则，通过采取定期到医院进行对处方、门诊登记、病历的书写规格的检查，有效控制医疗费用、业务收入、药品收入的增收，各项指标控制在省、市的要求内。对个体医生开业收费，要求按省厅规定收费标准收费并将收费标准向区物价局申报备案。收费票据统一使用财政部门规定的统一票据，管理费收费定额张榜公布。是年，两区推行医疗机构分类管理，扶持和发展营利性医疗机构和民办非营利性医疗机构；推行“减员增效”政策和试行医院人事代理制，实行后勤服务社会化，将精简人员组成后勤服务实体或将后勤服务工作交由社会服务机构承办，并对国有企业医院进行改制。同年5月，两区原有公费医疗制度改为实行基本医疗保险制度。2002年5月，境内贯彻实施卫生部《城市社区卫生服务基本工作内容（试行）》及一系列配套政策，审核和建立社区卫生组织。境内人民医院及一批审核合格的社会医疗机构被纳入辖区社区卫生服务体系。

从2003年起，两区不断完善社区医疗卫生体系，强化社区和乡村卫生服务效能，建立健全医疗保障体系，积极调整卫生医疗服务资源，加强社区和乡村卫生服务网络建设，充分发挥社区和乡村卫生服务效能，多数厂矿、街道、村（居）委设有卫生站（所），初步形成区、镇、村三级卫生医疗保健网，社区卫生服务覆盖率达60%。

五、实施民心工程，办好民生事业

1995年，两区开始实施农村奔康工程，分期分批改造旧村和兴建现代文明新村，逐步改善农民居住条件。1996年10月，两区实施城镇居民最低生活保障制度，对辖区内人均低于每人每月140元这一标准的城市生活困难家庭给予差额救助。生活困难家庭和民政对象所需的经费由市财政负担60%，区财政负担40%。在职职工和离退休人员经费由所在单位负责。

从1998年起，两区建立在职职工、下岗人员、离退休人员最低生活保障制度。各街道办事处按城市每人每月平均最低生活保障线标准报区政府批准，从财政拨出专款，每月对救济对象进行差额救济。此后，区境各街道办事处按照省、市文件精神，逐步提高最低生活保障标准。1999年7月，保障标准提高30%，即城市居民每人每月182元。

2004年，两区实施民心工程，加大农村富余劳动力的培训和转移就业力度，对失业人员和下岗职工提供职业介绍和再就业培训，完善城乡居民最低生活保障制度，把符合低保条件的群众及时纳入低保范围，并逐步提高辖区残疾人的入学率、就业率和社会保障率。

7

第七章

全面建设小康社会

第一节 经济建设逐步推进

一、全面推进社会主义新农村建设

从2005年起，浈江区委、区政府以调整结构为突破口，对农业和农村产业结构进行全面的优化升级，积极发展农村二三产业，尤其是乡镇企业中的农产品加工业。充分发挥区域大米、笋竹、粉葛、淮山等优质农产品优势，大力发展特色农业、生态农业，把优势农产品做大做强，尽快形成区域性主导产业和支柱产业，集中力量培育名优品牌，以增强本地农业生产的市场竞争能力，提高农民收入水平，促进农业和农村经济的跨越式发展。调动和引导社会资源流向农业及其相关产业部门，加大农业基础设施建设力度，建立社会化农业利益补偿机制，提高农业比较利益，充分调动农民生产积极性，实现对农业资源的高效利用，稳定农业生产。大力推进现代农业园区建设，积极推进农业产业转型升级，加快转变农业发展方式，把高起点、高标准、高速度推进现代农业园区建设作为发展现代农业、高效农业，促进农民增收致富的关键举措。从2009年起，浈江区将以“加快转变农业发展方式，建设幸福美好农村”为核心，大力抓好“一园区、六基地和一二三工程”［一园区：浈江区陈江现代农业产业园区；六基地：2万亩优质花生基地、2万亩优质米基地、2万亩优质菜基地、2万亩优质鱼基地、16万头生猪养殖基地和三雄育种基地；一二三工程：一条生态农业旅游长廊（工业产业园到河富）；两条农业经济带（韶关大学路农业休闲、观光、饮食十里农业经济带，浈江河两岸碧桂园到弯头水利工程农业休闲、观光、饮食为主的“农家乐”十里经济带）；三个农业产业示范园（乳香元农业示范园、明弘农业生态园、冯氏农业生态园）]，确保增加农业产值和农民收入。到2018年底，全区有产业化组织118个，其中省级农业龙头企业6家、市级农业龙头企业15家；农民专业合作社49个，其中省级示范社1家、市级示范社2家；家庭农场48个，其中市级示范家庭农场10家。

二、产业集群推进工业化发展

2006年1月，浈江区委、区政府根据国务院《关于鼓励支持和引导个体私营等非公有制经济发展的若干意见》，制定《关于鼓励招商引资的暂行办法》，并积极实施招商引资工作。到2007年2月，浈江产业转移工业园与多家企业现场签约，共签13个非公有制企业进园项目，投资总额近10亿元，涉及电子、纺织、机械装备制造、食品、农副产品加工、包装等多个领域。2008年9月，广东省各级政府对浈江产业转移工业园进行整合及奖励资金投入，园区的投资环境有了较大的改观，园区承载力增强，路网、水网、电网、排污管网覆盖面逐步扩大，基础设施日渐完善，服务质量日渐提高，有效吸引了更多的非公有制企业前来投资兴业。

2009年，浈江区开始以东莞（韶关）产业转移工业园区基础建设为重点，累计投入6.9亿元在园区内创建韶关市中小企业创业基地，基地重点发展机械制造、汽车零部件、生物制药三大特色产业。基地规划建设面积66.67公顷，分三期开发建设，第一期建设以机械加工为主；第二期、第三期开发建设以机械制造、生物制药、电子信息、高新技术、食品及旅游产品加工业为主。基地的建设主要由政府主导，吸引民间资本投资建设标准厂房，以优惠的价格出租给创业的中小企业，降低中小企业创业成本。积极扶持规模以上工业企业，落实《浈江区采取措施加快经济发展工作方案》中各项工作任务，下发《关于调整加快经济发展方案中挂点领导的通知》文件，重新调整规模以上工业企业挂点领导工作方案，并切实做好服务。到2012年，全区规模以上（简称“规上”）工业企业完成工业产值（现价）58.9亿元，同比增长13.35%。

2013年以来，浈江区以经济建设为中心，牢固树立和落实科学发展观，坚持在发展中促转变，在转变中谋发展，强力推动经济社会又好又快发展。树立新理念，发挥新优势，实事求是地提出“一二三四五”发展战略和“在全市率先全面建成小康社会”的奋斗目标。工业方面以莞韶产业园为核心园区，建立机械装备制造产业、木业家具产业、汽车零配件产业、烟草薄片产业等工业格局，智慧螺丝城、国粤发电等优质项目先后入驻。城镇化发展方面，扩容城区，碧桂园凤凰城持续“扩城”，东环线公路一期工程进展顺利，东郊客运枢纽中心站已破土动工，原曲仁矿棚改田螺冲安置区居民陆续搬迁入住，鑫金汇建材家居广场顺利开盘即将营业，华南农产品交易中心已完成整体规划，城区逐步扩容从“小岛”向东部战略性“突围”。

到2018年底，浈江区完成生产总值246.85亿元，按可比价格计算，同比增长4.4%。其中，第一产业增加值6.49亿元，同比增长3.8%；第二产业增加值44.6亿元，同比增长21%；第三产业增加值195.76亿元，同比增长1.4%。全年区地方一般公共预算收入4.23亿元（含园区数），同比增长8.4%。其中，税收收入3.20亿元，同比增长6.8%；区一般公共财政预算支出14.81亿元，同比增长8.2%，其中财政八项支出同比增长7.1%。全年社会消费品零售总额257.59亿元，同比增长9%。全年工业实现增加值 36. 4 亿元，同比增长 27. 5% 。其中规模以上工业增加值 31. 2 亿元，同比增长 31. 6% 。[①]

三、大力推进城镇化发展

从 2005 年起，浈江区委、区政府加快城镇化发展步伐，使更多的农村劳动力向非农产业、乡镇企业、小城镇和城市转移，增加农民就业机会，增加农村人均资源占有量，实现工业与农业、城市与乡村发展的良性互动。一是围绕市确定的总体规划，把辖区韶大片（韶关大学区域）定位为“城市副中心”、茨菇塘片定位为“三大城市组团公共中心”之一的布局和充分利用韶关（浈江）东部开发、莞韶产业转移工业园浈江片区等的契机，实现以北片产业转移园为工业基础，以东片文化资源为依托的品牌带动战略部署。通过加大基础设施建设的力度，完善片区中心服务功能，以良好的招商平台，吸引外地客商到新区投资开发，提高产业转移和文化对经济发展的贡献率，促进建筑房地产业发展。通过加大基础设施建设的力度，完善片区中心服务功能，以良好的招商平台，吸引外地客商到新区投资开发，提高产业转移和文化对经济发展的贡献率，促进建筑房地产业持续健康发展，先后建成碧桂园、林语阳光、森林观邸、御景园、龙洲岛、南天豪庭、莱斯豪苑、南枫碧水园等一大批新的现代化、中高档住宅小区，为韶关市和辖区内的居民提供了一大批拥有良好优质居住环境的住宅。二是加速推进城乡道路建设，逐步把农村融入城镇。2006 年，浈江区针对全区乡村道路年久失修直接影响农民群众生产、生活的问题，提出了大力实施“村村通”工程的重要战略目标，

---

① 韶关市浈江区地方综合年鉴编纂委员会：《浈江年鉴（2019）》，方志出版社 2019 年版，第 232—234 页。

还从较困难的财政中拿出部分资金，对乡村公路建设进行补贴，确保了乡村公路建设工作的顺利进行。2009 年，浈江区建设乡村公路网，作为扶贫“双到”、推进农村城镇化进程、缩小城乡差距的主攻方向，重点解决革命老区和边远山区道路通行问题。从 2013 年起，浈江区为更好地服务社会主义新农村建设，方便人民群众安全便捷出行，强化各级政府和部门责任，加大乡村道路建设投入，实施农村公路路面硬化工程和窄路基路面拓宽。到 2018 年底，全区公路养护里程 570.64 千米，其中省道 2.89 千米、县道 75.52 千米、乡道 324.13 千米、村道 168.1 千米。

三是加速推进“三旧”改造和棚户区改造。从 2009 年起，浈江区委、区政府按照市委、市政府的统一部署，把推进“三旧”改造列入日常工作。同时对重点改造项目招商引资，密切配合市相关部门做好项目征地、拆迁、场地平整、规划、报建等方面的协调工作，尽可能满足投资商在项目开发过程中的各种合理需求，简化程序，建立高效运转的绿色审批通道，有力促进韶关钛白粉厂（锑冶炼厂）、核工业地质研究所、五里亭韶台工业园祥铃公司、国润烟叶再造公司、十里亭广东众力发电设备公司、赣州市驻韶关转运站、韶运集团韩家山、韶关万鸿公司、五里亭利民制药厂等 10 个重点“三旧”改造项目的申报和实施。通过实施新区开发、工业园建设、“三旧”改造和棚户区改造，区域内先后建成百年东街、浈江产业园等一大批现代化厂房、中高档新住宅小区和商业区，为区域城镇化发展提供了良好优质的居住环境和兴业环境，吸引了各地企业家、工商界人士和城乡居民来辖区安居置业，加速了区域城镇化进程。至 2018 年末，浈江区常住人口 41.11 万人，比 2004 年增长 14.1%。全区城镇化率达 85.26%。城镇化的快速发展，不但改善了城乡居民的居住环境，而且带动了工商业和房地产业的快速发展，同时也促进了区域经济的快速发展。

第二节 政治建设不断加强

一、支持人大和政协依法依章履行职能

从2005年起，浈江区委、区政府高度重视人大、政协工作，不断加强和改进党对人大工作的领导，在重大决策上广泛听取人大的意见，在工作推动中注重发挥人大的作用。各级政府自觉接受人大监督，积极支持人大、政协工作，确保政协政治上有地位、履职上有作为、工作上有保障，形成了团结协作、和衷共济的良好局面。支持人大、政府、政协依法履行职权，人大代表和人大常委会作用进一步发挥，依法行政有为有效，协商民主有序推进。

2013年后，浈江区委、区政府进一步支持人大和政协依法履行职权，人大代表和人大常委会作用进一步发挥，协商民主有序推进。爱国统一战线和民族、宗教、侨务、对台工作取得新进展。工会、共青团、妇联、科协、工商联等工作取得新成效。党管武装工作不断加强，国防后备力量建设协调推进。审判机关审判权和检察机关检察权得到充分保证。依法治区工作扎实推进，先后荣获全省、全国“法治县（市、区）创建活动先进单位”称号。社会管理综合治理成效明显，“平安浈江”“无毒区”创建工作、“三打两建”专项行动和治安防控体系建设深入开展，群众安全感进一步提升。民意诉求渠道进一步畅通，妥善处理了一批群众关心关注的热点、难点问题。

二、深入推进民主政治建设

1998 年 12 月，两区深入推进民主政治建设，开始实施村（居）两委换届选举，完善基层民主自治体制，落实政务公开、村务公开工作，人民群众民主权利得到保障。在加强农村民主管理、民主决策、民主监督工作中，浈江区健全农村民主管理制度，强化权力监督，扩大村民自治范围，保障农民享有更多更切实的民主权利。2009 年，浈江区进一步健全和完善村务公开和民主管理制度，开始实施党务和政务公开，并充分发挥人大、政协监督权力，切实加强职能监督。一是扎实开展政府信息公开各项工作，及时公布和更新政务信息内容，特别是在网站首页开设了《在线咨询》等公众参与的特色栏目，方便公众申请办理各类事务和获取咨询意见。二是建立健全政务公开评议制度，通过政务公开搭建公众交流平台。三是各级政府部门和直属机构在政府网站上开展政策咨询，提供信息服务，听取群众的建议和呼声，保障公民的参与权，增强政府的公信力，实现了政府与公众间的有效互动。

三、加强和推进群团工作

2004 年浈江区和北江区合并后，中共浈江区委加强和改进党的群团工作。一是积极探索中国特色社会主义工会工作。进一步加强企业民主管理制度建设，推进企业管理制度公开，让职工了解企业，增强企业职工的主人翁意识。通过帮扶困难职工和困难劳模帮扶，慰问特困劳模、特困职工，紧急救助重大疾病职工，调动企业职工工作积极性。二是创新和发展共青团工作。发挥团组织的“教育引导、服务发展、社会服务、组织凝聚”四大功能，加强团的基层组织建设，积极推进青年创业就业和青少年心理咨询中心建设两大工程，不断开创浈江区共青团工作新局面。

三是推进妇联工作上新台阶。继续深化“巾帼文明岗”和“巾帼创业”活动，通过搭建就业创业平台，不断促进城乡妇女就业创业。与区司法局合作，帮助妇女维护合法权益。激发基层妇联组织活力，充分发挥“妇女之家”的宣传引导、权益维护、传播知识和开展活动的作用，使基层妇女工作更加活跃、更有成效。通过加强和推进群团工作，全区工会、共青团、妇联、科协、残联、工商联等工作取得新成绩。

四、切实做好武装和政法工作

从2005年起，浈江区委、区政府切实做好武装和政法工作。一是不断加强党管武装工作，强化应急分队建设，推进基层民兵连达标建设工作，国防后备力量建设协调推进。二是依法治区工作扎实推进，法治镇（办）创建活动深入开展，首批先行创建的4个镇（办）已通过省的评估验收，和平路小学被省教育厅授予“广东省依法治校示范校”称号。三是扎实做好公安和审判工作，“平安浈江”和农村视频监控系统建设有效推进，群众安全感进一步提升，社会管理综合治理成效明显，审判机关审判权和检察机关检察权得到充分保证。四是深入推进“七五”普法工作，丰富和创新全民普法的形式和内容，积极开展“送法下乡”活动，广泛宣传宪法和法律法规，推动全社会形成崇尚法治的良好氛围，不断增强广大群众的规则意识和法治意识。五是大力弘扬社会主义法治精神，完善公共法律服务实体平台建设，做到应援尽援、应助尽助，提升法律服务水平，努力推进覆盖城乡居民的公共法律服务体系建设，建立健全完备的法律服务体系。同时深入推进法治文化“一镇（办）一品牌”项目建设，打造一批具有浈江特色的法治文化精品。

第三节 文化建设不断进步

一、深化精神文明创建活动

2004年，浈江区委、区政府着力推进社会主义核心价值体系建设，提高人的文明素质，深化群众性精神文明创建活动，加强未成年人思想道德建设，不断开拓精神文明建设新局面，为深化改革和现代化建设营造了良好社会环境。以提高农民综合素质为核心，深化文明村镇创建，持续推进文化信息资源共享、广播电视村村通、农村电影数字化放映、农家书屋、农民体育健身、“三下乡”等惠农工程，重视保护民间文化，改善农村文化供给，丰富农民精神文化生活。以促进农民生活方式转变为目标，广泛开展文明户、文明集市等活动，发挥农村社会组织作用，加强移风易俗工作，提升乡风文明程度。

二、实施“文化惠民”工程

2008年，浈江区开始大力实施“文化惠民”工程，不断探索群众文化发展思路，全力整合区域文化资源，充分利用文化广场这个平台，不断创新文化惠民新模式，点燃了全区群众参与文化活动的激情，群众文化生活呈现出缤纷多彩的良好发展态势。积极实施文化强区建设，进一步加大投入，不断完善文化设施，在文化广场建设上大做文章，逐步建成十多个规模不等的群众文化健身综合广场。在启明路全民健身广场原有基础上，投资兴建露天舞台，并完善音响、灯光等舞台配套设施。通过建立“一月一演”“一周一活动”的文化活动模式，使文化广场不仅成为文体爱好者交流技艺的平台，也成了政府引导群众开展健康文体活动的阵地。同时把创建全国城市体育先进社区作为重要工作来抓，进一步加大社区体育设施建设，先后增建、修整部分羽毛球室、乒乓球室、健身广场、篮球场，并增添部分室内外体育设施；先后成立秧歌、太极拳、腰鼓、舞蹈、篮球、羽毛球、乒乓球、门球、麻将、棋牌等体育活动骨干队伍，同时建立一支社会体育指导队伍，成员有国家级社会体育指导员。2009 年 3 月，曲仁办事处被评为“全国城市体育先进社区”，被国家体育总局、中央文明办授予“第六批全国城市体育先进社区”光荣称号。同年，浈江区五里亭民间舞蹈《舞春牛》申报为第二批省级非物质文化遗产名录项目。

三、推进文化活动下到基层

从 2009 年起，浈江区委、区政府创新思路，突破难点，充分利用文艺人才丰富、文化爱好者众多的区域优势，通过场地平台、政府补贴活动经费等办法，引导群众从原来的分散型活动向集教、学、编、演于一体的业余文艺团队转变，让他们从自发的变成有组织的、从自主管理变成政府主导、从没有经费变成有保障、从自娱参与者变成文化宣传人，建起了一个文艺群体，为广场文化活动提供了组织保障。立足基层，深入社区，利用流动舞台车，以基层文化广场为主体，深入开展“四送”（送演出、送图书、送培训、送电影进农村）活动，全力推进先进文化下农村进社区到企业。广泛开展群众喜闻乐见的文体活动，对基层文化站加大资金投入，增加文化基础设施，全区各基层文化站均配备图书室、文化体育馆及书法、美术、歌舞、球类等文化活动小组。下拨的流动“书香车”送书下乡，全民阅读活动在各镇、办蓬勃发展，活动规模不断扩大，内容不断充实，方式不断创新，影响日益扩大，人们热爱读书、崇尚读书的良好社会风尚逐步形成。通过深入开展全民健身运动，积极组织居民参加市、区组织的各类文体活动，极大丰富居民的精神生活，进一步提升居民的综合素质。

四、突出发展先进文化

2013年，浈江区委、区政府坚持文化“两为”方向和“双百”方针，突出发展先进文化，实现文化软实力与经济硬实力同步增强。一是坚持用社会主义核心价值观教育人民、凝聚力量、鼓舞斗志、引领风尚，巩固全社会团结奋斗的共同思想基础。加强社会公德、职业道德、家庭美德、个人品德建设，营造全社会崇德向善的浓厚氛围。动员社会各界广泛参与家庭文明建设，推动形成爱国爱家、相亲相爱、向上向善、共建共享的社会主义家庭文明新风尚。以创建全国文明城市为契机，继续深入开展文明镇街、文明村居、文明校园、文明企业、文明家庭等创建活动，以文“化”人，以文“育”人，全面提升全民道德素质，构建具有时代特征和浈江特色的社会主义核心价值体系。二是加快推进文化设施建设，重点加强区文化馆、镇（办）文化站、乡村农家书屋等配套设施建设，促进公共文化服务标准化、均等化发展。按照“集中管理、统一调配、联动作战”的总体思路，形成以区文化馆、区图书馆为总馆，各镇（办）综合文化站为分馆，各村（社区）文化室为网点的总分馆体系。鼓励和引导社会资本参与文化建设，促进公共文化服务主体多元化和方式多样化，逐步完善浈江区公共文化设施网络，积极推进城区“十分钟文化圈”和农村“十里文化圈”建设。拓展公共文化服务领域，促进法治文化、民俗文化、道德文化、廉政文化等各种文化融合发展。推动文化惠民项目与群众文化需求有效对接，提高文化产品质量，丰富群众文化生活。是年，区文化馆被评为国家二级文化馆。2016年5月，区图书馆建成并正式对外免费开放。三是继续开展好“一月一演”“邻里聚”“划龙舟”等文化活动，充分挖掘和弘扬具有浈江特色的红色文化、社区文化、企业文化，形成积极健康、多姿多彩的社会文化形态。加大文物和非物质文化遗产保护力度，以韶关创建国家历史文化名城为契机，深入挖掘浈江丰厚的历史文化、民俗文化，重点加强对“犁市当铺（朱德率南昌起义部队革命活动旧址）”等项目的保护修缮，打造红色旅游景点和传统文化教育基地，讲好“浈江故事”。加快推进文化与旅游产业的深度融合，打造文化旅游品牌。积极整合资源，扶持中小微文化企业发展，大力发展文化创意、现代传媒、数字影视、文化娱乐等新兴文化产业，扩大和引导文化消费，努力将文化产业打造成浈江经济发展的新增长点。2017年，浈江区被国家体育总局授予“2013—2016年度全国群众体育先进单位”称号。

第四节 社会建设不断完善

一、科技创新促进区域发展

加强科普宣传，提高全民科学素质和企业科技水平；开展科技下乡和科普进社区活动，不断提高全民科学素质；引导企业进行技术创新和传统技术改造，积极扶持和推进优势企业成为高新技术企业；加强“农村信息直通车工程”实施，完善各项服务设施建设，有效促进区域经济快速发展。至2012年，全区共有高新技术企业10家。高新技术企业、民营科技企业队伍不断壮大，高新技术产品产值占工业总产值的比例大幅增加，区域企业自主创新能力不断增强，企业市场竞争力有了较大提升。同年8月，浈江区入选为广东省知识产权试点区域。2018年，全区拥有国家认定的高新技术企业37家，全年取得科研成果11项，全部为市级科技进步奖。全年专利申请1204项，专利授权543项；发明专利申请193项，发明专利授权18项。①

二、实施教育优先发展战略

以办人民满意的教育和推进全区“三新”建设为目的，以建

① 韶关市浈江区地方综合年鉴编纂委员会：《浈江年鉴（2019）》，方志出版社2019年版，第236页。

设教育现代化为主线，以深化教育改革为动力，以提高基础教育水平为重点，全面提高区域教育的综合实力，合力推进教育事业的快速发展。实施教育体制改革，将全区农村义务教育全面纳入公共财政保障范围，并建立起按比例分担，以区为主的农村义务教育经费保障机制。启动创教育强区工作，以创建广东省教育强区为抓手，以办人民满意的教育为宗旨，以促进教育公平为目标，全力推进创建广东省教育强区工作。加大政府投入力度，坚持逐年加大对教育的投入；积极争取政策、社会力量支持；着力改善农村学校办学条件，改造花坪实验学校，为犁市镇中心小学兴建住宿楼；扩建新建东联小学和府管小学的塑胶环形跑道，配备各类功能场室，完成全镇学校的整修美化工作。以艺术高考为突破口，通过抓内涵建设，培育办学特色，不断提升办学质量。规范义务教育学校，优质学校规模不断扩大。提高教师工资待遇，激发师资队伍活力。全区创教育强区工作不断提升。2012 年 12 月底，浈江区顺利通过广东省的评估验收，获“广东省教育强区”的殊荣，2015 年义务教育标准化学校实现全覆盖；是年，区辖的韶关市第三中学被命名为“全国青少年校园足球特色学校”。2018 年，全区有中小学学校 35 所，幼儿园 74 所，在校学生 34849 人。

三、建立健全医疗保障体系

浈江区加强社区和乡村卫生服务网络建设，充分发挥社区和乡村卫生服务效能，在缓解看病难、看病贵难题方面迈进了一大步。贯彻落实韶关市政府《关于发展城市社区卫生服务的实施意见》，把加强农村卫生服务网基础设施建设作为重点，以“中病不出镇”为目标，提高乡镇卫生院技术水平，全面提升乡镇卫生院服务能力，并探索农村卫生站一体化管理，全区农村卫生站基本实现管理、培训、医疗收费标准等统一，并建立区、镇、村三级卫生机构转诊制度。大力推进农村社区卫生服务体系建设与管理，积极开展镇村卫生组织一体化管理活动，坚持预防为主，突出重大传染病防治，完善和落实重大传染病防治相关工作制度；稳步推进妇幼保健工作，有效降低新生儿出生缺陷发生率，提高出生人口素质；开展健康教育，继续完善各社区（村）健康教育工作制度，把健康教育向家庭延伸，向社区辐射，提高人民群众对健康知识的知晓率和健康行为的形成率；开展病媒生物防治和环境卫生整治工作，各项卫生工作取得较好成绩。2013 年成功创建全国白内障无障碍区，医疗卫生和计划生育工作水平进一步提高，城乡居民医疗保险参保率持续保持 100%，残疾人康复保健体系和医疗救助体系建设进一步健全。安全生产管理制度进一步健全和完善，食品安全整治持续开展，群众生活健康水平进一步提高。实事好事扎实推进，共享发展理念深入人心。到 2018 年底，辖区范围内年末医疗卫生机构 148 个，其中医院 13 个、卫生院 7 个，实有床位 2037 张。各类卫生技术人员 2451 人，其中执业（助理）医师 876 人，注册护士 1147 人。其中乡镇卫生院 7 个，床位 213 张，卫生技术人员 113 人，乡村医疗点 38 个，并建居民健康档案 30 余万份。居民健康保障水平不断提高，群众就医条件明显改善。

四、棚户区改造改善居民居住条件

2010 年，中央政府把韶关市原曲仁矿棚户区改造工作作为全国国有工矿棚户区改造的试点，广东省政府更是将其列为全省棚户区改造任务的重中之重。2012 年，韶关市政府积极争取到中央用于棚户区项目建设的预算内投资 2767 万元。浈江区将充分利用好中央、省的政策，积极协调相关部门，按省政府要求做好通过置换土地市场运作筹集缺口资金，主动做好多渠道引导社会资金积极参与的牵线搭桥工作，采取合资共建的方式加快棚户区改造的进度，使棚户区改造工作成为既可改善“双退”职工住房条件，还可提升城市品位，又可成为拉动该区经济增长的新亮点。到 2017 年底，原曲仁矿棚户区改造的 7368 户居民搬入新居，离、退休职工主动与区政府、市棚改办、区棚改办沟通协调签约和搬迁工作，棚改的进度、房屋质量、房款缴交方式等问题得到有效解决。

五、以人为本推进社会保障事业

2005 年以来，浈江区委、区政府坚持谋民生之利，解民生之忧，始终把群众利益作为工作的出发点和落脚点，努力解决人民群众最关心、最直接、最现实的利益问题，有效促进区域经济和社会事业的协调发展。一是认真执行上级党组织的方针政策，辖内的所有烈属、义务兵战士家属、其他直系烈属、残疾军人、带病回乡复员、退伍军人均享有社区服务的优待，并为伤残、低能智障人员安置就业，为特困户进行临时救济（做到保障对象落实、保障资金落实、保障资金发放落实、解困措施落实）。2018 年，全区城乡居民享受最低生活保障人数 1372 人（其中城镇 836 人）。全年发放低保资金 703. 94 万元（其中城镇 532. 1 万元）；城乡特困对象 176 人，全年发放特困供养金 187. 6 万元。同时将 1267 名贫困人员建档立卡纳入基本医疗保险覆盖范围，其中由政府代缴 1222 人，参加职工医疗保险 45 人，并将城乡低保、精准扶贫户、低收入和支出型困难群众的医疗救助报销比例由 70% 提高至 80%，城市低保医疗救助金封顶额由 8000 元提高至 5 万元，与农村低保户和精准扶贫户一致，低收入和支出型困难群众医疗救助金封顶额也提高至 3 万元。二是以维护改革发展稳定为宗旨，以职工群众满意为目标，努力扩大社会保险覆盖面，扎实抓好社会保险扩面征缴工作。继续将新型农村合作医疗列入为民办实事的重点项目，巩固新型农村合作医疗制度建设，并提出参合率100%工作目标。调整新型农村合作医疗筹资标准，将新型农村合作医疗列入政府工作目标考核内容，并建立督察考核机制；将新型农村合作医疗补助资金和经办机构人员及办公经费列入财政年度预算，确保经费及时足额拨付到位。2018年，全区城乡居民基本医疗保险参保数为15.63万人，全年征缴保险基金14.66万元。

六、三年攻坚精准扶贫

2016年初，浈江区委、区政府按照省委、省政府《关于新时期精准扶贫精准脱贫三年攻坚的实施意见》要求，围绕三年攻坚，两年巩固，通过产业帮扶脱贫、就业培训脱贫、健康帮扶脱贫、教育文化脱贫、社保兜底脱贫，突出抓好产业发展、劳动力就业、社会保障、医疗保险和医疗救助保障、基础设施建设、教育文化、人居环境改善、农村金融、固本强基、对口帮扶等10项扶贫攻坚举措。在产业发展方面，按照“一乡一品”“公司+基地+贫困户”的模式，进行区域联动发展，扶持贫困地区及贫困人口发展优质水稻、水果、蔬菜、畜禽、水产等特色农业；加快一二三产业融合发展，让贫困户更多分享农业产业链和价值链增值收益；大力发展休闲农业、乡村旅游和农家乐，打造形式多样、特色鲜明的乡村旅游休闲产品，逐步融入韶关“大旅游”范畴。在劳动力就业方面，加强面向贫困人口的就业服务。鼓励各类企业吸纳贫困劳动力。在新农村建设和扶贫开发项目招标建设过程中，优先吸纳本村或当地贫困劳动力就业。在社会保障方面，按照国家和省的部署，完善农村最低生活保障制度，对无法依靠产业扶持和就业帮助脱贫的家庭实行政策性保障兜底。健全留守儿童、留守妇女、留守老人和残疾人关爱服务体系。在医疗保险和医疗救助保障方面，落实城乡居民基本养老保险制度，建立基础养老金正常调整机制，构建全面覆盖贫困地区群众的基本医疗卫生制度，建立有效措施防止因病致贫、因病返贫。同时加强医疗卫生机构基础设施建设，力争实现相对贫困村有标准化卫生站，扶贫对象基本享有医疗卫生服务，实现城乡人民均衡享有基本公共卫生服务。在基础设施建设方面，大力推进贫困村交通基础设施建设，改善贫困村的交通条件和发展环境；加强农村水利基础设施建设，加快实施贫困地区农村饮水安全巩固提升工程，推进村村通自来水工程建设；加大农村信息化投入，全面实施村村通光纤工程和4G网络入乡进村工程，逐步实现农村地区4G网络全覆盖。在教育文化扶贫方面，加快改善教育基础设施建设，逐步实现全区贫困学生都能享有公平的教育资源、贫困家庭子女都能接受公平有质量的教育、贫困家庭劳动力都能学会一项致富技能，并推动文化投入向贫困村倾斜，加强和完善贫困村文化基础设施建设。在人居环境改善方面，加快推进贫困村危房改造，全面完成农村最急需改造对象的危房改造建设任务；大力开展贫困村庄环境整治，扎实推进美丽宜居乡村建设，逐步实现贫困村保洁全覆盖。在农村金融方面，发挥金融助推脱贫攻坚的作用，鼓励和引导商业性、政策性、开发性、合作性等各类金融机构加大对精准扶贫的支持力度，积极开展扶贫金融产品和服务方式创新。在固本强基方面，强化各镇领导干部驻村帮扶的责任，选优配强村党支部书记，充分发挥扶贫村党组织战斗堡垒作用和党员先锋模范带头作用，并精准选派驻村干部和第一书记。在对口帮扶方面，坚持自我发展与外力帮扶并举，加快形成专项扶贫、行业扶贫、社会扶贫有机结合、互为补充的“三位一体”大扶贫格局。通过以上扶贫攻坚举措，全区精准扶贫工作成效显著。2016 年，浈江区 5 个贫困村均被省、市评为优秀，其中 1 个被评为省先进、4 个被评为市先进。2018 年，全区有 512 户 1040 人实现脱贫，其中 3 个省定贫困村脱贫户实现 70 户 180 人的脱贫目标。

第五节 生态文明建设逐步加强

一、加强森林资源保护

从2005年起，浈江区配合韶关森林生态市的建设步伐，切实加强对区域森林资源的保护、开发、利用。一是森林覆盖率、绿化覆盖率、城镇绿化率、村庄绿化率、生态公益林面积占林业用地总面积等生态环境目标达标。二是逐年展开森林生态示范镇创建活动。首先，根据规划选择森林覆盖率较高、林相较好的十里亭镇作为浈江区首个创建生态示范乡镇，十里亭镇于2006年4月被市政府授予“森林生态示范镇”。其次，将采取每年创建一个示范镇的办法，推进森林生态示范镇创建活动。三是组建一支训练有素、快速反应的管护队伍是创建森林生态市的重要保障。管护队伍在森林防火巡逻、森林火灾扑救、造林检查、保护森林资源及林地资源中发挥了重要作用。四是大力引进非公有制企业造林。犁市、花坪两个镇原属产煤重镇，经过多年的开采，辖区范围内的疏残林煤山约2666.67公顷，严重影响周边的生态环境景观。区相关部门积极引进林业公司、农业发展公司等大型非公有制企业资金发展种植丰产林。

二、推进生态体系建设

2009年，浈江区大力推进林业生态体系建设，保障生态安全，为生态文明建设提供环境基础，并切实加强生态公益林管护和培育，致力于提高林分质量，增强防护功能；积极开展绿色通道建设、万村绿化工作和集种植、加工油茶及观光旅游于一体的茶园生态旅游项目建设。2012 年，根据韶关市人民政府关于封山育林工程建设会议精神，浈江区积极实施新一轮封山育林工程。加强森林消防队伍建设，提高森林资源保护工作的业务素质和能力。结合“百项工程兴韶关”涉林项目建设，利用专项资金、引进非公有制企业、个人资金进行造林，封山育林的成效显著。

三、强化生态文明建设

从 2013 年起，浈江区坚持节约优先、保护优先、自然恢复为主的方针，牢固树立尊重自然、保护自然、发展与保护相统一的先进理念，将生态文明建设放在突出的战略地位。一是突出转型升级，发展生态经济。促进企业加快转型升级，持续优化经济结构，不断增强发展后劲。启动东区污水处理站建设规划，完善园区东区、南区排污排水管道建设。因势利导，把生态优势转为发展优势，大力发展生态农业、观光农业、生态旅游业，构建经济效益与生态效益有机统一的可持续发展格局。二是树立生态意识，建设美丽浈江。按照全市推进全国生态文明先行示范区建设要求，扎实开展新一轮绿化广东大行动。进一步巩固封山育林成果，继续抓好抚育补植工作，对往年种植的林带及碳汇林进行全面抚育和补植，推进浈江区实验学校后山义务植树基地建设，将其打造成全市植树造林工作新亮点。深入推进农村人居环境综合整治“五项工程”，将 3 个相对贫困村和各镇政府所在村全部纳入整治范围，突出抓好以农村生活垃圾处理为主要内容的乡村清洁美工作。加快乡村绿化美化示范点建设，着力推进行政村通自来水工程，加强历史文化名村、历史建筑、传统村落和古树名木保护，努力建设美丽乡村、美丽浈江。三是强化专项整治，优化发展环境。牢固树立“绿水青山就是金山银山”的观念，严守资源消耗上限、环境质量底线、生态保护红线。积极推进中小河流治理工作，强化河道采砂专项整治，重点加强对犁市沙尾、芙芷坝等河段河砂开采的监督管理，确保开采工作合法依规。强化执法力度，采取巡查和群众举报相结合的方法，严厉打击失火烧山、乱砍滥伐林木、盗采矿产资源、围猎野生保护动物等违法行为。同时，结合新一轮绿化广东大行动重点项目建设，积极实施绿化造林，并结合当地村民实际需求，按照“入村有条景观路、村后（边）有片水源林、村中有个小公园，房前屋后搞好绿化，村庄绿化率明显提高”的广东省绿化文件要求，对辖区有关乡村实施乡村绿化美化改造提升，有效提高村庄绿化率。到 2018 年底，全区林业用地面积 35822.16 公顷，森林覆盖率 57.78%，林木绿化率 58.62%，活立木总蓄积量 227 万立方米。

第六节 经济社会发展远景明确

一、贯彻落实党的十九大精神

2018年，浈江区委、区政府贯彻落实党的十九大精神，决心以转变经济发展方式为主线，以全面深化改革为动力，坚持“主动融入珠三角加快发展”这一战略，突出浈江产业园和东环商贸城两大主战场建设，积极发展大商贸、大旅游、大农业三大特色产业，大力实施“改革驱动、项目带动、招商拉动、城乡互动”四动战略，不断推进经济建设、政治建设、文化建设、社会建设和生态文明建设，为在全市率先全面建成小康社会而努力奋斗。主要目标是：到2021年，一般公共预算区本级收入年均增长9%；固定资产投资年均增长11%；城乡居民人均可支配收入年均增长8%以上。

二、努力推动经济社会跨越发展

完成以上目标，关键要加快发展步伐，努力在提升综合实力、工业集聚发展、统筹城乡发展、优化产业结构、促改革扩开放、改善民计民生上实现“六个新跨越”，并着力实现“六个同步”。一是突出城市经济结构调整，实现发展速度与发展质量同步提升。充分发挥中心城区的独特优势，大力发展城市经济，把优化结构作为发展城市经济的主攻方向，把做大总量作为发展城市经济的主要目标，把提升质量作为发展城市经济的核心取向。二是突出统筹城乡发展，实现农村发展与城市提升同步推进。坚持以协调发展理念为引领，以城市提升为突破口，按照“以城带乡、以乡促城”的要求，全力加快城乡一体化发展步伐。三是突出深化改革开放，实现改革驱动与招商拉动同步发动。着力破除影响科学发展的体制机制，激发内力与外力相结合的经济发展格局。四是突出构建生态文明，实现生态效益与经济效益同步优化。坚持把资源节约和环境保护摆在更加突出的位置，着力构建经济效益与生态效益有机统一的可持续发展格局。五是突出发展先进文化，实现文化软实力与经济硬实力同步增强。积极倡导科学精神和人文精神，努力推动物质文明和精神文明协调发展。六是突出改善民生福祉，实现社会建设与经济建设同步发展。坚持财富共创、成果共享、和谐共建，进一步加强以改善民生为重点的社会建设，努力促进社会和谐。

附　　录

附录一 革命遗址、文物、纪念场馆

一、革命遗址

（一）孙中山北伐大本营

孙中山北伐大本营，位于今韶关军分区院内。

韶关是北伐军主力部队进军的始发地，也是输送军用物资的必经之地。为了推进国民革命，孙中山曾于 1922 年至 1924 年，偕宋庆龄先后 4 次到韶关巡视，并在韶关设北伐大本营，督师北伐。

孙中山在韶期间，曾在风度北路天主教教堂（现市政府宿舍西院）、韶州镇公署的北伐大本营居住，与各路革命军将领商讨军事行动，亦曾多次在韶关南教场举行过阅兵式，并向工人赤卫队和农军作演讲。

中华人民共和国成立以后，由于城市建设需要，孙中山在韶关活动旧址大部分已被拆除或改建。韶州镇公署被改建作楼房，但古榕树仍然保留。

（二）孙中山北伐誓师广场旧址

1922 年 5 月 6 日—1922 年 6 月 1 日和 1924 年 9 月 12 日—1924 年 11 月 4 日，孙中山两次亲临韶关督师北伐，先后在韶关南教场，举行北伐誓师大会和“双十”纪念活动，检阅北伐军，接见苏联沃罗夫斯基号巡洋舰的官兵，还参加了在此召开的韶州各界赞助北伐大会，并在会上作了题为“北伐之原因”的长篇演说。

孙中山北伐誓师广场旧址，于 1961 年辟建文化公园，1963 年易名为韶关公园。1984 年 6 月 18 日，经请示广东省文化厅批准，改名为中山公园。公园初建时总面积约 20 公顷，设有孙中山铜像，建有电影院、凉亭、酒楼和一些儿童游乐设施，并置有花圃与盆景园。后经过多次维修、改造，形成了近 3 万平方米的公园城市广场。城市广场主轴线上建有古典大屋顶琉璃瓦大门，孙中山铜像（像高 3.2 米）、文艺演出舞台等建筑及音乐喷泉。广场最大游人容量可达 2 万多人。中山公园周边规划了儿童活动区、安静休息区、盆景园、竹园以及水景区五个区域。园内设有花圃和盆景、园林式饭店、电影院、溜冰场、阅览室、中心舞台，还有登月火箭、游龙戏水、电动木马等儿童游乐设施。园内花木繁茂，绿树成荫，是人们娱乐、休息的好地方。

（三）朱德南昌起义部队驻地旧址

朱德南昌起义部队驻地旧址（犁市当铺）位于浈江区犁市镇人民路南犁市居委。

1927 年 12 月上旬，朱德率领南昌起义部队一个团一千余人，准备到广州参加起义，途经韶关城郊时，得知广州起义失败，遂带兵转移北上犁市，以当时国民党范石生第十六军一四〇团的名义，驻扎在曲江犁铺头。朱德化名王楷，住在犁市街西侧李达财当铺的楼上。

同年农历十二月初五凌晨，犁市镇西边的重阳乡乡长冯佩赞和民团头子雷丰霖，纠集了民团一千多人，攻打农民自卫军驻扎的青水塘村，发起4次进攻均告失败。大沙洲地主朱乃昌到犁市搬救兵，不料请来了朱德的部队。当天上午10时许，朱德率部队赶到，即与青水塘炮楼上雷国光率领的农民自卫军里应外合，痛歼了民团，下午4时部队撤回犁市驻地。1928年1月初，朱德率队离开犁市向湖南宜章进发。

犁市当铺是粤北地区现存较完整的商业建筑群，是粤北传统金融建筑中仅存的一家商业当铺，也是朱德在浈江境内领导人民群众开展革命斗争时的旧址。更好地保护和开发这一省级文物和革命史迹，意义重大。

犁市当铺位于犁市镇人民路西端，是晚清时期李氏族人所建的砖木结构商业建筑群，由围楼、门楼、铺面、住宅、当楼、庭院组成，占地面积约3024平方米。大革命时期，犁市当铺是朱德部队驻犁铺头旧址，也是朱德在浈江境内领导人民群众开展革命斗争时的旧址。

1984年4月4日，曲江县人民政府公布犁市当铺为保护单位，保护范围以整个当铺实际面积为界。1992年在旧址正门墙上镶嵌保护碑。

2006年“7・15”洪灾对犁市当铺建筑物本体造成较大破坏。且长期为各单位所占据使用，使得内部改动较大，又得不到维护，对建筑物原貌布局结构造成较大破坏。是年，韶关市人民政府重新公布其为市级文物保护单位，并设立保护碑，公布保护范围以当铺建筑群滴水为界，建设控制地带，从保护范围外缘向外延伸20米。2012年10月20日，广东省人民政府公布其为省级文物保护单位。

（四）南昌起义军在韶活动旧址

南昌起义军在韶关活动的旧址，位于韶关市东河坝聚龙街，现为爱国巷。原建筑物已拆。

1927 年冬，朱德、陈毅率南昌起义军部队转战到粤北，准备南下接应广州起义。接到广州起义失败的消息后，部队停留在韶关，朱德化名王楷，利用国民党范石生部队一四〇团的番号作掩护，带领部分官兵驻扎在墨江会馆。他们白天操练，晚上深入群众访贫问苦，帮助地方恢复农会，扩充农军。同时，陈毅率部分官兵驻扎在西河天主教教堂。两天后，朱德、陈毅率部队北上曲江犁铺头休整。

始兴会馆（即墨江会馆）以前很宏伟，大门口前各有一条油漆过金水的大柱，气势磅礴，后因城市改造拆除。

（五）国民革命军第四军军官教导团旧址

国民革命军第四军军官教导团旧址位于韶关市浈江区峰前街韶州师范学校（原为湘江书院）内，建筑面积500 平方米。

国民革命军第四军军官教导团曾驻扎在韶州师范学校的礼堂。该建筑是一座砖木结构的两层建筑楼房。1927 年秋，武汉国民政府汪精卫与蒋介石合作反共后，10 月初，军官教导团在叶剑英率领下由武汉南下抵达韶关，后全团南下广州，参加了广州起义，成为广州暴动的主要武装力量。

该旧址因兴建韶州师范学校和生产生活活动场所等原因，原有建筑已不存在。

（六）中共粤北省委旧址

中共粤北省委旧址，位于韶关五里亭，原韶州师范学校林场、北江畜牧场内（今浈江区十里亭镇五里亭村良村公路 30 号）。

1940 年冬，中共广东省委根据抗日战争形势发展，遵照中央指示，决定将中共广东省委划分为粤北省委和粤南省委。1940 年

11 月，中共南方工作委员会成立，李大林接任中共粤北省委书记，并迁省委至五里亭牛头冲民房。1942 年5 月26 日，中共南方工作委员会组织部部长郭潜被捕叛变，27 日即带国民党特务在五里亭省委机关抓捕了粤北省委书记李大林和粤北省委组织部部长饶卫华等，此即“粤北省委事件”。

中华人民共和国成立后，中共粤北省委旧址为韶关市乳制品厂办公场所和库房，并进行过房屋内部改造，原有结构有一定破坏。该厂倒闭后，房屋空着无人管理。后经重新修复，保存较完整。

2010 年5 月，中共粤北省委旧址被列为省级文物保护单位。陈列少量当年文物，并作为红色教育基地。

（七）北江农军学校旧址

北江农军学校旧址位于韶关市建国路50—60 号（原韶关市粮食局内），该址原是清代的都司衙门，建筑面积633 平方米，后来改建。

大革命时期，中共北江地方执行委员会根据粤北农民运动斗争形势发展的需要，在此处开办了专门培养农运武装军事干部的北江农军学校，体现了中国共产党早期对武装斗争的重视。

1926 年秋，为了加强对农民武装斗争骨干的培养，广东省农民协会决定在韶关创办北江农军学校。同年 11 月，中共北江特委、广东省农民协会北江办事处在此创办了北江农军学校，朱云卿任农军学校主任。农军学校共开办了两期，前后长达四五个月，共培养了260 多名农民运动的骨干。第一期于11 月中旬在位于韶关老东门的青年会馆正式开学。一个月后，搬至弓箭街都司衙门，至翌年3 月上旬结束。学员97 人，编为3 个队，一队队长俞品威，二队队长曾文斯，三队队长（兼财务）何文明。第二期于

1927 年 3 月开学，学员 160 多人。4 月迁往南雄，未能完成学业。

广州四一五反革命政变后，中共广东区委根据上级指示精神，决定北江特委立即集结北江农军北上武汉，以革命武装反抗反革命武装，与国民党右派展开斗争。4 月底，北江特委成立了广东北江农民自卫军北上总指挥部，周其鉴任副总指挥，朱云卿任参谋长。5 月 1 日，北江地区各县农军 1200 多人分别在韶关、南雄集中，举旗北上。朱云卿率领农军学校第二期学员和南韶连政治讲习所第二期学员、南雄农民自卫军，从南雄出发，在湘南郴州与周其鉴率领的大队会师。几经波折，历尽艰险，于 1927 年 6 月 15 日到达武汉，不久参加了南昌起义。起义失败后，部分人员回到粤北，继续坚持武装斗争。

1974 年 5 月 7 日，广东省革命委员会单独公布韶关北江农军学校旧址为广东省文物保护单位。

（八）广东省农民协会北江农民办事处旧址

广东省农民协会北江农民办事处旧址宏仁善堂，位于韶关市下后街 13 号浈江区建国小学内。旧址原为四邑同乡会会馆。1925 年改称宏仁善堂，1952 年以前为私立达德小学校址，现为建国小学。1926 年 1 月，广东省农民协会北江农民办事处成立后在此办公。广东省妇女解放协会韶州分会、共青团曲江特支和中共北江特委等组织均曾设于此。

该建筑大门向街、向东南开，门高 2.8 米、宽 1.4 米，呈圆拱形。原大门左右两侧各有一面宽 3.1 米、高 4 米的墙，墙外有 4 根墙柱，整个外墙显得庄重朴素，原大门在改建建国小学大楼时被拆除。进入大门，可见一块长 33 米、宽 6 米的空坪。坪的正前方是一个长 9 米、宽 6 米的礼堂，礼堂门上方是一个跨度 6 米的圆拱。礼堂左侧有两间房子是曲江县农民协会所在地，右侧的一间房是北江农民办事处的所在地。

（九）抗敌演剧宣传第七战区政治部政治大队部旧址

抗敌演剧宣传第七战区政治部政治大队部旧址位于韶关市浈江区东河墨江会馆（今为启明路小学，位于浈江北路17号）。

该队是1941年至1942年抗日战争期间由中共地方组织领导的第七演剧宣传队，当时全国组织有十个演剧宣传队。该队在韶关和北江各地演出过《船夫曲》《黄河颂》《军民进行曲》《黄河大合唱》《天国春秋》《祖国在召唤》等10多个抗日宣传剧目。队长吴狄舟、副队长徐洗尘。该队与第七战区政治部政治大队同驻一地。

七政大宣传队和广东文化协会剧组在韶关市区街头演出《放下你的鞭子》和话剧《刑》等抗日宣传节目。

中华人民共和国成立后，该旧址改为居民住房。近年来已拆改建为商用房。

二、革命文物

（一）五四运动后流传在浈江境内的《犁头周报》

（韶关市浈江区史志办公室供图）

（二）浈江农民踊跃参加农民协会的入会登记表

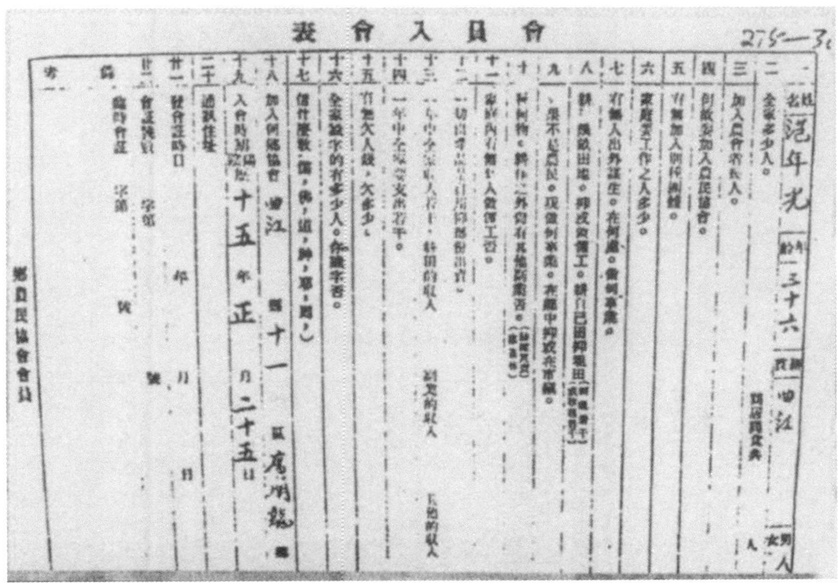

會員入會表

一　姓名　汜年光　年齡　三十六　籍貫　曲江

二　全家多少人。男　人　女　人

三　加入農會者[illegible]人。

四　何故要加入農民協會。

五　有無加入別種團體。

六　家庭要工作之人多少。

七　有無人出外謀生。在何處。做何事業。

八　[illegible]

九　[illegible]

十　[illegible]

十一　家庭內有無[illegible]人做傭工否。

十二　[illegible]

十三　[illegible]

十四　一年中全家[illegible]支出若干。

十五　有無欠人錢，欠多少。

十六　全家識字的有多少人。作識字否。

十七　信什麼教（儒，佛，道，耶，回）

十八　加入何縣協會　曲江　縣　十一　區　廣州[illegible]　鄉

十九　入會時期　民國　十五　年　正　月　二十五　日

二十　通訊住址

廿一　發會証時日　年　月　日

廿二　會証號數　字第　號

備考　臨時會証　字第　號

鄉農民協會會員

（韶关市浈江区史志办公室供图）

（三）浈江境内农民协会的会旗

（韶关市浈江区史志办公室供图）

（四）浈江境内农民协会的印章

（韶关市浈江区史志办公室供图）

（五）浈江境内农民协会会员证

（韶关市浈江区史志办公室供图）

（六）农民协会会员使用过的胸章

（韶关市浈江区史志办公室供图）

（七）农民协会会员使用过的会员臂章

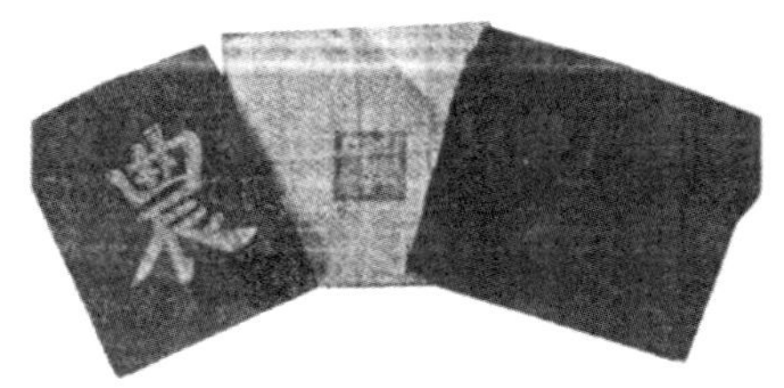

（韶关市浈江区史志办公室供图）

（八）韶州工农联欢大会宣言

韶州工農聯歡大會宣言

全韶州工農團結萬歲！
全國以至全世界工農團結起來！
打倒一切壓迫階級！
工農解放萬歲！
一切被壓迫民衆解放萬歲！
赤色職工國際萬歲！
農民國際萬歲！

韶州工農聯歡大會 二月十九

（韶关市浈江区史志办公室供图）

（九）1949 年解放军通过韶关市区的浮桥

（韶关市浈江区史志办公室供图）

（十）北江农军学校同学录

第一期北江农军学校同学录（1927 年 2 月 27 日），是在 1978 年 11 月至 1981 年 10 月，韶关第二次规模性文物普查中发现的珍贵革命文物，已被有关部门鉴定为国家一级革命文物。

（韶关市浈江区史志办公室供图）

（十一）大革命时期朱德在韶关使用过的藤篋

1927 年，朱德率南昌起义军驻扎韶关时，使用过的物品。这件革命战争年代遗留下的物品，是朱德在大革命时期住在韶关革命烈属家时使用过的。

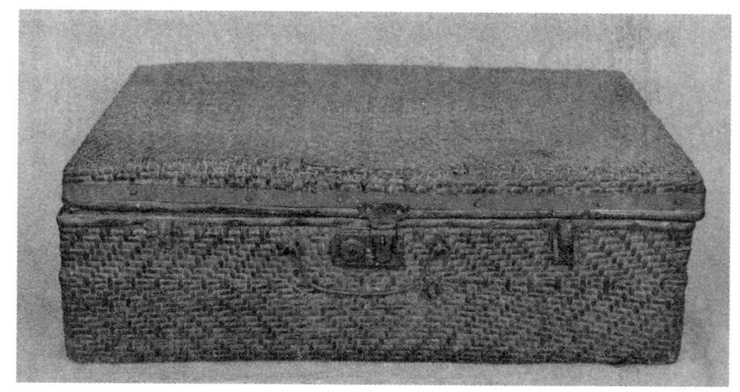

（韶关市浈江区史志办公室供图）

（十二）北江农军学校学生年假宣传队传单

原件现在韶关市博物馆收藏，是当年北江农军学校学生年假宣传队印发的革命传单。

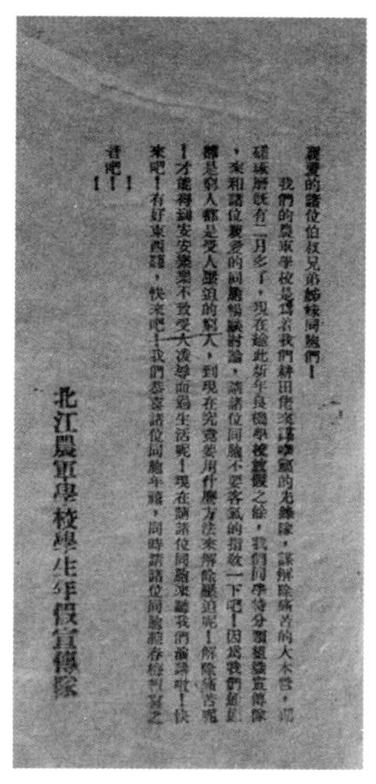

親愛的諸位伯叔兄弟姊妹同胞們！

我們的農軍學校是爲着我們耕田佬來謀幸福的先鋒隊，謀解除痛苦的大本營，但確係開辦有二月多了，現在趁此新年良機學校放假之餘，我們同學特分派組織宣傳隊，來和諸位親愛的同胞暢談討論，請諸位同胞不要客氣的指教一下吧！因爲我們耕田佬是窮人都是受人壓迫的窮人，到現在究竟要用什麼方法來解除壓迫呢！解除痛苦呢！才能得到安安樂樂不致受大凌辱而過生活呢！現在請諸位同胞來聽我們演講吧！快來吧！有好東西聽，快來吧！我們恭喜諸位同胞年禧，同時請諸位同胞擁存[illegible]之

！！

請吧！！

北江農軍學校學生年假宣傳隊

（韶关市浈江区史志办公室供图）

三、纪念场馆

（一）北伐战争纪念馆

1922年5月6日，孙中山把北伐大本营设在原韶州镇台署。5月9日，北伐誓师大会在韶关市区教场坪召开，孙中山在大会上发布总攻击令，北伐军从韶关出发北伐，1924年9月3日，孙中山主持召开国民党中央政治会议第七次会议，议定：发表北伐宣言及北伐大本营移驻韶关宣言，以“反对帝国主义”“反对北方军阀”为号召，进行北伐。9月20日，第二次北伐誓师大会在韶关市区举行，孙中山亲临韶关南教场检阅北伐军。1926年5月，在中国共产党的积极推动下，广州国民政府顺应人民意愿，决定出师北伐。5月20日，中共广东区委独立组建和掌握的叶挺独立团受命为北伐先锋，挥师北上。

北伐战争是中国现代史上重要的历史事件。为了加强爱国主义教育，缅怀革命先行者的丰功伟绩，彰显韶关在北伐战争中的重要地位，同时提高韶关作为历史文化名城在海内外的知名度，在韶关市十二届人大一次会议上，杨春芳等15位代表提交《关于兴建北伐纪念馆，加大历史文化名城宣传》的议案，市政府根据市人大代表议案及广大韶关市民的要求，决定兴建北伐战争纪念馆。

北伐战争纪念馆位于韶关市区帽子峰北坡，建于2008年10月，占地总面积近1.2万平方米。馆前一座由中山市政府捐献的孙中山铜像庄严穆地矗立于蓝天之下，主馆是一幢主体为钢筋混凝土框架两层建筑，外墙为仿古青砖清水墙。建筑物为两层西式四合院砖木结构楼房，坐北朝南，内设方形天井，南北楼设有楼梯与二楼相通，上下两层四周均有走廊为通道。主馆占地面积1750平方米，建筑面积2966平方米，主体高为12.32米，总投资为899.92万元。

经过近几年的努力，韶关市在美国以及我国香港、中山、珠海、广州、梅州等地区调查征集了大量文物，馆内共征集到有关孙中山先生及北伐战争时期的文物实物81件（含复制品32件），图片410幅。其中，文物实物包括孙中山在韶督师北伐时期使用的硬木办公桌、民国时期孙中山纪念画册等珍贵文物，并对孙中山卧室、办公室、参谋作战室进行了场景复原。

北伐战争是国共第一次合作的成果，是在反帝反封建的革命统一战线旗帜下进行的革命战争。建设韶关北伐战争纪念馆可再现孙中山两次在韶关誓师北伐这段革命足迹，同时告诫人们不要忘记这段历史，不要丢掉统一战线这个法宝，对促进两岸和平和实现祖国完全统一也具有现实意义。

经过近年的建设，北伐战争纪念馆于2010年6月29日正式

1924年9月，孙中山在韶关东河工农军的宿营地与工农军交谈（韶关市浈江区史志办公室供图）

落成，馆藏大量孙中山及北伐战争时期文物实物以及历史图片，于2010年7月1日正式向广大市民与游客免费开放。

北伐战争纪念馆周边至今仍遗留大革命时期的战壕与碉堡，风格与北伐时期一致，纪念馆与周边历史遗迹相辅相成，共同形成同一时期的历史文化景观。此外，北伐战争纪念馆毗邻抗战时期中共粤北省委旧址以及中共广东省委粤北省委历史陈列馆，形成了一个具有浓厚氛围的红色景区，成为韶关市区红色旅游的一个新亮点。

（二）南昌起义部队革命活动历史陈列室

南昌起义部队革命活动历史陈列室（犁市当铺）位于浈江区犁市镇犁市居委人民路南。

1927年12月的上旬，朱德率领南昌起义部队的一个团一千余人，准备到广州参加起义，途经韶关城郊时，得知广州起义失败，遂带兵转移北上犁市，并以当时国民党范石生第十六军一四〇团的名义，驻扎在曲江犁铺头。朱德化名王楷，住在犁市街西侧李达财当铺的楼上。

朱德住犁市当铺期间，利用与范石生合作的有利时机，对部队进行一次较为正规的训练。朱德根据多年积累的军事知识和实战经验，以及南昌起义以来军队作战的经验教训及其特点，亲自编写了《步兵操典》和《阵中勤务》两部军事教材，亲自给官兵授课、讲解、示范。同时帮助党组织秘密成立曲江县苏维埃政府，并两次派兵支援农民暴动。朱德部队驻犁铺头期间，激发了广大人民群众的革命热情，燃起了韶关人民革命斗争的烈火，促进了韶关境内及周边的工农运动。

犁市当铺1984年4月4日被曲江县人民政府公布为县级文物保护单位，保护范围以整个当铺实际面积为界。1992年12月2

日，曲江县人民政府为旧址设立保护碑；2006 年 6 月，韶关市人民政府公布为韶关市文物保护单位；2012 年 10 月，广东省人民政府公布为广东省文物保护单位。

朱德部队在犁铺头的指挥部旧址（韶关市浈江区史志办公室供图）

为更好地保护和开发这一省级文物和革命史迹，浈江区委、区政府于 2015 年 4 月提出《关于朱德部队（犁市当铺）旧址开发利用的调研报告》，并根据旧址项目内容的改造规划进行了立项。至 2018 年底，南昌起义部队活动旧址（犁市当铺）陈列室主体工程已经修缮完工，现正在展陈布置之中。

（三）中共广东省委粤北省委历史陈列馆

抗日战争时期，中共广东省委根据抗日形势，将省委机关由广州迁到韶关：其中 1939 年 12 月迁到南雄瑶坑村；1940 年 7 月迁到始兴红围；1940 年 12 月，中共中央和中央南方局撤销中共广东省委，成立中共粤北省委和中共粤南省委，中共粤北省委仍驻红围。1940年11月，中共南方工作委员会成立，李大林接任中共粤北省委书记。为更好地开展革命斗争，粤北省委由始兴红围迁到韶关五里亭广东韶州师范学校农场小院（今浈江区十里亭镇五里亭村）。

中华人民共和国成立后，中共粤北省委旧址长期作为韶关市乳制品厂办公场所、库房使用，内部进行改造对原有结构有一定破坏。该厂倒闭后，旧址空闲无人管理。后经有关部门重修，保存较为完整。

2009年3月，中共广东省委决定修复中共广东省委、粤北省委机关旧址。韶关市政府即对三个旧址进行修缮，并在五里亭旧址旁新建了中共广东省委粤北省委历史陈列馆，于2010年7月1日正式对外开放。2010年5月，中共粤北省委旧址被省政府公布为广东省文物保护单位。

中共广东省委粤北省委历史陈列馆为两层结构客家民居建筑，占地面积3000平方米，建筑面积1860平方米。陈列包括四个部分：中共广东省委的重建、中共广东省委北迁与粤北省委的建立、杰出的历史功绩、应对粤北事件迎接抗战胜利。

从2010年起，中共广东省委粤北省委机关五里亭旧址及历史陈列馆被命名为“广东省爱国主义教育基地”“广东省党史教育基地”“广东省党员教育基地”“广东省红色旅游示范基地”。

此后，中共广东省委粤北省委机关五里亭旧址及历史陈列馆充分发挥自身优势，丰富展陈内容，举办专题展览，积极开展形式多样的爱国主义教育活动，在教育内容、活动组织、参与人数、社会影响等方面表现突出。2016年初，经省委宣传部评审、省委批准，中共广东省委粤北省委机关旧址（包括南雄瑶坑、始兴红围和浈江区五里亭旧址）及历史陈列馆确定为2015年度广东省爱国主义教育基地先进单位。

中共广东省委粤北省委历史陈列馆（韶关市浈江区史志办公室供图）

（四）韶关烈士陵园与革命烈士纪念碑

韶关烈士陵园，是为纪念革命战争年代为革命牺牲的革命烈士而建的纪念性陵园，位于韶关市浈江区陵西路石门架右侧山。该陵园始建于1957年12月7日，1958年4月5日清明节前竣工，总占地面积30公顷，沿山而建，建有壮观的门楼牌坊、革命烈士纪念碑、烈士墓、八角亭、人工湖等建筑。1978年3月22日，北江人民烈士纪念碑由原中山公园迁入陵园内。

陵园门楼坐东朝西，高约10米，宽15米，红墙绿瓦，高大雄伟，具有民族特色。门楼的大门是一个圆拱门，圆拱上方刻有“韶关烈士陵园”字样，两侧摆设着一对石狮。园内绿树成荫，整个山坡种满了柏树和绿化带。沿陵道阶梯拾级而上，顶层是高高地屹立的纪念碑。纪念碑碑身高约16米，底座高约3米。碑身正面为浮雕“革命烈士纪念碑”的大字，红色的五角星底座正面刻有“永垂不朽”的字样，另外三面刻有烈士英名和碑文。碑文简要介绍了革命英烈事迹和立碑过程。纪念碑四周是祭台，庄严肃穆。

1988 年 4 月 18 日，韶关烈士陵园被广东省民政厅公布为广东省重点烈士纪念建筑物保护单位。1995 年 5 月，被韶关市委、市政府公布为韶关市爱国主义教育基地。

韶关革命烈士纪念碑（韶关市浈江区史志办公室供图）

每年的“9·30”烈士公祭活动，市委、市政府都会组织市委、市人大常委会、市政府、市政协、韶关军分区领导班子成员和市法院、市检察院主要负责同志，市各民主党派、工商联及无党派人士代表，市直各单位主要负责同志，烈属、退伍军人，市公安民警和武警战士代表，驻韶部队官兵，浈江区、武江区党政机关干部代表，少先队员代表等，在烈士陵园举行韶关市“9·30”烈士公祭活动暨向烈士纪念碑敬献花篮仪式，缅怀革命烈士，发扬优良传统，激励广大干部群众继承先烈遗志，努力建设幸福美好韶关。

每年清明节，韶关市一些机关、单位和团体自发组织干群、学生到韶关烈士陵园扫墓，缅怀革命先烈的丰功伟绩，寄托对英雄先烈的哀思，并向韶关革命烈士纪念碑敬献花圈，默哀致意。韶关人民也会来到韶关烈士陵园革命烈士纪念碑前，开展缅怀先烈、不忘初心、牢记使命、新时代有新作为的纪念和宣传教育活动。

（五）革命烈士叶发青旧居陈列室

叶发青（1891—1945），别名叶石妹，曲江县东厢乡翻溪桥石安村（今浈江区新韶镇东联村委石安村）人。

1924 年 9 月，叶发青参加曲江县第一个农民协会——翻溪桥农会。从此，叶发青积极投身于农民运动。1926 年夏，叶发青由叶凤章介绍，加入中国共产党，先后任中共翻溪桥党支部组织委员和支部书记。1927 年中共曲江县委成立后，任县委委员。1928 年 2 月，中共曲江县委改组，叶发青仍任县委委员。1928 年 4 月，叶发青被选为中共六大代表，并于 6 月在苏联莫斯科近郊参加中国共产党第六次全国代表大会，当选为农民土地问题委员会和广州暴动问题委员会的委员。

抗日战争时期，叶发青发动群众参加共产党领导的曲江联乡抗日自卫委员会武装队伍。他与其他党员同志一道利用自己熟悉山势地形和群山密林的有利条件，神出鬼没地多次袭击莲花山、洋村等处的日本侵略军，弄得侵略军不得安宁。1945 年，叶发青在曲江南郊白芒河边阻击日军的战斗中负伤，他为了掩护战友转移，一个人爬向苈蓬遮住的岩石后阻击敌人，不幸连中数弹牺牲。

中华人民共和国成立后，于 1950 年 1 月追认叶发青为革命烈士。2016 年，区老促会为重建叶发青烈士陈列室，向市老促会争取资金 6 万元。2018 年初，浈江区史志办协同区老促会着手布置革命烈士叶发青旧居陈列室，6 月完成布展。

革命烈士叶发青旧居陈列室展陈布置分为九个方面内容，一是叶发青生平简介，二是积极投身农民运动，三是加入中国共产党组织，四是忠诚党的伟大事业，五是当选中共六大代表，六是参与中共曲江县委工作，七是坚守革命斗争活动，八是积极参加抗日武装斗争，九是抗战中壮烈牺牲。

附录二 革命历史文献

中共广东省委给中央的报告（选录）①

——关于北江地区暴动和朱德部队脱离范部情况

（一九二八年一月十八日）

……

1. 北江暴动很有发展的可能。兹将各种情形略述于下：

（一）曲江暴动正在继续发展，一、二、三、十一区地主豪绅差不多已完全肃清，杀了百余人，其余都逃到韶关。田契已焚者在一半以上，田界亦已铲去一部，地主房屋多已分给农民住，谷物财产已尽数分给农民。其余十区（曲江共十四区）农民亦闻风兴起。地主大部逃到韶关，现在会集韶关在千人以上，曾两次请愿范石生和县长派兵下乡，范答以无办法。后范派兵一营下乡，被农民打败，缴枪数枝［支］。各区遂积（极）组织联团，全县民团武装约八百人。我们已打入进去活动，很有发展的可能，将来或可以爆发民团内部的阶级斗争，瓦解这种封建的武装。曲江煽动兵士的工作，亦颇著成绩，范部士兵已有些与农民来往。省委已有详细信去指导他们：主要的是在已暴动各区，即刻成立区、

① 中央档案馆、广东省档案馆：《广东革命历史文件汇集（1928（一）甲）》，第103—106页。

乡苏维埃；未暴动各区，即由暴动各区多派农民进去煽动暴动。同时，特别注意范部士兵工作和韶关工人运动。

……

（8）朱德已接到省委命令脱离范部，不过脱离几乎是得了范的同意，范并发了两关饷、子弹二十万发（编者注：实际是 1 万块大洋，子弹 10 万发）。范极力拉拢朱德表示好意。……脱离后赴仁化，本拟绕道始兴到英德，被十八师苏世安部所阻，遂转赴坪石，中途同志和非同志都有叛变逃走降范告密者。现已到坪石，拟先取乐昌，解决许部后（现乐昌只有许克祥一团余人），即到目的地（英德）帮助农民暴动，北江特委已有信给他。兹抄上。

……

中共北江特委给省委的报告①

——农民运动情况

（一九二八年一月二十六日）

省委：

1……2……

我们一来到就知道西水因朱德同志的援助，打过两次，但当时情形，曲江县委无人知道，也无可查。后派曲江县委书记杨［梁］展如前往恢复党部并指挥暴动，很快回来，说全无办法，情形他也莫名其妙。我们很不放心，十六号范石生已派军队去打，农民尽力相持。至为总维持扩大，至少也不能不发。于是更严厉的督促梁展如再去，并加派欧仲前往工作，并准备在特务营派一军官去。啸笑第一团学生来，余陶警备团连长，也从省委回来，

① 中央档案馆、广东省档案馆：《广东革命历史文件汇集（1928—1933）》（A6 /164），第 39—53 页。

于是派他们二人前往，海丰代表来到，亦即派一人去，现在得他们来报告，情形是很好的。

原来西水斗争是农民先向地主进攻的，当时是得朱德的帮助。十二月十二日间朱德派一连人会同百余农军及农民进攻大沙州［洲］下村（朱姓地主），打死地主一人，拘获五人。又枪毙了四个（共死五个），并焚烧地主住宅，牵牛三十六头，没收米谷很多（一百余人吃过了一个月，农民又抽了许多回家去），农民仅伤一人。枪枝［支］，已逃到列村地主仅存一人未杀到。

此次斗争之后，地主开始向农民进攻。十二月二十八日，列村等地主一齐向水心村、暖水、清水塘进攻（说有千人分头来攻，恐怕是农民说错的）。水心村即日被攻破，毙农民五人，被缴枪数枝［支］；猪牛家产被抢一空，全村屋宇被焚。至暖水至清水塘未被攻下，因朱德又派队往助，把民团击退，并击毙民团十余人伤百余人。水心村农民逃庙子阁，虽全乡被焚，但无怨望及灰心，报仇心仍很迫切，庙子阁农民所说的，当然可靠。

十二号农民已经得到胜利，二十八号虽然有损失，敌人总算给我们打退了，自然这使农民高兴的。到一月六号——那时朱德部队已经离开了曲江（原来驻黎［犁］铺头），十三军与民团共千人复攻暖水及乐夫，暖水被破，房屋全被焚烧，农民死一人，但未被缴械。军队也损失很多，死七八人，伤十余人。农民逃乐夫，乐夫未被攻下，军队民团自己退走，虽然暖水被破，而乐夫未下，而敌人自行退走，这也是农民不致灰心害怕的。

……

中共曲江县委给省委报告[①]

——关于军运、工运、党的工作、土匪运动和工作分配的情况

（一九二八年六月三日）

省委：

兹将韶州情形报告如下，请指示与批评。

1. 对于军运方面：因前县委指示工作不好，没有督促同志工作，如王△△同志在军队内负责书记数月，一个同志都没有发展。又蔡△同志在敌军中月余又是如此，简直是有名无实，现在县委决定他出来做工运，王玉数已经随军出发到南雄去了！以后韶州军运怎样办法？

2. 对于工运方面：因前时完成［全］没有做过工运，现因无人相识，入手非常困难，除假工人以外，尚有什么方法？

3. 党的工作方面：因前工作浪漫及错误，没有发展，不料成为一落千丈，如某同志到某区工作回来时，没有向县委报告，只有他自己知道。现在县委连哪区有区委，何乡有支部，都不知道清楚的。现在知道的两个支部（一区火管村一支部，同志十六人，行政三区罗家一支部，同志六个）。现在不知道，变为无从下手，如一区羊村，二区马坝，以前是王果强同志的手续，四区支部以前是卢克平同志手续，其余有的是无从考查。

……

① 中央档案馆、广东省档案馆：《广东革命历史文件汇集（1928—1931）》，第39—40页。

中共曲江县委给省委报告①

——关于西水暴动失败后各地工作情形

（一九二八年八月十二日）

省委：

兹将曲江县委工作情形报告如下：

自西水暴动失败后，各区工作成为一落千丈，各区同志见白色恐怖利害，非常恐慌，以前的负责同志（已）经跑去别处或工作或腐化，现在县委哪区有区委，何乡有支部，现在象［像］瞎子一般似的，现在只有从［重］新发展。

现在一区有羊村、火管二支部，同志十九人，现因各区都有警卫队组织，同志甚为恐慌，不十分积极，只有使他去做简单宣传农会的作用，但该地的农民很多误为农会就是我们的党，同志中亦有误会，经解释然后稍为明了。

……

① 中央档案馆、广东省档案馆：《广东革命历史文件汇集（1928—1931）》（A6/172），第41—43页。

附录三 大事记

1919 年

是年　受五四运动影响，韶州工人举行“罢工、罢课、罢市”行动。6 月 11 日，韶州商界发起抵制日货运动。

1920 年

8 月　粤汉铁路韶关段工人罢工，表示不愿为桂系军阀运送物资，支援粤军讨桂。

1923 年

8 月上旬　中国共产党第三次全国代表大会于 6 月 12—20 日在广州召开，会议确定了共产党员以个人身份加入国民党，与国民党建立革命统一战线的方针。8 月上旬，共产党员谭平山、杨殷、刘尔崧、侯桂平受孙中山派遣到达韶州，进行宣传慰问和战区调查。

1924 年

3 月　韶关城内北江船业工人工会成立，选举邓仲瑜为工会会长。这是浈江区境较早成立的工会组织。

7 月 3 日　第一届农民运动讲习所在广州举办，主要培养农民运动骨干。8 月20 日结业后，讲习所学员侯凤墀、韦启瑞、丘鉴志三人先后被派到韶州开展农民运动。

9 月13 日　孙中山亲率警卫队，军官学校学生第一队，吴铁城警卫军，赣军、滇军各一部，迁北伐大本营到韶关（今浈江区建国路韶关军分区内），指挥北伐。

9 月下旬　在彭湃、阮啸仙等人的支持鼓励下，东厢翻溪桥村的叶国棠、叶凤章及腊石坝村的黄希盘等人发动群众，率先组织起翻溪桥、腊石坝村 2 个农民协会（即犁头会，简称“农会”），叶国棠、叶凤章和黄希盘分别被选为村农会的执行委员。这是浈江区最早组织起来的村级农会。

9 月20 日　孙中山在韶关南教场举行北伐誓师大会，并检阅北伐部队。会上，孙中山发表长篇演说，随即决定驻韶各军分两路挥师出发。

9 月21 日　应孙中山电召，广东工团军、农团军由共产党人谭平山、罗绮园、阮啸仙等人率领抵达韶关。下午 4 时半，孙中山偕同宋庆龄等前往东河坝广东工团军、农团军营地巡视、慰问、演讲，要求谭平山等对工团军、农团军施以军事、政治训练，并就地开展宣传工作。

9 月29 日　韶州各界赞助北伐大会在韶关南教场召开，3000余名韶关军民参与，其中有翻溪桥、腊石坝村农会会员。孙中山在会上发表题为“北伐之原因”的重要演讲，会后举行游行。

10 月9 日　孙中山在韶州北伐大本营接见并宴请苏联海军巡洋舰沃罗夫斯基号官兵团全体官兵。

10 月10 日　驻韶各军在韶集会，庆祝武昌起义 13 周年，孙中山前往参加，并在会上发表《对韶关各军将校训词》演讲，会后检阅即将出发往赣州、南昌的北伐军部队。

1925 年

3 月 12 日　孙中山在北京病逝，韶州各界群众和军队共万余人于韶州南教场举行盛大的追悼会。

6 月 19 日　韶州各界在韶州南教场召开援助省港大罢工大会。驻韶北伐军及全体警团两部共 5000 多人与会。屈子健任大会主席，李汉藩报告省港大罢工经过，国民革命军第二军第四师、第六师师长，苏联顾问，农工代表分别在会上发表讲话，会后进行游行。

7 月　共产主义青年团曲江特别支部在韶关成立。共青团广州地委工农委员会指派农民运动特派员侯凤墀主持共青团曲江特别支部工作。

8 月 20 日　廖仲恺在广州遭暗杀。数万农民在韶州南教场集会，沉痛追悼廖仲恺先生，声讨帝国主义反动派的罪行，并致电国民政府，要求缉拿凶手。

11 月 20 日　曲江县农民协会在韶州下后街宏仁善堂成立，并召开第一次代表大会，到会代表 112 人。

11 月 26 日　广东省妇女解放协会韶州分会成立，袁思珍为分会主任，有会员 84 名。

12 月上旬　经共产党员刘胜侣、侯凤墀考察和培养，接受梁展如、欧日章、叶凤章参加中国共产党，并在韶城下后街宏仁善堂成立中共曲江县支部（特支性质），书记梁展如，由中共广东区委直接领导。

12 月 19 日　罗绮园率领慰劳国民革命军第二军代表团到达韶州，代表团成员有蔡畅、蔡如平、高恬波、王备等 13 人。20 日，代表团在韶州南教场召开慰劳大会，军民共八千多人与会。

1926年

1月29日　广东省农协北江办事处在韶关罗纱巷19号成立。办事处内同时成立中共支部，丘鉴志任书记。

是月　第二区黄岗乡（今浈江区境内）成立农民协会。随后，左亩、连滩、顶洞、水口、润洞、长楼等乡相继成立农民协会，迅速打开了农民运动的局面。

5月30日　曲江县各界在县城集会游行，纪念五卅惨案一周年，到会军民共两万余人。游行队伍沿途高呼“废除不平等条约”“打倒帝国主义”等口号。

7月　省农民协会常委蔡如平、周其鉴、彭湃到达曲江县城，协助曲江县改组农民协会，召开农民代表大会，选举梁展如、欧日章、叶凤章为曲江县农会常务委员，保障了曲江县的农民运动健康发展。

8月　国民革命军第二军教导师师部由广州移防韶州，并设南韶连警备区，教导师师长陈嘉佑兼警备区司令。陈嘉佑坚持孙中山的“三大政策”，较好地与共产党合作，支持工农运动。

10月10日　韶关各界在南教场举行庆祝国民革命军北伐胜利大会，省立第三师范学校（韶关学院韶州师范学院前身）和县立、区立、私立学校均派代表参加。

11月27日　曲江各界在县城召开军民代表联欢会。七十多个团体，共二百二十名代表与会。会上强调要取得北伐的胜利需要民众的支持，也要靠民众来巩固，应加强民众团结，实行军民联合。

12月9日　省农协北江办事处与中共北江地委筹办的北江农军学校，在韶关（校址在今浈江区建国路）正式开学。各区乡选送精干农军骨干入学，授以军事政治常识，学时为三个月，毕业后分配回原籍训练农军。该校共举办培训班两期，培训学员 200 余人。四一五反革命政变后，农军学校于 1927 年 4 月 21 日迁往南雄。

12 月 25 日　韶州各界召开反对帝国主义文化侵略大会，大会揭露、控诉帝国主义利用基督教及传教士进行文化侵略的罪行，发表了《反帝国主义文化侵略大运动宣言》。

是年夏　海员工会韶州分会在韶城成立，会员约三百人，何振武任海员工会北江分会主任。委员有冯火旺、冯火胜等。同年秋，何振武调离北江，周材接任。

是年冬　成立中共韶城支部，负责统一领导韶关的海员工会、铁路工会中的共产党员。

1927 年

1 月 1 日　韶州各界 100 多个团体数万人召开庆祝北伐胜利大会，南韶连警备司令陈嘉佑到会并讲话。大会发出《宣言》，提醒人们，在胜利时还要警惕帝国主义和军阀硬的进攻和软的阴谋；吸取辛亥革命因没有民众基础而失败的教训，注意发展民众组织，打倒地豪劣绅、贪官污吏，铲除封建势力，打破反革命堡垒，巩固下层革命基础；拥护第二次军事行动，争取早日废除不平等条约，完成国民革命。

2 月 7 日　韶州社会各界召开纪念“二七”四周年大会，会上发出《纪念“二七”殉难烈士宣言》。省农会北江办事处、曲江县农会、北江农军学校同时发出《为“二七”四周年纪念日告各界同胞》信，强调只有工农群众才能担负国民革命的责任；只有被压迫民众团结起来，才能肃清一切反革命势力，实现全中国被压迫民众的解放。

2 月 16 日　韶州工农召开联欢大会。各工会会员、北江农军学校师生、教导师官兵、曲江县各区乡农会会员及农民自卫军战士参加大会。大会由南韶连警备司令陈嘉佑主持。会上发出《韶州工农联欢大会宣言》，指出工农是占全国人口最大多数的被压迫阶级，革命性最强；只有工农力量的扩大并巩固，才有消灭一切压迫阶级的可能和保证；只有工农真正解除痛苦，才是革命的胜利，才是被压迫阶级的解放。这次联欢大会，增进了工农团结，促进了革命势力的发展。

3 月2 日　韶州各界召开“反对帝国主义武力干涉中国大会”。大会由南韶连警备司令陈嘉佑主持，韶州各界民众、教导师官兵等参加大会。大会发出《韶州各界欢迎第三国际代表及国际反帝武力干涉中国大会的通电》。

4 月16 日　四一五反革命政变后，中共广东区委指定省农民协会常委罗绮园、周其鉴到韶关设立工农自卫军总指挥部，先后调集曲江、清远、英德、乐昌、仁化等县农民自卫军和北江农军学校、南韶连政治讲习所学员，以及铁路工人纠察队，共约1200人，编为广东北江工农自卫军，罗绮园任总指挥，周其鉴任副总指挥，朱云卿任参谋长。

是日　南韶连警备司令陈嘉佑宣布与国民党广东当局脱离关系，18 日又发表声讨国民党右派叛党罪行的宣言，同时组成由共产党员罗绮园、周其鉴、刘小山、甄博亚等人参加的南韶连政务委员会，联合韶关境内的工人纠察队和农民自卫军，准备抗击国民党右派军队的进攻。

12 月12 日　朱德部队开赴韶关，原拟南下广州参加广州起义，后获悉起义已经失败，于14 日以范石生第十六军第一四〇团的名义转驻曲江犁铺头整训。

1928 年

1 月 2 日晚上　朱德、陈毅率领南昌起义部队，脱离范石生部，离开曲江犁铺头，前往仁化董塘，再往湖南宜章。

11 月初　中共广东省委指示北江特委，应坚决确定韶关与粤汉铁路各县（曲江、英德、花县）为北江的工作中心，其次是通向湘南、赣南要道之乐昌、南雄及有斗争历史之仁化，特别要注意韶关与曲江的工作。

1929 年

1 月 18 日　中共广东省委北江巡视员吕品到达韶关。

1 月 25 日凌晨　中共北江特委机关遭国民党右派破坏，八人被捕。其中省委候补委员、省委北江巡视员吕品，省委委员、北江特委书记文和，共青团省委常委、北江特委常委庞子谦，北江特委常委谭天，及卢瑞球（负责兵委）、黄英（负责交通）等，均于 1 月 31 日在韶关被桂系军阀杀害。

10 月 13 日　中共曲江县委负责人一夫（叶均康），因叛徒陈策告密，在韶关被捕。此后，曲江县委曾一度解体。

11 月 14 日　中共广东省委北江巡视员李一鸣到达韶关，接替黄甦，负责北江工作，随即恢复了北江特委，由李一鸣兼北江特委书记。

1930 年

5 月上旬　中共广东省委指示曲江、韶关必须在城市抓住铁路、篷船、码头、油业工人的斗争，在农村抓二、四区农民抗租抗税的斗争，推动一、六区的斗争，发展游击战争以汇合韶关工人的斗争，组织地方暴动，积极领导粤汉铁路工人正在进行的反抗减薪的斗争，并在斗争中组织与发展赤色工会，发展党的组织。

是月　根据中共广东省委关于在五一、五卅发动群众斗争的工作布置，曲江县委领导韶关米机工人发动要求增加工资、反对工头欺凌的斗争。

1931 年

1 月 6 日　原中共广东省委北江巡视员兼北江特委书记李一鸣在广州被捕后叛变，带领广东省警察局侦缉大队随即到达韶关城，与曲江县保安大队、警卫队到城郊东河等处搜捕共产党员和革命干部，共 17 人被捕。

3 月 3 日　由于王佐才被捕后叛变，北江特委负责人黎凤翔在韶关被捕，后牺牲。北江特委机关被破坏。

8 月 1 日　曲江县委发出《告农友书》《告工友书》，今浈江区境内的工人、农民纷纷起来参加和支持夏收斗争。

1932 年

3 月　北江巡视员潘洪波到达曲江后，整顿、健全县区级党的组织，在犁市成立中共特别支部。至 11 月，特别支部有共产党员数十名。

5 月　中共曲江县委书记彭叙在韶城被捕后遇害，曲江县委工作一度停顿。同年秋，两广省委派马锦任曲江县委书记，曲江县委恢复工作。

12 月　按中共两广工委《关于广州公社五周年纪念决议》中的要求，浈江境内党组织致力创立北江游击队和湘南地下交通线，集中力量建立境内地下交通线。

1933 年

是年　国民党右派疯狂抓捕共产党员，浈江区境的中共党员除了少部分未暴露身份的外，全部转往外地工作或上山参加游击队。

1934 年

3 月 23 日　香港工委派原北江交通员欧子祥回韶关找到原曲江县委组织部部长邓强，要其前往香港接受恢复北江党组织的任务，并及时开展工作。

4 月　韶关市区筹建韶关飞机修理厂，翌年 8 月建成。由周宝衡任厂长。

8 月 9 日　邓强到达香港时，被叛徒潘洪波发现，于 12 日被捕，致使恢复北江党组织的工作中断。

1936 年

5 月　浈江区境的韶关飞机修理厂制造出第一架名为“复兴号”的教练机。此后，韶关飞机修理厂易名为韶关飞机制造厂，并委派梅隆安为厂长，继续制造“复兴号”多用机和“霍克号”战斗轰炸机。

1937 年

8 月 31 日黎明　日机首次轰炸韶关，城区建国路、曲江大桥旁、兴隆路漂布塘等处中弹多枚，群众伤亡 147 人，数十间房屋被炸毁。

9 月　第二次国共合作后，北江地区的政治形势发生大的变化，抗日救亡运动进一步发展，国民党韶城当局改变大肆镇压共产党员和革命群众的政策，开始允许民众成立各种抗日团体，浈江人民抗日热情高涨。

11 月 11 日　日机 28 架轰炸韶关，投弹 50 余枚，风度南路、风烈路一带商业区被夷为平地，损失惨重。

1938 年

2 月底　黄克西兄弟组织 50 多名青年成立曲江青年战时服务团，丘林、刘白亮为正副团长。这是一个共产党领导的抗日民族统一战线青年团体。

7 月 23 日　日机轰炸韶关，一枚重型炸弹命中武江河畔武溪公园的关帝楼，在楼中躲避空袭的百姓被炸死炸伤 200 余人，惨不忍睹。

7 月 26 日　日机空袭韶关。建国路合元店中弹，死伤数人，血肉横飞；漂布塘大井头左侧谭家中一弹，一对新婚夫妇当场被炸死；南门河边椿树脚下也中弹多枚，死伤数人。

7 月 27 日　数架日机轰炸曲江大桥，将附近的三界庙炸毁，在内避难民众伤亡 30 余人。

10 月 21 日　广州沦陷，国民党广东省政府、省党部、第四战区司令长官部撤退至韶关城区，韶关成为战时广东省会，人口由 1 万多人剧增至 5 万多人。当时，日军空袭韶关步步升级，有时一天几批轮番轰炸城区。韶关市区白天商店关门，学生停课，市民疏散到郊外。

12 月 4 日　日机 29 架轰炸韶关市区，连续投弹 29 枚，炸沉船艇 17 艘，船民被炸得血肉横飞；医院中弹，部分房屋倒塌；船民、医院人员死亡 42 人，伤者甚多。

是年底　中共广东省委在韶关风度中路的五四书店设立交通站，由李筱峰负责。

1939 年

1 月　广东青年抗日先锋队在韶城成立北江办事处，陈恩任主任。此时，广州的许多大中学校也纷纷北迁韶关。

3 月　抗先为了便于就近取得中共广东省委的领导，发挥抗先在领导青年运动和学生运动中的作用，总队部由新兴县迁到战时省会韶关，总队长邓明达，副总队长陈恩、梁嘉。韶关成为领导全省青年运动的中心。

是月　国民党第四战区党政分会在曲江县城举办游击干部训练班，班内秘密成立中共支部，何群侠任支部书记。该支部后来改为特支，属北江特委领导。

是月　在共产党员的推动下，广东省新生活运动促进会妇女工作委员会在犁市沙园（今浈江区犁市镇）设立儿童教养总院，重点收养战火中抢救出来的难童。

4 月 1 日　为了抗战宣传的需要，中共广东省委机关刊物《新华南》在韶城创刊，成为华南人民抗日斗争的指路明灯。

是年秋　中共曲江中心县委在韶关兴办樟脑、印刷和机器三家合作社，由地下党员邓重行负责。开办时得到路易·艾黎担任委员的中国工业合作社（简称“工合”）促进委员会的贷款资助，解决了樟脑、印刷两社扩大生产的资金困难。工合的发展不仅为党组织提供了大量活动经费，而且解决了《新华南》的印刷问题，掩护了一批地下党同志。

1940 年

1 月 24 日　韶关市民在中山公园举行庆祝粤北抗日大捷（第一次粤北会战）大会，晚上在城区举行火炬游行。

是月　广东省儿童教养总院成立，由省政府主席李汉魂夫人吴菊芳任总院院长，总院设在犁市圩莲塘村（今犁市镇），下设七个分院。

8 月29 日　日军再次出动飞机66 架，分9 批次重点轰炸韶关市区，炸毁火车站附近和南门等地房屋数十间。

10 月10 日　韶关各界数千人在风度路一带举行纪念“双十节”示威游行，《新华南》的共产党人和工作人员高举“不愿当亡国奴的都站到抗战前列来”的标语牌参加游行。

1941 年

1 月　中共党员掌握的第六十军政工队锋社剧社调回韶城后，改为第七战区艺宣大队，队内有中共党员十二人，并组建了中共支部，阮琪任支部书记。同年7 月，该队改为第七战区政治部政治大队，负责人李门、游波。

是年春　国民党北江挺进队干训所（位于韶城）政训组副组长黄桐华（后提升为“挺二”副司令），由林名勋、朱小仲介绍，经省委批准，加入中国共产党，使中共在“挺二”的工作有了更扎实的基础和条件。

3 月8 日　在共产党组织的推动下，广东省“三八”妇女节纪念会在曲江戏院（韶关城区）举行，会议由陈明淑主持，通过了保障妇女职业、带领妇女参加生产、编印妇女读物、抢救战区妇孺、不能歧视已婚妇女等议案。

9 月6 日　多架日机空袭韶州市区，西门关帝庙楼被炸，在楼内外避难的市民当场被炸死炸伤100 多人。

11 月31 日　日机空袭韶关市区及火车站一带，焚毁铺屋70 余间，船一艘，死30 余人，伤7 人。

1942 年

是年初　八路军香港办事处主任廖承志等抵达韶关，传达中共中央关于抢救滞留在香港的民主人士和文化界人士的指示。在抢救行动中，从香港抢救出抗日爱国民主人士和理论、新闻、文化、戏剧、美术界等著名人士及其家属共100多人，其中也有部分人士经韶关疏散到大后方各地，他们中有邹韬奋、柳亚子、廖沫沙、张友渔、胡风、高士其、茅盾、叶以群、韩幽桐等，由乔冠华负责接应中转工作。共产党的这一工作，得到内地进步人士李章达、赵一肩、张文、张录村、许崇清等人的协助。

1 月中旬　廖承志、乔冠华等人在韶关五里亭设立抢救文化名人接待、联络站。

5 月 26 日　驻韶国民党特务机关在韶关花园酒家（今浈江区境内）逮捕中共南方工委组织部部长郭潜（铁梅），南方工委交通站长司徒丙鹤夫妇，交通员曾平、陈二叔等人同时被捕。郭潜叛变后，粤北地下党组织遭到严重破坏。

5 月 27 日凌晨　叛徒郭潜引领特务到韶关北郊五里亭韶州师范林场逮捕了中共粤北省委书记李大林一家及译电员、女保姆等人。当特务从李大林家出来路经韶关火车站时，正巧和刚从东江老隆巡视工作回韶关的粤北省委组织部部长饶卫华相遇，由于郭潜的指认，饶卫华也被捕了。

1943 年

1 月 5 日　20 多架日机空袭韶关，浈江境内的风度路、武江境内的黄田坝一带同时被炸，韶城一片火海，被焚商店和民房2500 多间，炸死 73 人，伤 90 余人，灾民众多。

11 月 16 日　国民党广东省政府决定撤销曲江县设置韶关市

（今浈江城区），为省直辖市，肖冠英任市长。1945 年 1 月韶关沦陷后，韶关市建制自行解体。

1944 年

2 月 16 日　韶关人力车工会举行大罢工，反对市政府公布《站程计算表》，经调停后同意次日复工。

4 月　后北江特派员李守纯从西江返回韶关，准备恢复北江地区党组织。

6 月 22 日　共产党领导的曲江工合整个系统及其党组织遭到国民党顽固派的破坏，后北江特委书记李守纯夫妇以及樟脑合作社的邓重行、印刷合作社的李骥和唐明、装订合作社的杨文晃和梁英、大成印刷厂的朱湛德等 10 多人被捕，被关押在韶关“基庐”（中统广东调统室禁闭所）。

12 月　中共北江特委派徐毅平任曲江特派员，吴甫为组织干事，负责曲江河东地区（浈江区境）党组织的恢复工作。在韶关即将沦陷的形势下，北江特委抓紧了恢复党组织的工作和开展抗日武装斗争的准备。

1945 年

1 月初　日军 100 多人分兵三路包围退守在花坪大鹤山的富国煤矿（今浈江区曲仁办事处）警备队。守矿警备队奋起抗击，战斗由清晨持续到下午，给日军以重创。守矿的警备队孤军抵抗，最后弹尽援绝，100 多名队员全部牺牲在大鹤山上。

1 月 24 日凌晨　一股日军从南郊向韶关市区逼近，并向仲元中学附近的老百姓开枪射击，仲元中学校长梁镜尧率领留校的 30 余名受过军训的高中学生拿起枪支，坚决进行护校斗争。在抗日斗争中，梁镜尧及其长子和部分学生壮烈牺牲。

是日　日军第四十师团自乐昌沿铁路线南下，配合由英德北上的日军第一〇四师团夹攻韶关，首先攻占韶关火车站，并继续攻击韶关市区，守军奋起抵抗。

1 月 27 日　日军完全占领韶关，并派兵占领浈江区境各村镇，分别在犁市、花坪等地建立炮楼据点，成立“维持会”，拼凑汉奸队伍，经常烧、杀、抢、掠，强奸妇女，无恶不作，手段残暴，令人发指，对浈江人民犯下了滔天罪行。

1 月 28 日　日军突然进驻花坪，妄图霸占富国煤矿，抢夺花坪的煤炭资源。

6 月　30 多名日军扫荡花坪龟塘洞推旦村。村抗日自卫队早有准备，严阵以待，分别占据卜虎山、天星咀和屋背山，组成三角形火力网。日军进村后，自卫队长一枪就击毙日军机枪手。各村赶来支援的 100 多名群众人人手持戈矛剑戟、锄头棍棒，大声呐喊助威，声震山谷。推里村自卫队抬出一杆台枪，装满火药、铁砂，向日军猛轰一炮，山鸣谷应，吓得日军魂飞魄散，急忙撤兵。这场战斗持续 2 个多小时，毙敌 1 人，伤敌 2 人，民众无一伤亡。

7 月　“花坪维持会”有两个汉奸到西牛潭村敲诈勒索，并指名要该村两个姑娘去孝敬日军，群众怒不可遏。村抗日自卫队决定智歼汉奸，派去四五个人假意热情接待，迎进屋内，端茶送烟，趁两汉奸双手接茶一刹那，站在其身后的队员以迅雷不及掩耳之势将其突然抱住，几人一齐动手拳打脚踢，汉奸当场毙命。另有两个汉奸在长地头许屋村也被自卫队抓获，其中 1 个被打死，缴获手枪 1 支。

1946 年

是年初　中共曲江县委在东河坝建立交通站。交通站在靠浈江河畔的一间小木屋里，由地下党员梁维平、陈先信夫妇负责，主要供中共五岭地委的领导往返香港和香港分局联系用。

1947 年

是年秋　韶城地下党员杨泰湖在韶关弄到一挺轻机枪，与程琪两人穿上国民党军军服，乘上一条小鱼艇顺北江而下，连夜将机枪送达曲江乌石濛浬部队驻地，给全体指战员以极大鼓舞。

是年　浈江境内已经暴露或可能暴露的地下党员，全都进入部队参加武装斗争，城内只隐蔽了部分地下党员。

1948 年

是年夏　中共曲江工委宣传部部长李凌冰到韶关负责地下党工作，需要找职业掩护。民主进步人士陈维廉安排李凌冰在潮州旅韶同乡会任职员，接着又安排五岭地委副书记袁鉴文和志锐中学地下党员莫德炜在曲江卫生院当职员，袁鉴文的爱人、中共曲江工委书记赵学光则以职员家属的身份住在卫生院内。

是年秋　在中共曲江工委宣传部部长李凌冰的领导下，韶关城区志锐中学、曲江一中、九龄农学院等地下党员组成中共粤北学运特别支部，莫德炜任支部书记。

是年冬　中共党员何国文受中共曲江工委指示，在县城建立地下交通站，地点在曲江县城老东门直街。当时主要任务是接送外来人员和本地区的青年学生以及转运生活用品和药物进入游击部队。

1949 年

4 月 28 日　中共曲江县委在县城仁爱路 48 号（今浈江区和平街 50 号）罗宽家中召开会议，研究和部署迎接韶关解放的事项。参加会议的有赵学光、李凌冰、莫德炜、李仲华、邓启民、冼颂柏等人，罗宽负责放哨警戒。

9 月下旬　中共五岭地委、北二支司令部和中共曲江县委积极配合做好解放曲江的准备工作，县委宣传部部长李凌冰在韶关组织领导护厂、护路、护校、护桥工作，并为解放大军提供境内情报。

10 月 6 日晚　中国人民解放军负责主攻韶关的第十五军四十五师沿着始兴通往韶关的公路急速推进，在大桥慈菇岭和黄浪水等地歼灭敌人的小股部队。

10 月 7 日凌晨 1 时　第四十五师先头部队第一三四团抵达城郊东河坝。国民党守军撤走时放火烧曲江大桥（桥梁北段是用钢梁、木板铺设），当时桥上烈火熊熊。解放军第一三四团命第二营扑灭桥上大火，其后续部队首先进入韶城。紧随其后，解放军第十三军三十八师某部，也由北门进城，韶关城区宣告解放。

10 月 7 日　成立曲江县军事管制委员会，机关在韶城，主任黄松坚，副主任张华、袁鉴文，解放军进驻曲江县全境。

10 月 10 日　成立曲江县人民政府，机关在韶城，县长黄桐华，副县长曾东，下设公安局、税务局、财粮局、秘书室。

10 月 12 日　中共曲江县委成立，机关在韶城，县委书记袁鉴文，副书记黎晓初，下设组织部、宣传部、民运部；曲江警备司令部成立，司令员吴伯仲，政治委员袁鉴文。

10 月 25 日上午　韶关中山公园举行各界民众庆祝中华人民共和国成立暨广州、由江解放大会。参加大会 1 万余人。当夜举行火炬大游行。

10 月　成立中共北江地区执行委员会，下辖曲江、始兴、南雄、仁化、乐昌、乳源、连县、连山、阳山、英德、翁源、佛冈、从化、清远、新丰、连南等16个县委和韶关市委。地委机关驻韶关市区（今浈江区境），隶属华南分局领导。

11月25日　成立中共韶关市委员会，机关驻地在今浈江城区。

附录四 革命英烈

卓庆坚

卓庆坚（1902—1927），大埔县人。1924 年，卓庆坚考入广东大学（现中山大学）法学预科班。在广东大学期间，受革命形势影响，又得到同乡张善铭等人的帮助，他积极投入反对帝国主义文化侵略的斗争，加入新学生社，并于 1925 年加入中国共产主义青年团，后被送去广州农民运动讲习所学习。结业时，经中共广东区委批准，转为中国共产党党员。

1926 年，卓庆坚受党组织的委派，前往北江开展农民运动，深入清远、乐昌等县调查农民运动情况，指导农民开展反对军阀的斗争。为了发展北江农民运动，培训农运骨干，卓庆坚和朱云卿等人筹办了北江农军学校，并于是年 12 月 9 日开学。为提高学员的政治觉悟，卓庆坚亲自兼任政治教官，去农军学校讲政治课，每周向学员作一次政治时事报告。同年冬，中共广东区委决定成立北江地方执行委员会，由卓庆坚任书记。

1927 年 3 月，曲江龙归（今属武江区）的土豪劣绅刘冠武等，勾结土匪 100 多人，向当地农会发动攻击，杀害农会骨干 23 人。卓庆坚等人闻讯，和其他领导人一起，率领北江农军学校的学员，迅速奔赴龙归，支援当地农会，紧密配合其他武装力量，很快把反动势力压下去，有力地打击了土豪劣绅的嚣张气焰。卓庆坚在粤北办北江农军学校两期，培训学员 260 名。四一二反革命政变后，北江工农自卫军组成总指挥部，下设三个大队，卓庆坚任第一大队指导员。7 月 29 日，卓庆坚随北江工农自卫军离开武汉，乘船抵达九江，30 日乘火车抵达南昌，8 月 1 日参加了南昌起义，编入第二十军三师六团三营，卓庆坚任营指导员。8 月 3 日，起义军陆续向广东进发，8 月 31 日到达会昌，国民党派钱大钧、黄绍蛇两部前去阻击，双方在会昌展开激战，卓庆坚不幸中弹，壮烈牺牲，年仅 25 岁。

张善铭

张善铭（1900—1928），大埔县西河镇下黄砂人。张善铭在广州读书期间，受共产党员阮啸仙、刘尔崧等人的影响，阅读了各种进步书刊，如《社会主义史》《唯物主义史观》《新青年》等，思想上有了很大转变，开始倾向社会主义，积极参加各种社会政治活动。1920 年，张善铭先后加入广州社会主义青年团、广州马克思主义研究会、广州共产主义小组，并于次年秋经谭平山介绍，加入中国共产党。

1922 年春，他和阮啸仙一起参加广州社会主义青年团的领导工作，1923 年 10 月担任社会主义青年团广州地方委员会委员长。1924 年，张善铭被党组织选派去苏联莫斯科东方大学学习，次年 2 月结业回国，当选为青年团广东区委书记。不久，担任国民革命军第四军政治部主任。1926 年 11 月，张善铭调任中共海陆丰地委书记。

1927 年 11 月调任中共广东省委常委，参与策划广州起义。同年 12 月，中共广东省委决定成立新的中共北江特委，由张善铭任书记。他根据省委指示，首先健全中共北江特委，增补必要成员，随后制定《关于各县暴动工作纲领》，有效指导和推动了北江农民暴动向前发展。1928 年初，张善铭根据中共广东省委的指示，派人到湖南联络朱德的部队，要求他们调较强兵力解决乐昌的许克祥与范石生部，然后调到仁化协助县委发动农民暴动，创造以仁化为中心的北江革命根据地。不久，张善铭到香港向中共广东省委汇报北江工作情况，被留在省委工作。当时，国民党余汉谋部对海陆丰根据地进行“围剿”，步步进逼。省委任命张善铭为中共东江特委特派员，赴东江组织力量对敌人进行反击。同年4 月，他与军事特派员赵自选等人赴海陆丰参加反攻战斗，至汕尾登陆后，遇敌围捕，不幸壮烈牺牲，年仅28 岁。

朱云卿

朱云卿（1903—1931），梅县（今梅州市）人。朱幼时家贫，只在家乡的私塾和县立小学堂读过一些书。1917 年因生活所迫，去印度尼西亚跟随叔父朱亚球做工。

1924 年 5 月，朱云卿得知孙中山在广州创办了黄埔陆军军官学校后，自筹路费，瞒着亲人，毅然回国，考上黄埔军校第三期。1925 年 10 月，他和黄埔军校的同学一起，参加了国民政府组织的第二次东征。战斗中，朱云卿表现机智勇敢，受到周恩来等人的赞赏，于同年被吸收加入中国共产党。

1926 年 1 月，朱云卿从黄埔军校毕业后，留在广州从事革命活动。同年秋，他受党组织的委派，到韶关筹办北江农军学校并担任主任兼军事教官。1927 年四一二反革命政变后，北江各县工农自卫军集中北上武汉，成立总指挥部，罗绮园任总指挥，朱云卿任参谋长。6 月 15 日到达武汉后，朱云卿担任农政训练班主任。

1927 年 9 月，朱云卿参加了秋收起义，随起义部队上了井冈山。1928 年夏，朱云卿担任红四军第三十一团团长，率领三十一团参加了草市幻、龙源口和永新等战斗，取得了胜利。1929 年 1 月，朱云卿随红军主力开赴赣南、闽西，在大柏地、长岭寨等战斗中，率领三十一团担任主攻任务，并立战功。同年 3 月，朱云卿调任红四军参谋长。同年 12 月，朱云卿参加了红四军的古田会议，在会上支持毛泽东的正确意见，并认真贯彻会议决议。

1930 年 6 月下旬，中国工农红军第一军团在长汀成立，朱云卿任军团参谋长。8 月，红一方面军在湖南成立，朱云卿任一方面军参谋长，并兼任红四军参谋长。在第一次、第二次反“围剿”中，朱云卿坚决贯彻毛泽东提出的“诱敌深入”“退却到根据地作战”的方针，和其他同志一起，参与指挥红军英勇抗击敌人。在第二次反“围剿”战斗中，他因病入吉安东固后方医院治疗。1931 年 5 月在医院治病时被国民党特务杀害，年仅 28 岁。

梁展如

梁展如（1901—1949），曲江县乌石乡鹅鼻洞梁屋人。他 9 岁开始读私塾，后又到马坝陶马墩学堂读书。1923 年春考入省立韶州师范学校，中途辍学。次年春，返乡在私塾任教。

1924 年 8 月，梁展如积极参加曲江的农民运动，在家乡鹅鼻洞先后建立起 6 个乡农会，随后又到白沙横村做农运工作。1925 年春，梁展如当选为第四区农会执行委员。同年 12 月加入中国共产党。1926 年 5 月，梁展如在鹅鼻洞建立村党支部，任书记，并担任曲江县农会执行委员。

1927 年 2 月，经上级批准，中共曲江县委在韶关城下后街县农会办事处内成立，梁展如任县委书记。四一二反革命政变后，北江农军 1200 多人集结韶关，成立北江工农自卫军总指挥部，梁展如任军需长。后因“马日事变”，梁展如及仁化、乐昌、曲江三县部分农军 200 多人整编为一个大队，举旗南返，攻下仁化县城，解救了200多名难友。是年冬重新成立中共曲江县委后，梁展如继任书记。

1928年1月，他两次进入西水宣传和组织群众，支援欧日章领导的西水暴动，终因敌强我弱而失败，曲江农运遂走向低潮。梁展如返回家乡，转入地下斗争。11月，敌人调集一团兵力围攻鹅鼻洞。当时，梁展如等10多名农军被困在圹面村一座孤立的房子里。他指挥若定，用土炮打开一条血路，突出重围脱险。其父梁东锦被敌人活活烧死，房子被烧光。为了躲避敌人抓捕，梁展如奉命到英东、翁源等地开展活动。因一贫如洗，他只得忍痛将女儿亚凤出嫁，得80元大洋，除留给母亲20元外，其余作为活动经费带着上路。

此后，梁展如在英、佛、翁、新边境，以看风水、教书、行医为掩护，相机开展革命活动。1945年1月，曲江沦陷，梁展如率先在家乡鹅鼻洞竖起抗日大旗，亲任大队长，并寻机伏击日军。2月底，梁展如部与马坝、沙溪的抗日武装联合，成立曲江联乡抗日自卫委员会，梁展如任兼第三大队大队长（后曲江抗日武装纳入北江支队建制，对内称曲南大队）。

抗战胜利后，梁展如奉命把部队化整为零，分散隐蔽，坚持游击斗争。1947年8月，梁展如部与曲江河西部队合并，组成曲江人民解放大队（又称曲南大队），梁展如任大队长。1948年冬，组建北一支三团，曲南大队大部分编入该团，梁展如任副团长。1949年3月，北一支三团在翁源铁石径遭到数倍于己的敌人“追剿”。部队边打边撤，到达翁源南浦黄竹坪上斜村时，敌人借着大雾的掩护跟踪上来包围了上斜村。此时，梁展如身患疟疾和痢疾，全身无力，未能突围，不幸被捕。他被关在龙仙城，敌人对他多次审讯，严刑拷打，他始终坚贞不屈，表现了一个共产党人崇高的革命气节，最后被敌人残暴杀害，时年48岁。

欧日章

欧日章（1892—1929），曲江重阳（今属韶关市武江区）暖水村人。他9岁时父母相继去世，后跟随叔父生活。1912年去香港、新加坡谋生。1924年初，他从新加坡回到家乡，在暖水村组织犁头会。1925年春，曲江县成立第十三区农民协会，欧日章被选为农会执行委员，兼农民自卫军中队长，同年12月加入中国共产党。翌年3月，领导西水农民开展减租减息运动。6月当选为曲江县农民协会执行委员。

1927年四一二反革命政变后，欧日章任广东北江工农自卫军北上总指挥部参谋。7月31日，农军编入叶挺的二十四师教导团，欧日章任营长，参加了南昌起义。南昌起义后，他随起义部队参加了广昌、会昌、汤坑和流沙等地的战斗。流沙战役后，起义军被打散，欧日章到了香港。10月15日，在中共南方局和省委会议上被选为广东省委委员。不久，奉命回家乡开展工农运动，重振农会。同年12月，欧日章带领西水农军100多人，在朱德部队的援助下举行西水暴动，攻打大沙洲的地主，镇压反动分子，没收反动豪绅的耕牛、粮食。

1928年1月，当地民团勾结反动军队一个团共1000余人向农军进行反扑，三次发起大规模的围攻。当时，朱德部队已离开了犁铺头，开赴湘南。欧日章在敌人的强大进攻面前，毫不畏惧，指挥农军用土枪土炮坚决抵抗。在清水塘战斗中，他率领40多名农军坚守炮楼与千余敌军浴血奋战，一连进行了七天七夜的守卫战，打退了敌人10多次进攻，最后在弹尽无援的情况下突围上山，转战重阳、乳源、仁化一带，神出鬼没地打击敌人。1928年9—10月间，欧日章率领的农军到仁化澌溪山与李载基、蔡卓文率领的仁化农军会合，多次袭击敌人，牵制敌人对石塘的围攻。

同时主持改组和健全了第二届中共仁化县委和仁化县革命委员会，并将仁化农军独立团改编为广东工农赤卫大队，使游击斗争坚持下来。

1929 年 1 月，欧日章奉命从仁化澌溪山游击根据地率领 30 多名农军返回龙归粑齿山，继续在西水一带打击敌人。3 月，国民党曲江县当局调集军队 300 多人，纠合当地民团围攻粑齿山，欧日章在指挥农军与敌人的激战中壮烈牺牲，时年 37 岁。

叶凤章

叶凤章（1887—1928），曲江东厢翻溪桥（今浈江区新韶镇东联村委翻溪桥村）人。出生于一个农民家庭，因家中贫困，少年时代仅读过几年私塾，青年时代在家务农。他目睹弱肉强食、内忧外患、民不聊生之景况。在大革命的风云变幻变革中，他接受进步思想，立志探求救国救民的真理。

1924 年 9 月，叶凤章组织起曲江县第一个村农民协会翻溪桥农会，当选为农会的执行委员。其农民运动的政治影响已超越曲江的范围，成为北江地区的一面旗帜。此后，叶凤章积极培养骨干力量，组织有活动能力的农会骨干分子叶发青、叶凤端、叶凤标等人走村串户，发动东厢莲花、府管、下陂等地群众成立农会。1925 年春，成立了曲江第一区（城厢）农会，叶凤章当选为区农会执行委员，11 月 20 日当选为县农会执行委员。同年 12 月，叶凤章经省农会特派员侯凤池、刘胜侣的帮助与考察，加入中国共产党。入党后，他的革命热情更加高涨，一心扑在蓬勃发展的农民运动工作中。

1926 年 5 月，省农会派彭湃、周其鉴、蔡如平对曲江的农会实行改组，叶凤章当选为县农会常务委员，分管组织工作。此后，全县各区、乡新成立农会时多由他代表县农会参加并发表演说和授旗授印，由于他善于宣传鼓动，使广大农会会员深受鼓舞，对曲江农民运动出现大好形势起了重要作用。同月，经叶凤章等人的共同努力，仁化县农会组织迅速壮大。同年夏，叶凤章在东水发展一批党员，中共翻溪桥党支部成立，为东水地区农民运动增强了党的组织力量。为了保护农会、打击反动势力，他组织东水农民自卫军中队，动员自己的兄弟和侄子叶凤标、叶凤阳、叶凤州、叶建荣等人一起参加农军，拿起武器，随时准备战斗。

1927 年四一二反革命政变后，叶凤章坚决执行省委指示，亲率东水 100 多名农会干部和农军战士到韶城会合，统编后任北江工农军第一大队副大队长，随军北上。长沙“马日事变”后，他与梁展如等人成立农军回师粤北总指挥部，叶凤章任大队长，于 6 月 23 日拂晓南返攻打仁化县城。在战斗中，叶凤章身先士卒，指挥农军战士一举攻克仁化县城，打开监狱救出 200 多名难友，并公审惩处了仁化县长陈仲章。但在继续南返途中，遭到从韶关去仁化增援的数倍之敌伏击，叶凤章中弹负伤。同年冬，叶凤章与欧日章、梁展如会合后，仍然负责东水方面的农运工作。但在白色恐怖笼罩下，农运工作遇到严重困难。叶凤章等人只能把斗争的重点放在城镇和铁路沿线打游击，破坏敌人的交通运输。他们的革命活动引起了敌人的注意。叶国棠等人勾结国民党桂系代表王应瑜，于 1928 年秋两次派兵“围剿”翻溪桥、洋村、石安等村，妄图活捉叶凤章等人。为了保存革命力量，叶凤章带领东水的农会骨干 20 多人，转移到乌石鹅鼻洞与梁展如的南水农军会合，组成曲江县第四区农军大队。是年冬，农军骨干在梁展如家开会，反动绅士立即报告王应瑜派兵包围了鹅鼻洞，农军被困在一间房子里。双方展开激烈的战斗，梁、叶果断决定突围。突围时农军伤亡很大，叶凤州、叶建荣等人当场牺牲，叶凤章右肩胛中弹，身负重伤。突围后，叶凤章忍着剧痛，独身一人到了南华圳背他姑母叶亚兰家里，并在柴垛里过了一夜。第二天，他姑母一家将他转移到南华铁路北大窝组坑里，搭一简易草棚让他居住养伤。由于伤势过重，缺医少药，不幸牺牲，时年41岁。

叶发青

叶发青（1891—1945），别名叶石妹，曲江东厢石安村（今浈江区新韶镇东联村委石安村）人。出生于一个农民家庭，从小在家务农，生活清贫，读书甚少。

1924年9月，叶发青参加翻溪桥农民协会，并与叶凤章等人走村串户发动东厢群众，组织各村的农会，为推动全县农民运动的发展作出了贡献。1926年夏，叶发青加入中国共产党，并先后担任中共翻溪桥支部的组织委员和支部书记。1927年中共曲江县委成立后，任县委委员。1928年4月在中共广东省委扩大会议上，他被选为广东唯一出席党的第六次代表大会的农民代表。同年6月，叶发青在莫斯科郊外参加了中国共产党第六次全国代表大会，当选为农民土地问题委员会和广州暴动问题委员会的委员。

中共六大结束后，叶发青于8月初从苏联回到曲江，继续开展革命活动。同年秋，叶发青跟随叶凤章转移到曲江县南部的乌石，与梁展如的农军会合，统编为曲江县第四区农军大队。同年农历十二月，叶发青、叶剑群受梁展如、叶凤章的指派回东厢一带侦察敌人动态。几天后，听到叶凤章在南华圳背牺牲的噩耗，叶发青无比悲痛！此后，叶发青只好隐蔽在群众之中坚持革命活动。

1945年1月日军入侵韶关后，叶发青积极发动群众参加党组织领导的曲江联乡抗日自卫委员会武装队伍，他与叶剑群、叶福胜三人利用自己熟悉山势地形和群山密林的有利条件，神出鬼没地多次袭击莲花山、洋村等处的日本侵略军，弄得日军不得安宁。

同年夏，驻韶日军乘船南下广州。叶发青所在的抗日武装获悉敌情后，组织100多人分布在南郊八公里的白芒河边设伏，截击顺流而下的敌人。战斗打响后，霎时间枪声大作，打得敌人的船队畏缩不前。日军指挥官恐全军覆没，葬身北江，让前队与抗日武装对射，吸引抗日队员的注意力，后队则分兵用橡皮艇在七公里处强行登陆，迂回包围，抢占制高点，妄图消灭曲江抗日武装。叶发青等发现自己处在腹背受敌的危机境地后，边打边向九公里方向的山上撤退，当转移到茶子山时，叶发青突然腿部中弹负伤，血流不止。他见自己行动不便，为了不拖累其他人，艰难地爬向捞蓬遮住的岩石里准备与敌人决一死战。当日军前来搜山，离他很近时，他一枪一个，连续击毙了三个敌人，气得日军指挥官哇哇乱叫，下令机枪朝捞蓬里疯狂扫射。叶发青身上又连中数弹，不幸牺牲，时年54岁。

刘 福

刘福（1890—1932），韶关东河坝（今浈江区）人。刘福出生在一个贫穷的农民家庭，因家道贫穷仅读了三年私塾，但他勤奋好学、积极上进，善于题诗作对，还写得一手工整流利的毛笔字。刘福12岁辍学，饱经风霜，历经苦难，感受颇深。艰难的处境使他养成一种爱憎分明、热爱劳动、乐于助人的意志，萌生了摆脱压迫、剥削的美好理想。

1924年9月，翻溪桥和腊石坝两个村农会，像一股强劲的东风，吹进广大农民的心扉。刘福深受震动和启发，亲眼见到和自己一样的泥腿子，组织起自己的农会，跟地主豪绅作斗争，可以扬眉吐气地做人了。有一天，刘福找到叶凤标（翻溪桥农会骨干）问长问短，了解组织农会的情况，并立志投身于农民运动，发动东河坝的农民兄弟自己救自己。叶凤章对刘福的革命自觉表示大力支持。在叶凤章等人的协助下，东河坝农会于1925年春成立，会员有700多人，选举刘福为执行委员。此后，刘福随叶凤章、叶发青、叶凤标等人分别到莲花、府管、田螺冲、下陂、黄金村等地宣传发动群众，组织各村的农会，为东厢各村成立农民协会，培养了一大批农运的积极分子。

1926年3月，根据刘福在农民运动中的积极表现和本人志愿，叶凤章介绍他加入了中国共产党。入党后，他更加努力工作，决心要把自己的一生献给党和人民。同年5月，叶凤章当选为县农会的常务委员并任县农军大队长后，一区农军中队长由刘福接任。同年冬，省农会北江办事处在韶关建立北江农军学校，党组织调刘福任司务长。他对工作认真负责，对同志满腔热情，把繁琐的后勤工作料理得井井有条，深受学校领导朱云卿和教职员工的好评。

1927年4月，刘福和农军学校第二期师生在朱云卿的带领下，先从韶关撤至南雄，然后再从南雄出发步行到湖南郴州，编入北江工农军总指挥部。刘福被编在军需处任司务长。农军组建时，后勤工作繁杂，诸多头绪，刘福集中精力，尽心尽责，努力工作，料理得顺顺当当。6月中旬，刘福跟随梁展如、叶凤章率领部分农军南返。6月23日拂晓攻打仁化县城时，他和林永福留在山上保护军饷。他们觉得自己的责任重大，决心用生命来保护这批军费。战斗结束后他们守护的银元，安然无恙，梁展如总指挥和战士们倍加赞赏刘福二人的忠诚。不久，他们先后回到家乡，在革命低潮期间隐蔽活动。

12月中旬，朱德率南昌起义军辗转来到韶关。一天晚上，朱德等人来到东河坝十二横巷24号刘福家中，刘福找来了市内和近郊的党员及农运骨干叶凤章等人一起面见朱德。这天晚上，朱德等人住在刘福家里，第二天临走时留下一个藤箧（现韶关市博物馆保存），这是朱德在韶关留下的一件珍贵的历史文物。不久，曲江县委与朱德、陈毅取得了联系，曲江一区的农民运动在叶凤章、刘福等人的组织下重新恢复了活动。

1928 年初，由于种种原因，省委决定改组中共曲江县委。王果强、卢克平等人深入到东河坝、翻溪桥、洋村等地，分别找东厢的党员谈话，了解曲江党组织的状况，为改组县委作准备。同年 2 月，重建中共曲江县委，北江特委任命王果强为书记，刘福、叶发青等为委员，县委机关设在洋村。因基层党组织一时尚未健全，各区的领导工作由县委委员兼任。刘福负责市区和东、西两厢党组织的恢复和组建工作。他不辜负党的重托，认真细致地工作，取得了显著的效果，很快恢复了各支部的活动，并发展新党员，壮大了党的力量。同年 8 月，省委调陈之来曲江组成新的县委，刘福被省委任命为县委常委，为发展壮大曲江党组织作出了积极贡献。

此后，敌人到处追捕共产党员，刘福始终为保留、恢复曲江党组织，坚持在斗争的第一线。为了生活，便于隐蔽，利于斗争，他约了几个可靠的人重操旧业，选择了一处人迹罕至的僻静山沟，盖起一间砖瓦窑作为临时防敌之处。1932 年 3 月间，刘福在砖瓦窑的行踪被田螺冲一个叛徒发现，并向敌人告密。有一天，刘福从砖瓦窑回家吃中午饭，一脚泥水刚踏进家门，就被几个埋伏在他家的国民党军警抓捕，他那年老多病的母亲张氏、妻子骆有娣和一个年仅两岁的女儿刘秀珍呼天喊地，哭得死去活来。

刘福被抓进曲江县靖村局后，受尽各种酷刑。他愤怒声讨国民党右派的反动行径，大声斥责出卖他的叛徒。残暴成性的敌人用竹签钉进他的十指心，痛得他周身发抖，揪心揪肺，大汗淋漓，被折磨得浑身是血，他始终骂不绝口，死不招供。敌人无法可施，当天下午就在韶关北门外将他杀害，时年 42 岁。

陈异峰

陈异峰（1901—1928），原名陈万峰，曲江东厢火管（今浈江区新韶镇府管村委）大陈屋村人。父亲陈荣辉以教书为业，母亲黄招娣在家务农。陈异峰自小聪明伶俐，到学龄后随父读书，学业一向良好。在学校里，他乐于接近和帮助穷苦的学生，加上他勤奋读书，成绩好，在同学中享有较高威信。在县中学读书期间，陈异峰逐步成为追求社会进步的热血青年。中学毕业回乡不久，陈异峰便在府管的一所小学教书。他认真教书育人，爱护学生，深受当地群众和学生的欢迎。他善于演讲，写得一手好毛笔字，他的那种乐于助人的精神，更是令人敬佩。

1925 年春，陈异峰受农民运动的影响，积极投身农会当中，宣传农会的好处，动员受苦农民加入农会组织，和地主豪绅作斗争。他积极向农民宣传马克思主义理论知识，告诉农民兄弟：农会是农民自己的组织，只要农民组织起来坚持斗争，就不再受地主豪绅的剥削，不再受压迫。1926 年 7 月，在省农会的帮助下，曲江县农会进行了改组，重新选举了执行委员会，陈异峰仍当选改组后的曲江县农会执行委员会委员。同年 11 月，陈异峰由翻溪桥党支部书记叶凤章介绍加入中国共产党。此后，在党组织的领导下，陈异峰政治方向更加明确，意志更加坚定，工作更加积极。

1927 年四一二反革命政变后，陈异峰和各乡、区的农军响应号召参加了北江工农自卫军。6 月 23 日拂晓，陈异峰跟随梁展如、叶凤章等参加攻打仁化县城的战斗，在仁化桂陀战斗中被打散，辗转回到家乡开展地下斗争。为了不暴露目标，陈异峰到韶州师范读书，借此掩护革命活动（名字也在此时由陈万峰改为陈异峰）。读书期间，陈异峰仍和农军主要领导人梁展如、叶凤章等保持秘密联系，接受领导的指示，在学习中积极宣传革命道理，发展党的组织。在韶州师范只读了数月，国民党右派就了解到了陈异峰情况及隐蔽地点。1927 年 10 月的一天凌晨，韶州师范突然被一百多个荷枪实弹的敌人包围。陈异峰一看情势不妙，迅速跳墙逃走，不幸被敌人开枪击中一只脚，顿时鲜血直流，行走不便被捕了。在韶关关押了两三天后，敌人把陈异峰押上火车，解往广州某“感化院”，对他进行所谓的教育感化，实际上是囚禁起来。

囚禁期间，敌人多次审讯他，企图从他的口中得到有关情况，但都是徒劳。于是，恼羞成怒的敌人在 1928 年 1 月 22 日（春节的前一天）下午将其杀害，年仅 27 岁。

邓如兰

邓如兰（1903—1931），又名邓汝兰，别名杨义兰，女，韶关河西镇人，父母靠种田为生。邓汝兰结婚后到韶州女子德华学校读书，常听进步教师讲十月革命和五四运动的故事，深受启发。

1924 年，曲江农民运动兴起，唤起她投身革命的志向。于是，她到曲江县翻溪桥村观摩，结识曲江县早期的农民领袖叶凤章和后来成为中共六大代表的叶发青及县委常委刘福等人。从此，在叶凤章的指导下，她投身到农民运动中去，与东河坝的刘福并肩战斗，一起深入到韶州东厢的莲花山、下陂、府管和韶州北郊大黄岗等地发动贫苦农民起来参加农会。在实践中得到锻炼和提高，邓如兰初步有了组织农会的经验，回到河西后积极组织各村的农民协会。

1925 年 11 月，韶州成立广东妇协曲江分会，袁恩珍任主任，邓如兰、蒋周妹等人被选为该会的领导成员。在这期间，曲江的妇女工作配合农民运动，开展得有声有色。邓如兰等人走东家、串西家，积极开展妇女运动。1926 年春，邓如兰受上级派遣到乳源开展妇女工作。她从启蒙教育入手，与妇女交朋友、认姐妹，开始讲解一些通俗易懂、易为人接受的革命道理，发动当地妇女参加夜校学文化、读书识字，唱革命歌曲，提高妇女们的政治觉悟，培养了一批妇女运动骨干。不久，她奉命调回曲江工作。同年秋，邓如兰经叶凤章介绍光荣地加入中国共产党。

1927 年 1 月，邓如兰参加南韶连政治讲习所学习。四一二反革命政变后，她和南韶连政治讲习所与北江农军学校第二期的全体学员一起，加入北江工农自卫军北上。她公公肖庆祥认为邓如兰这样做是大逆不道，有辱门风，对她的这种行为恨之入骨。她随北江工农自卫军总部到达武汉，住在武昌徐家棚。不久，汪精卫公开背叛国民革命，邓如兰按上级指示回到家乡，坚持在西厢一带秘密活动。恢复农会，组织姐妹会和十兄弟会等党的外围组织，开展减租减息的斗争。此时，国民党右派到处捕杀共产党人，邓如兰等共产党人更是成为他们的眼中钉、肉中刺。

1930 年 12 月 19 日晚上，邓如兰在西河坝召开秘密会议。这一重要消息被邓如兰的公公侦悉后即向国民党当局告密，国民党驻韶州第三独立团邓辉部星夜派兵包围了会议地点，八十余人不幸被捕，邓如兰等农会骨干被定为重要人犯，在狱中受尽严刑拷打，但她仍然坚贞不屈，视死如归。1931 年 1 月 19 日，敌人将邓如兰等 6 名共产党人押到韶州北门外的帽子峰山边杀害，年仅 28 岁。

徐毅平

徐毅平（1920—1945），又名徐沂，别名陈国保。徐毅平出生于东莞县石龙镇，自小勤奋上进，聪明好学。小学毕业后，考入广州广雅中学，学习成绩优异，深受老师们和同学们的喜欢。1937 年，他利用假期的空余时间，把在广州读书的同学组织起来，回石龙进行抗日宣传，组织石龙抗日青年群社，在当地产生较大影响。同年秋冬间，徐毅平加入中国共产党。广州沦陷前夕，徐毅平主动与广东省动员委员会战时工作队取得联系，将石龙的30多名爱国青年组织起来，参加该会战工队，亲任队长。1939年七八月间，中共广东省委派徐毅平到连县、连山工作。1940年秋，广东省委派徐毅平回韶关担任特殊任务，要求他去做父亲徐民纲及第十二集团军中高层人士的统战工作，利用徐民纲具有爱国思想和同情共产党的倾向，以及在余汉谋、徐景唐部下任中校咨议的有利条件，收集党所需的情报。徐民纲冒着极大的风险，送给党一份比例为1∶50000的军用地图和一部收发报机，为粤北地下党的军事活动作出了贡献。

1942年粤北省委受到敌特破坏后，徐毅平和省委秘书长严重保持密切联系，积极协助他做好善后工作，使被捕的人数减少到最低限度。严重还通过徐毅平的关系与狱中的李大林保持联系。李大林在狱中觉察到敌人已注意韶关志锐中学的地下党员王炎光和古仔坚，便将此事写在纸条上，等到自己的保姆陈长娇前来探监时，把纸条交给她带出去送给徐毅平并转交严重，严重即命徐毅平设法通知王、古二人迅速撤离，使敌人扑空。

1944年冬，北江特委书记黄松坚指示徐毅平和梁展如到翁源中学去找负责的谢永宽汇报曲江党组织的情况。随后，徐毅平任曲江县党组织的特派员，负责恢复曲江党组织的工作。徐毅平在梁展如的协助下，经过严密细致的调查研究，恢复了曲江县党员的组织关系，领导全县党员积极投入抗日武装斗争。

1945年1月，曲江马坝等地相继沦陷。马坝和乌石地区的党员梁展如、罗玉麟、杨维常等人，团结民主人士杨际春，组成一支由共产党掌握的有250多人的抗日武装队伍。同年5月，为了切实加强党对曲江联乡抗日自卫委员会的领导，牢牢地掌握好这支武装队伍，团结一切可能团结的力量，打击日军、铲除汉奸，徐毅平决定在苍村举办青年骨干政治训练班，任命杨维常为班主任，吸收何远赤等10多人参加受训。徐毅平还亲自到训练班上形势教育课，启发学员和干部要认清形势，提高斗争的勇气，坚持武装斗争。同年七八月间，上级来人通知，要曲江县党组织派人去汇报工作，梁展如提出让谢祝全去。徐毅平觉得谢祝全太年轻，对全县党组织的情况又不熟悉，加上路上不够安全，还是自己去好。他将工作交代给梁展如后，便与来人一起离开了曲江乌石鹅鼻洞。不料走到英德、翁源、曲江三县交界的大山之中时碰上敌人，不幸遇难殉职，为党为人民献出了年轻的生命，年仅25岁。

李守纯

李守纯（1908—1944），原名宋耀宏，曾用名李保明、李名、李守信，花县人。1940年4月，党组织派李守纯到北江特委组织工作，1941年秋任北江特委书记。任职期间，李守纯要求各级党组织坚决贯彻执行中共中央“隐蔽精干，长期埋伏，积蓄力量，以待时机”的方针，采取紧急措施进行应对，并护送过爱国人士陈汝棠到安全地方，还营救出被国民党关押在韶关芙蓉山监狱的东江华侨服务团博罗队几十人出狱。

1942年5月，粤北省委遭敌特破坏后，李守纯坚持以个人名义做力所能及的工作，直接领导韶关工合印刷合作社，克服缺物资、缺技术的困难，印刷大量省委重要文件和其他刊物、资料，保证《新华南》按时出版。1944年，中共广东省委遵照中央的指示，决定全面恢复党组织活动，并明确以武装斗争为中心工作。为贯彻上级的指示，李守纯布置韶州师范党组织和进步学生，打着国民党第七战区第二挺进纵队战时工作队的名义，到翁源、英德一带开展宣传活动，为迎接东纵北撤作准备。6月18日，李守纯夫妇在韶关市东河坝住处传达中共广东省委关于开展武装斗争的指示精神时，因叛徒出卖不幸被捕，韶关工合系统的党组织亦遭到破坏。

李守纯被捕后，国民党特务机关使用了种种毒辣手段，严刑逼供，包括用竹筷夹手、坐“老虎凳”、吊“飞机”、木桩撞击胸部等酷刑，将其折磨得体无完肤。特务们软硬兼施，他仍坚贞不屈。后因日军进犯，韶关告急，国民党当局将关在“基庐”的共产党人押解到南雄。当时正是酷暑季节，气候炎热，李守纯身染疾病，他置个人的生死于度外，不向凶恶的敌人低头。不久，他又染上恶性疟疾，因得不到及时治疗，日趋严重，终于在 9 月病故于狱中，时年 36 岁。

后记

编纂《韶关市浈江区革命老区发展史》，是中共韶关市浈江区委、韶关市浈江区人民政府的一项重要任务，也是一项政治性、政策性、科学性很强的工作。区委、区政府和区老促会高度重视，专门成立了《韶关市浈江区革命老区发展史》编纂委员会，设立了编辑部，确定专人具体负责编纂工作。在编写过程中，区档案馆（区史志办）以中共中央、国务院和省市领导的指示精神为指导，以史实为依据，准确地反映了浈江区革命老区的发展历程。

《韶关市浈江区革命老区发展史》，采用编年体和记事本末体相结合的编写体例，内容上根据浈江区的特色来设置章节。上限起于1923年，下限到2018年底止，记述范围以现行韶关市浈江区行政区划为准。对历史上虽然不在现行区划范围，但与本地区相关的重大事件，则以不割断历史为原则作必要的简述。记述的内容主要有：从大革命时期和土地革命战争时期开始至韶关解放前浈江老区的重要革命活动、重大历史事件、著名英模英烈事迹，以及展现出来的崇高革命精神和光荣传统；老区人民在党中央和各级党委、政府的领导下，发扬自力更生、艰苦奋斗的光荣传统，脱贫攻坚，改变贫困落后面貌的光辉历程、发生的巨大变化及涌现出来的典型事迹。

《韶关市浈江区革命老区发展史》是根据中国老促会和省、

市老促会的统一部署组织编纂的。按照区委、区政府的要求，区档案馆（区史志办）从2017年8月着手拟定全书的框架目录，经《韶关市浈江区革命老区发展史》编纂委员会审定后，于2018年3月组织编纂，至9月底历时6个多月完成初稿撰写；同年10月至12月中旬，区编辑部对初稿进行统稿、总纂、修改、核实，并请专家审稿修改；12月下旬，区编审委员会对送审稿进行了审改；2019年1月以后，经区编纂委员会审核后又作修改、审读、定稿，再送广东人民出版社出版发行。全书七章十七万多字，史料丰富，内容翔实，图文并茂，具有史料严谨、通俗易读、可借鉴可传承的特点。

编纂《韶关市浈江区革命老区发展史》，功在当代，利在千秋。本书由区档案馆（区史志办）拟定方案，编写提纲，并修编审定全书。本书的参与者都是史志工作的专业人员，曾万利负责第一、第六、第七章编撰；罗伟德负责第二、第四章编撰；黄哲锋负责第三、第五章编撰；谭绍文、谢海涵、曾万利负责总纂。编纂工作人员坚持“用心谋事、用力干事、用功成事”的原则，倾注情感，增强责任，在编纂过程中齐心协力、精益求精，较好地完成各项编纂任务，为浈江区打出一张光彩绚丽的红色名片，给后人留下了一笔宝贵的精神财富，并向中国共产党建党100周年献上一份厚礼！

《韶关市浈江区革命老区发展史》的编纂工作，是在区委、区政府的正确领导、区老促会的大力指导协助和区档案馆（区史志办）的精心组织下完成的。同时，本书在编纂过程中，得到了区委办、区政府办、区委组织部、区委宣传部、区委农办、区财政局、区农业农村局、区文旅体局、区统计局、区扶贫办等部门和各镇（办）的大力支持。借本书与读者见面之机，特对热情关心和大力支持本书编纂出版工作的各级领导和有关单位及个人表示衷心的感谢！

由于时间紧、任务重，本书难免有疏漏之处，敬请广大读者批评指正，提出宝贵意见。

《韶关市浈江区革命老区发展史》编辑部

2019 年 12 月